ベテラン融資マンの知恵袋

寺岡雅顕 著

銀行研修社

はじめに

　先般、平成25事務年度中小・地域金融機関向け監督方針が公表された。まず第一に要請されているのが、「中小企業の経営支援を始めとした積極的な金融仲介機能の発揮」とある。具体的には、目利き能力やコンサルティング機能を高め、成長分野などへの新規融資を含む積極的な資金供給を行うとともに、中小企業の経営改善・体質強化の支援を本格化していくことや、スコアリングに依存しない審査への取組、さらには新規融資取組に対する業績評価にまで踏み込んでいる。いままさに融資業務の基本がもとめられている。

　しかしながら、監督方針が求めるような「目利き能力」等が備わっているだろうか。このようなノウハウの蓄積は、これまでOJTに頼ってきたが、営業店一単位当たりの職員数が30年前と比較し格段と減少している現在では、徒弟制度的に先輩から後輩へと経験や知識を伝承することが難しくなった。最近では職員の若年化と労務管理の強化という側面も加わり、もはや営業店の中で、人材の育成は難しいといってよい。

　営業店で教育が難しい状況にある以上、職員は自己啓発に励み、より質の良い仕事を目指すのは当然のことである。しかし、入門段階では、浅く広く融資業務を知る必要があるにもかかわらず、最初に学ぶべき範囲が明確となっていないという問題意識を筆者は持っていた。まず必要なのは、若い金融機関職員が将来にわたって融資関連業務に携わるために、必要な学習の範囲を絞り込んでやることだと考える。

　融資業務に取り組むには財務、法務、税務、外為、事業再生等様々な知識が必要となる。まずはコアな部分を習得し、さらに深く専門性を深めるために検定試験や通信講座を活用することで、効率よく学習できるはずで

i

ある。さらには、融資に親しむ職員の増加につながるであろう。

　筆者は自分の銀行経験に照らし、地域金融機関職員にとって入門しやすく、それであって将来専門性を深める入り口になる教材を作りたいと考え本書を執筆した。本書は大学に例えれば中小企業融資学部教養課程といった位置づけであろうと考える。

　地域金融機関の中小企業取引を主体とした一般の支店では、本書に示した程度が理解出来ていれば十分である。本部の職員もいずれ営業店に出ることになる。昨今の情勢の中で融資を扱うことに恐怖感を持つ者もいようが、この程度を押さえておけば、とりあえず困ることはない。

　以上を踏まえて、本書は次のように構成した。

第1章「融資実務基礎知識」

　金融機関とて営利組織である。収益を確保できなければ金融機関とて生き残れない。しかし昨今では、目の前の数値に最大の関心があり、基本事項が疎かになっている。そこで、「金融機関職員としての常識や失ってはならない基本」を解説した。

第2章「定量（財務）分析」

　財務分析が機械化された結果、苦労なく財務データを手にできる時代となった。弊害として決算書をじっくり見ることがなくなった。「指標の分析能力がイコール財務分析能力だ」という時代になったともいえる。しかし、データは膨大で、若き金融機関職員には、どこから手を付けたらよいのかわからないというのが実態であろう。最初は誰かの見方や分析方法を真似てみるのが近道である。そこで、財務を理解する為に最低理解しておくべき基本について解説する。

第3章「借入申込案件の検討（資金使途分析）」

　「融資したお金が何に使われるのかが解らない」という状況は金融機関にとっては大きなリスクである。資金を必要とする理由を正しく掴むこと

は、企業の実態を把握することにも繋がる。資金の必要理由がはっきりすれば、おのずと返済方法、返済財源、返済期間も決まってくる。ミスマッチは企業にとっても結果的に悪影響を及ぼすことになる。そこで、資金を必用とする理由と、原理原則を解説する。

第4章「定性分析」

企業を把握するには、定量分析と定性分析の両方が必要である。どちらが欠けても「木を見て森を見ず」であり、実態は見えない。金融機関にとっては大きなリスクとなる。そこで、過度に数値に頼った判断にならないように、「定性面の重要性」と「目線の置き方」を解説すると同時に、一般的によく用いられる分析手法を紹介する。

第5章「不動産の基礎知識」

昨今の金融機関の実情は、不動産評価を本部集中しているケースが多い。そのため支店職員は不動産に触れる機会が極端に減少し、価値の判断ができない職員が増加している。リスクを商品にしているのが金融機関である。不動産鑑定理論を駆使した精緻な評価は各金融機関の専門部署にまかせればよいが、対象の不動産に「価値があるのか」「その価値はおよそ幾らか」を判断する力は必要である。そこで、不動産の基礎知識を整理すると同時に、誰でも簡単にできる「当たらずとも遠からず」の評価方法を解説する。

第6章「資金繰表」

資金繰表作成を、中小企業経営者に求めるのは酷である。資金繰表作成に必要な情報を聞き出し、必要に応じて経営者に代わって資金繰りを検討し、アドバイスする力が必要である。しかし、一般に用いられる資金繰表（信用保証協会提出用等）では不十分といえる。そこで、受取条件・回収条件・売上計画・仕入計画から資金繰表を起こす方法を解説する。中小企業の経営は今後一層厳しさが増すと思われる。経営者に負担をかけることのないように、この考え方をマスターして欲しい。

第7章「キャッシュフロー分析」
　キャッシュフロー経営の必用性については、近時のデフレ経済の中で再び議論されることが多くなった。経営戦略的視点で論じられることが多い。本章では、企業実態把握の目線でキャッシュフローに注目する。
　最後に、本書は大学に例えれば中小企業融資学部教養課程といった位置づけである。是非、中小企業融資の入門編として本書を活用していただきたい。そして本来の意味で地域経済の担い手となる金融マンに育つことを期待する。

　平成25年11月

寺岡雅顕

推薦の辞

　この度、我々が心から信頼する朋友であり、また多くの我々の仲間にとっての良き指導者でもある寺岡雅顕氏が、我々も平素より大変お世話になっている銀行研修社様より本書を出版されることを、心より深くお慶び申し上げると共に、本書を是非とも多くの金融機関職員の方々にご活用いただきたく、推薦の辞を記させていただく。

　近年の我が国の経済状況、特に中小企業と地域金融機関にとっての周辺環境や社会情勢の変化は著しく、これまで常識であったことが非常識となり、昔は誰も考えなかったことが現実となっているのではないだろうか。

　高度成長期からのインフレ時代は遥か昔の話となり、バブル崩壊後の長期不況・デフレ時代、そして不良債権処理からリレーションシップ・バンキングの時代、さらにリーマン・ショックから金融円滑化法の時代を経て現在に至るまで、我が国の中小企業と地域金融機関は、様々な未知なる体験を積み重ねてきた。

　そして現在、中小企業と地域金融機関との関係は、さらに新たなる時代を迎えようとしている。

　我々は、各分野の専門家や国家資格者が集まって、経済産業省認可の協同組合組織として結成されている、企業再建と企業承継を専門分野とするコンサルタント集団であるが、我々も寺岡氏と同様、地域の中小企業を支援し、そして見守ってきた立場である。

　かつては債権者である金融機関と債務者である融資先企業、特に経営状態が悪化している中小企業を支援する立場であるコンサルタントとは、利益相反の関係に立ってしまうと考えられてしまうことが少なくはなく、寺岡氏のような銀行マンと我々コンサルタントが直接に接触し、かつ友好的

な関係を構築することは極めて稀であった。

しかし、現在の企業再生の常識においては、金融機関と融資先企業は、もちろん双方がモラルを重んじコンプライアンスを遵守することが条件ではあるが、かつて常識であったような債権者と債務者という単純な対立関係ではなく、それを超えた強固なる協調関係を構築して経営再建にあたらないことには、価値ある企業の謂れなき倒産によって、地域社会全体、ひいては日本経済全体に悪影響を与えると考えるべきであろう。

その意味から、我々コンサルタントと金融機関との関係も、従前では考えられなかったような緊密な連携が必要となってきている。

我々も中小企業を支援するための研修制度を構築し、コンサルタントやTAM（ターン・アラウンド・マネージャー＝企業内に入って経営再建に取り組む人材）の育成に努めているが、実はその研修の基本理念は、本書において寺岡氏が示している内容と極めて近いものなのである。

企業経営、特に中小企業における経営とは、数字などで表される定量的な事象のみで全てが分かるものではなく、数字はもちろん、文書や記録にも現れない隠れた要因をも含む定性的な事象で動いている部分が非常に多い。

例えば会社の経営理念、経営者の資質や思想、後継者を含む個々の人材の能力やモチベーション、取扱商品の将来性等々、目には見えない要素こそが実は最も重要である場合が少なくないのである。

実務家が現場において的確な仕事をするために重要な要素は「知識」「経験」「感性」であるが、いわゆる定性分析については、その中で特に「感性」の部分が重要となる。

それは我々コンサルタントも金融機関職員も全く同じなのではないだろうか。

我々は、寺岡氏と出会った時、他の人にはない素晴らしい「感性」を感

じたものである。

　本書の読者は、主として職業経験がまだ浅い若き金融マンなのではないかと思われるが、是非とも寺岡氏の分かり易くかつ体系的に纏められた教材から「知識」を得、寺岡氏が書かれている実体験に基づいた各種のエピソードから「経験」を学び、そして文章には表れていない部分を含む寺岡氏の豊富な知識と経験に立脚し、そこから滲み出ている「感性」を十分に感じ取っていただきたい。

　そして、いつの日にか、我々と現場で出会った時には、共通の師であり友でもある寺岡氏を通じて、共に中小企業を支援する仲間として一緒に考え、一緒に悩み、一緒に行動していただきたいと願っている。

　最後に、つい最近、還暦を迎えられた寺岡氏に対し、心からお祝いを申し上げると共に、これからも末永く、我々を導いてくださる尊敬すべき存在であっていただきたいとお願いし、本書の推薦の辞としたい。

　ご出版、おめでとうございました。

平成25年11月

司法書士法人ソレイユ　代表司法書士
河合保弘

目　　次

第一章　融資実務基礎

1．はじめに …………………………………………………… 10
2．基本には忠実に！ ………………………………………… 11
　（1）「業績推進と管理」は「建物と基礎」の関係 ………… 11
　（2）融資は契約で行なう！ ……………………………… 12
　（3）基本動作とは？ ……………………………………… 12
　（4）人は失敗に学ぶべきだが「失敗しない」に
　　　 越したことは無い！ ………………………………… 14
3．「金融検査マニュアル廃止」と「金融行政」………… 15
　（1）金融検査マニュアルの廃止 ………………………… 17
　（2）地域からの期待 ……………………………………… 18
　（3）地域金融機関の役割 ………………………………… 19
　（4）陥りやすい罠 ………………………………………… 20
4．金融機関職員としての基礎 ……………………………… 23
　（1）心構え ………………………………………………… 23
　（2）融資関連業務に携わるものとして決して
　　　 忘れてはならない鉄則 ……………………………… 23
5．融資の基本 ………………………………………………… 28
　（1）与信管理の仕組み …………………………………… 29
　（2）与信判断とは？ ……………………………………… 31
　（3）融資の基本原則 ……………………………………… 34

① 安全性の原則
　　　② 収益性の原則
　　　③ 成長性の原則
　　　④ 流動性の原則
　　　⑤ 公共性の原則
　（4）融資の判断には優れた良識と優れた見識が必要⁉ ……………… 36
　　　① 恐れ（恐怖心）
　　　② 責任感
　　　③ 向上心
6．融資案件発生時の流れと留意点 ……………………………… 40
　（1）融資案件発生時の流れと留意点 …………………………… 40
　（2）お金が必要なケースとは？ ………………………………… 42

第二章　定量（財務）分析

1．はじめに ……………………………………………………… 46
　（1）決算書を作る知識と決算書を読む知識は別物！ ………… 46
　（2）「P/LとB/S」の構造の理解と、少しだけ経営者の立場で
　　　考えること ……………………………………………………… 46
2．決算書を分析する前に考えておくべきこと ……………… 47
　（1）前提として考えておくべきこと …………………………… 47
　（2）6つのキーワードに沿って考える！ ………………………… 49
　　　① 原理と原則
　　　② 仮説と検証
　　　③ 常識と見識

目　次

　（3）迷った時には原点に帰れ！……………………………………… 51
3．信用格付と企業実態把握 …………………………………………… 52
　（1）格付とは……………………………………………………………… 52
　（2）格付に頼った与信判断は危険……………………………………… 54
4．財務分析の留意事項 ………………………………………………… 56
　（1）基本認識……………………………………………………………… 56
　（2）財務分析の基本……………………………………………………… 61
　　①　B/S・P/L の関係を理解しよう！
　　②　本来 B/S・P/L は一体のもの！
　（3）損益計算書（P/L）を掘り下げる！………………………………… 67
　（4）貸借対照表（B/S）を掘り下げる！………………………………… 69
　　①　ワン・イヤー・ルール
　　②　流動性の原則
　（5）財務活動を企業の安定性から考えてみよう！…………………… 74
　　①　「企業活動・企業利益」の定義
　　②　企業経営の理想の姿
　　③　調達した資金に借入れがある場合を考えてみよう！
　　④　財務的な安定性のパラドックス
　（6）企業財務の基本構造（箱で考えよう！）………………………… 78
　　①　企業財務の基本構造
　　②　粉飾を箱を使って考えよう！
5．粉飾発見のポイント ………………………………………………… 84
　（1）財務分析の手順と着眼点…………………………………………… 85
　　①　いまは財務分析の本当の実力が問われる時代！
　　②　でも、恐れる必要はない。まずは人の真似から！
　　③　10年ヒストリーに注目して、観察してみよう！

3

（2）粉飾発見の7つのポイント……………………………………87
　　　① 回転期間の異常
　　　② 経常収支の異常
　　　③ 借入金利子負担率の異常
　　　④ 決算書不連続
　　　⑤ 不自然な法人税充当額
　　　⑥ 業種的にみて売上高推移が異常
　　　⑦ 低位横並びの利益計上
　（3）10年ヒストリーを読んでみよう！……………………………101
　（4）実態バランス・実資力を掘り下げる！………………………105
　　　① 実資力の検討
　　　② 実態バランスの検討
　　　③ 実態バランスを重視すると陥り易い罠がある！
　　　④ 実資力の重要性とは
　（5）損益分岐点分析………………………………………………114
　　　① 変動費・固定費の性格を理解する
　　　② 損益分岐点分析（参考）

第三章　借入申込案件の検討（資金使途分析）

1．本当の資金使途をつかもう！………………………………………120
　（1）融資案件発生時の流れと留意点………………………………121
　（2）お金が必要なケースとは？……………………………………122
2．資金使途の類型……………………………………………………124
　（1）運転資金の定義…………………………………………………124

　　　　① 融資は運転資金に始まり運転資金に終わる
　　　　② 運転資金の定義
　（2）資金性格別に資金調達状況を整理してみよう！……………125
　（3）運転資金……………………………………………………128
　　　　① 経常運転資金
　　　　② 増加運転資金
　　　　③ 減産資金
　（4）一時資金……………………………………………………139
　　　　① 季節資金
　　　　② つなぎ資金
　　　　③ 決算資金
　（5）滞貨（デッド・ストック）資金……………………………142
　（6）赤字資金……………………………………………………143
　（7）貿易関連資金………………………………………………144
　　　　① 輸出前貸資金
　　　　② 輸入資金
　（8）投融資資金…………………………………………………148
　（9）生産型設備資金……………………………………………149
　（10）販売力拡充設備資金………………………………………150
　（11）合理化投資資金……………………………………………152
　（12）設備更新投資………………………………………………154

第四章　定性分析

1．木を見て森を見ず？……………………………………………160

（1）定性分析の重要性……………………………………161
　　　① 定性分析の手順
　　　② 業界分析まとめ
　（2）定性分析の主な手法…………………………………168

第五章　不動産の基礎知識

1．はじめに……………………………………………………178
2．不動産は嘘をつかない！…………………………………179
　（1）不動産の特徴と書面調査・現地調査…………………180
　（2）不動産登記の見方………………………………………181
　（3）不動産登記事項証明書（登記簿謄本）は宝の山……183
3．担保としての不動産………………………………………184
　（1）人的保証も物的担保も保証であることに変わりはない……184
　（2）保証（担保）契約の類型………………………………185
4．適格な不動産担保…………………………………………187
　（1）権利関係…………………………………………………187
　　　① 定期借地権とは
　　　② 定期借地権の問題点
　（2）公法上の規制……………………………………………191
　　　①都市計画法
　　　②農地法
　　　③建築基準法
　（3）物件の実態………………………………………………199
5．評価方法……………………………………………………207

6

（1）評価の基本……………………………………………………… 207
　　　① 収益物件以外
　　　② 収益物件の場合（アパートローン・その他賃貸物件等）

第六章　資金繰表

１．資金繰表の作り方………………………………………………… 214
　　　① 資金繰りの重要性が増している
　　　② 中小企業の経営者は忙しい
　　　③ 保証協会に提出するレベルの資金繰表では検討すら
　　　　できないのが実情
　（1）資金繰表には3通りの作り方…………………………………… 217
　（2）基本情報（日頃から把握しておくべきもの）………………… 218
２．資金繰表作成前の基礎知識……………………………………… 222

第七章　キャッシュフロー分析

１．はじめに…………………………………………………………… 232
２．上場会社倒産の実態（2009年3月期を例にみると）………… 235
３．黒字倒産を理解するために！…………………………………… 236
　（1）黒字倒産のメカニズム………………………………………… 237
４．キャッシュフロー分析…………………………………………… 239
　（1）財務分析の基本は個別の資産内容の精査…………………… 239
　（2）利益の質と流動資産の質に注目……………………………… 240

　　　　① 中長期（3年～5年）での利益の質に注目する
　　　　② 流動資産の質にも注目する
　　（3）キャッシュフローの見方・考え方（Ⅰ）……………………242
　　（4）キャッシュフローの見方・考え方（Ⅱ）……………………243
　5．事例………………………………………………………………244

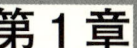

融資実務基礎

第1節

はじめに

　金融機関では「業績推進と管理」は支店経営の両輪であるとよくいわれます。はたしてそうでしょうか。管理が疎かになると、無用のトラブルに見舞われることがよくあります。お金にかかわる仕事だけにトラブルが発生すると簡単には解決せず、事後処理に多大な時間を浪費することになり、業績推進にかける時間は無くなります。**業績推進は堅実な管理の上に成り立つ**ことを忘れてはなりません。

　管理を疎かにした業績推進は、将来大きなコストを支払わされることになりかねません。管理を確実にやっておきさえすれば避けられたはずのコ

図表Ⅰ－1　融資の基本

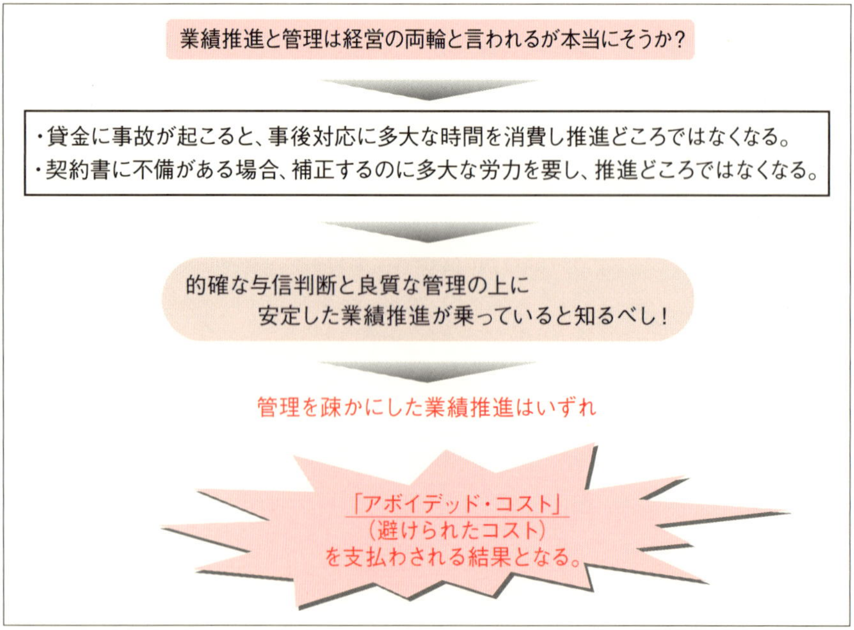

```
業績推進と管理は経営の両輪と言われるが本当にそうか？
            ▼
・貸金に事故が起こると、事後対応に多大な時間を消費し推進どころではなくなる。
・契約書に不備がある場合、補正するのに多大な労力を要し、推進どころではなくなる。
            ▼
  的確な与信判断と良質な管理の上に
  安定した業績推進が乗っていると知るべし！
            ▼
  管理を疎かにした業績推進はいずれ
       「アボイデッド・コスト」
         （避けられたコスト）
       を支払わされる結果となる。
```

スト（アボイデッド・コスト）です。

■**管理が疎かな金融機関（支店）の業績は砂上の楼閣である。**
　「業績推進と管理」は建物に例えれば「建物と基礎」の関係にあるといえます。しっかりした基礎の上にあって初めて堅牢で安心して住める家なのです。建物が立派でも基礎が不十分な建築物は、土地の流動化現象で簡単に傾いたことは記憶に新しいと思います。東日本大震災で経験した通りです。
　しっかりした基礎は**基本動作を徹底**することから形成されます。
　「的確な与信判断と良質な管理の上に安定した業績推進が乗っている」と言えます。

第2節

基本には忠実に！

　先に述べたとおり、「業績推進と管理」の関係は建物の「上物（建物）と基礎」の関係に例えることができます。堅実に管理業務を行なわないと、時には債務否認など、とんでもないリスクを被ることになりかねません。避けられたはずのコスト（アボイデッドコスト）を支払わされる羽目になることもあるのです。良質な管理は各自が基本動作を徹底することから始まります。

（1）「業績推進と管理」は「建物と基礎」の関係

・事務の基本ができない者に法人担当はできない！
・基本動作を疎かにする者は金融機関職員として失格！

建物	業績推進		
基礎	【管　理】		
	事務	業務	与信

建物は堅牢な基礎の上にあって価値がある！

（2）融資は契約で行なう！

・契約書を一度で決められない金融機関職員をお客様は信頼してくれない！
・契約書の補正に走る時間は、業績推進ができないと知るべし！
・契約の不備は、債権の存在をも否定される事態になりかねない！

（3）基本動作とは！

・面前自署
・面前で印鑑証明と記載内容の照合
・面前で印鑑証明と押印済み印鑑との照合
　必ず２ケ所以上を折り曲げて重ねて印影の一致を確認する。
・ダブル・チェック

コラム

（1）融資は契約で行なう！
　融資は稟議で行なうのではありません。稟議の承認があるかどうかは金融機関の問題で、債務者側には関係ありません。あくまで金融機関は契約に基づいて融資を実行します。契約に不備があると、場合によっては**債権の存在さえも否定される**ことになりかねないことに留意しましょう。
　基本動作を徹底することこそが、堅牢な基礎を築くことにつながります。
（2）融資業務における契約の重要性について

第1章　融資実務基礎

　地域金融機関のビジネスモデルは、「顧客との親密な関係を長く維持する中で、顧客に関する情報を蓄積し、蓄積した情報を基に融資等の金融サービスを提供する」と言うものです。これを「リレーションシップバンキング」と呼んでいます。

　取引先と直接の接点となる「金融機関職員と取引先経営者」との信頼関係に目を向けてみましょう。約束を守れない人が信頼されないのは言うまでもありません。命の次に大切なお金を取り扱う金融機関職員が、そのお金にかかわる融資の契約ひとつまともに結べないとしたら恐ろしいことです。

　例を用いて考えてみましょう。

　締結した契約書にミスが発見されたとします。

　取引先の対応は以下ふたつのケースで大きく変わることがあります。

《ケースⅠ》

　融資を実行する前に契約書の不備を発見できた場合

　・取引先はまだ金融機関から借入金を受け取っていません。

　　（取引の目的は融資を受けてその資金を目的通りに使うことにあります）

　・融資金を受け取るため、融資実行予定日までは、金融機関の求めに応じて不備の補正に協力してくれるでしょう。

《ケースⅡ》

　融資を実行したあとに契約書の不備が見つかった場合

　・取引先はすでに融資金を受け取って、目的を果たした状況です。

　　（取引先にとっては「契約書の補正」は、当然ながら優先順位が低いものになっています）

　・金融機関の補正の働き掛け（お願い）に対し

　　「今日は、同僚に誘われて……　明後日19時に自宅で待ってます。」

　　二日後の19時に自宅に訪問すると、奥様から次のように聞かされます。

　　「急用があって帰れない」と連絡がありました。

> （帰り道で、友人に会って一杯やっている状況かもしれません）
> なんてことが起きてしまいます。
> ※**融資実行前ならば、不備補正を優先したでしょう。**
> （※）取引先は少なからず、次のように考えるでしょう。
> ・大切なお金を扱う仕事なのに、この金融機関で大丈夫だろうか？
> ・こんなことでは大切な相談はとてもできない！
> ・この金融機関（職員）に、任せるわけにいかない！

（4）人は失敗に学ぶべきだが「失敗しない」に越したことは無い！

■人は自分の欠点を認識すれば、認識した時点で半分以上その欠点は克服されたのと同じ

　失敗は「組織が犯す失敗」と「人が犯す失敗」があります。ここでは人が犯す失敗について焦点を当てます。そもそも人は失敗に学ぶべきですが、失敗しないに越したことはありません。

　図表Ⅰ-2は、「失敗学」の第一人者といわれる、東京大学名誉教授の畑村洋太郎先生の整理ですが、実によく人間が犯す失敗の要因が纏められています。じっくり眺めてみてください。思い当たることが沢山あるはずです。

　人は自分の持つ傾向や癖あるいは欠点を認識するだけで大きく改善するものです。しなくても済む失敗をしないように、十分に自分の特性を考えてみましょう。

第1章　融資実務基礎

図表Ⅰ-2　失敗における人的要因

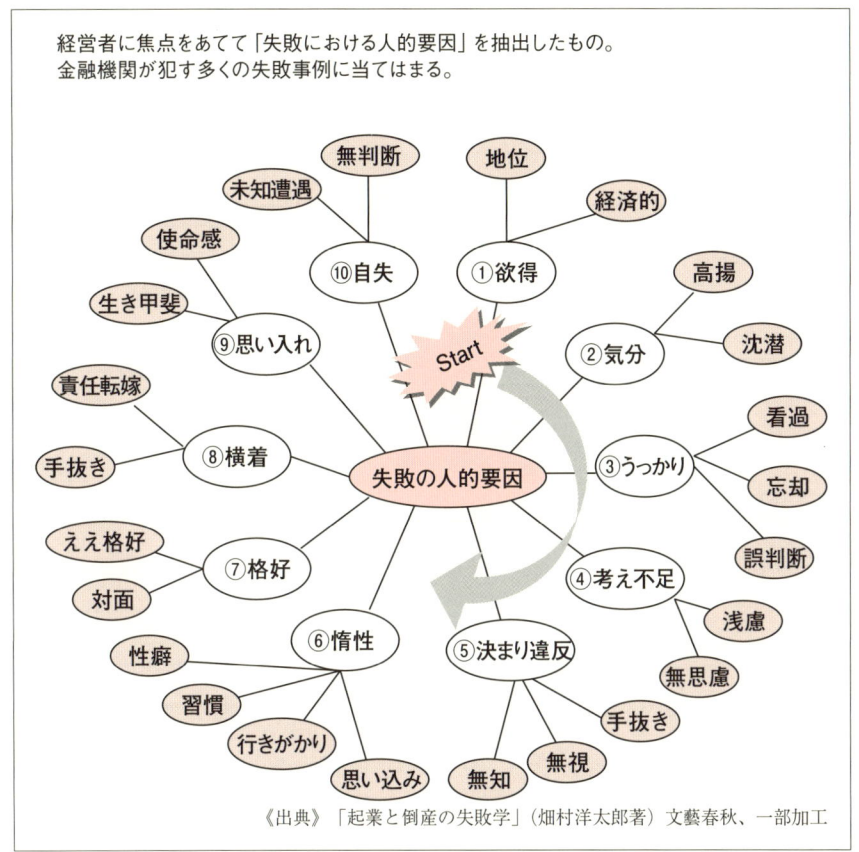

《出典》「起業と倒産の失敗学」（畑村洋太郎著）文藝春秋、一部加工

第3節

「金融検査マニュアル廃止」と「金融行政」

金融行政の目標は、企業・経済の持続的成長と安定的な資産形成等による国民の厚生の増大を目指すというものです。これを実現するには、時としてトレードオフの関係にある「金融システムの安定と金融仲介機能の発

揮」「利用者保護と利用者利便」「市場の公正性・透明性と事情の活力」のそれぞれを、両立させることが求められます。

図表Ⅰ-3

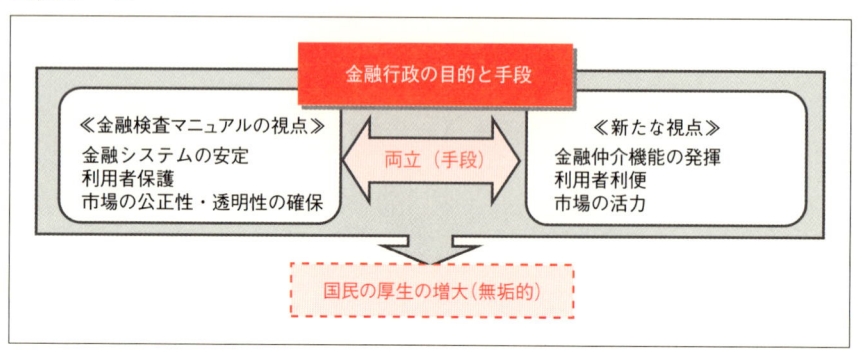

　1990年代後半に顕在化した「不良債権問題の深刻化」「金融機関の経営破綻」「様々な法令違反」等は、我が国の金融システムや市場に対する信頼を損ねる結果となりました。そこで政府は、「金融システムの安定」「利用者保護」「市場の公正性・透明性の確保」を掲げ、信頼を取り戻すために、緊急避難的に作成運用したものが、金融検査マニュアルであったわけです。
　ここで掲げられた「金融システムの安定」「利用者保護」「市場の公正性・透明性の確保」という3つの目線（図表Ⅰ-3左側）は「国民の厚生の最大化」に貢献するという究極の目的を達成するための手段であって、目的そのものではありません。我々は、長く金融検査マニュアル対応に力を注いだ結果、形式的に「手段が目的化」してしまっている可能性があることを、深く反省する必要があります。言い換えると、「国民の厚生の増大」という本来の金融の目的から乖離し、顧客目線が失われてしまったということです。これでは「お客様に選ばれる金融機関」になることは難しいでしょう。

改めて金融業界の各業法の第一条を以下に記載します。すべて第一条に「**国民の厚生の増大**」に等しい表現が謳われていることを確認しておいてください。

> **銀行法　第一条（目的）**
>
> この法律は、銀行の業務の公共性にかんがみ、信用を維持し、預金者等の保護を確保するとともに金融の円滑を図るため、銀行の業務の健全かつ適切な運営を期し、もって**国民経済の健全な発展に資する**ことを目的とする。

> **信用金庫法　第一条（目的）**
>
> この法律は、**国民大衆のために金融の円滑を図り、その貯蓄の増強に資する**ため、協同組織による信用金庫の制度を確立し、金融業務の公共性にかんがみ、その監督の適正を期するとともに信用の維持と預金者等の保護に資することを目的とする。

> **協同組合による金融事業に関する法律　第一条（目的）**
>
> この法律は、協同組織による金融業務の健全な経営を確保し、**預金者その他の債権者及び出資者の利益を保護する**ことにより一般の信用を維持し、もって協同組織による金融の発達を図ることを目的とする。

（1）金融検査マニュアルの廃止

　緊急避難的に作成された**金融検査マニュアル**は、当初の目的通り、金融システムの安定と市場の信頼を取り戻す上で重要な役割を果たしてきまし

た。一方、平時といえる今日まで運用されてきたことによって、様々な**弊害が目に付く**ようになりました。例えば、金融検査マニュアルに従った検査・監督では、「重箱の隅をつつきがちで、重点課題に注力できない」「金融バブルの後始末はできたが、新しい課題に予め対処できない」「金融機関による多様で主体的な創意工夫を妨げてきた」といった批判もありました。

　歴史的役目を終えた金融検査マニュアルは、**2019年に廃止**されることになりました。

　金融システムが安定し、不良債権問題から抜け出した今こそ、「将来に向けた新たな検査監督の道を探る必要がある」という金融当局の決意の表れだといえます。「形式・過去・部分」を重視した金融検査マニュアルから、**実質・未来・全体**と未来志向の金融検査マニュアルのない時代に移ることになります。簡単に言うならば、金融機関の決算数値以上に、**「将来にわたって安定して地域に寄り添っていける金融機関であるかないか」**により重点を置いた検査・監督に変更されるということです。

（2）地域からの期待

　金融機関はこれまで、間接金融の担い手として社会的に大きな責任を果たしてきました。中でも地域金融機関は、**中小企業と地域経済の担い手として大きな期待**が寄せられています。**金融検査マニュアル廃止後も、この期待と責任にかかる次の３点に変わりはありません。**

　第一点は「地域の中小企業への円滑な金融仲介機能の発揮」です。中小企業は一般的に財務基盤が脆弱で、一時的な赤字や債務超過になりやすいという特性があります。**財務に頼った判断では取引を簡単に放り出し、雨が降り出せば「貸した傘を返してくれ」と言わんばかりの対応になる恐れがあります。**企業の事業を正しく理解し、企業に寄り添える金融機関である必要があります。中小企業の活性化なくして、地域経済の活性化も考え

にくいということです。

　第二点は「**貸し手、借り手双方の健全性の確保**」が求められる点が挙げられます。地域の間接金融の担い手として責任を全うする為にも金融機関は破綻してはならないのです。融資先企業が破綻し金融機関に損害が及ぶ事態が続けば金融機関の健全性も損なわれて、いずれ破綻することも考えられます。金融機関の破綻は「間接金融の担い手としての責任を放棄する」に止まらず、金融機関にとって債権者である預金者のご預金を損ねることにも繋がります。**金融機関には債務者としての義務（預金者の預金を守る義務）**もあることを忘れてはなりません。

　第三点は「**中小企業の再生と地域経済の活性化**」の面で強い期待が寄せられています。少子高齢化や財政事情悪化のもとで、地場産業の空洞化や中心市街地の空洞化が社会問題となっています。これらを通じた大都市と地域の二極化など、地域が抱える大きな問題となっています。

地域金融機関に課せられる地域の期待

①地域の中小企業への円滑な金融仲介機能の発揮
②貸し手、借り手双方の健全性の確保
③中小企業の再生と地域経済の活性化

（3）地域金融機関の役割

　地域金融機関には、地域の経済の担い手として**「単純に経済合理性（利益の極大化）」では割り切ることのできない側面**があります。財務諸表等の定量情報に重きを置き、取引採算を重視する取引手法は、地域金融機関には馴染まない場合があるということです。

　中小企業の中には、なぜか生き延びてきた不思議な企業があります。大

儲けしたことはないけれど不況の時でもしぶとく生き延びている企業です。しかし、**生き延びる理由が必ずある**はずです。経営者も金融機関も、気が付いていないだけかもしれません。金融機関からすると、この類の強みは、取引先と金融機関との長い密接な関係のなかで見えてくるものです。地域金融機関の役割は、メガバンクのように財務の良し悪しと今の収益性だけで判断するのではなく、**密接な取引の中で蓄積した情報を基に貸出金等の金融サービスを提供**することにあります。これをリレーションシップバンキングと呼びます。

（4）陥りやすい罠

地域に密着したのが地域金融機関であり、リレーションシップバンキングです。しかし、それだからこそ陥りやすい罠があるとも言えます。お取引先や地域の期待に応えようとする余り、歯止めがかからずに**行き過ぎてしまう危険**があることを忘れてはなりなせん。

図表Ⅰ-4

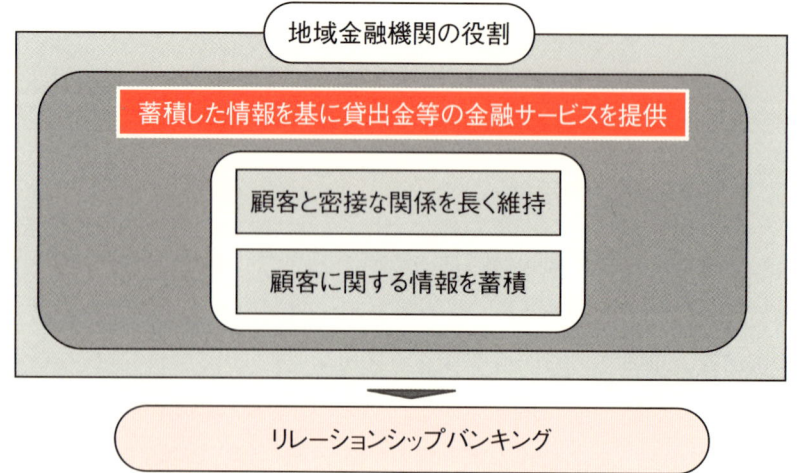

第1章　融資実務基礎

豆知識

（1）トランザクションバンキングとリレーションシップバンキング

　東京や大阪等大都市圏に本店を置き、基幹産業を含む大手企業との取引を中心に広域に展開している都市銀行の融資手法は「トランザクションバンキング（財務諸表等の定量情報に基づき、一時点かつ個々に取引採算性を重視し融資する）」と呼ばれます。一方、限られた地域を基盤としている地域金融機関の融資手法は、「顧客との親密な関係を長く維持する中で、顧客に関する情報を蓄積し、蓄積した情報を基に融資等の金融サービスを提供する」というものです。これを「リレーションシップバンキング」と呼びます。

（2）リレーションシップバンキングには二つの特徴

　一つには地域の経済の担い手として大きな社会的な責任を背負っていることが挙げられます。地域金融機関は地元の企業と密接に関わっており、地域金融機関の破綻は過去の例を見るまでもなく、地域経済に深刻な打撃を与えます。

　二つ目は、**中小企業はそもそも財務体質が脆弱な場合が多い**ということです。財務体質が脆弱であるが為に、ちょっとした経済イベント（リーマンショックや円高円安等）の影響を受けやすく、時として深刻な打撃を受けることがあります。定性分析の重要性が言われるのはそのためです。

　「リレーションシップバンキング」をビジネスモデルとする地域金融機関は「トランザクションバンキング」が可能な都市銀行と比較して、リスクの大きな取引を行なっていると言えるのです。

（3）経営者保証と事業性の理解（評価）

　経営者が会社の債務に対する保証を行う行為は、情報開示が十分でなく、そもそも収益力と体力の劣る中小企業の、信用補完の役割を果たしてきたという歴史的な役割があります。

　しかし、昨今の事業承継の実情を見ると、「経営者が会社の債務に対し

保証していることが、事業承継のネックになっている」のは事実のようです。これは地域から雇用の場が失われる可能性を秘めているとも言え、地域経済を一層疲弊させる方向に働きます。地方の経済の浮沈がそのまま地域金融機関の浮沈につながることは「自明の理」なのです。安易に担保や保証に頼った融資を繰り返していては、いずれ取引基盤は棄損し、地域では生き残っていけなくなる可能性があります。言い換えると、企業の実態を正しく掴み、常に密接なリレーションの中で相手企業を観察することで、信頼関係をベースにした取引関係を構築する。それによって、担保保証に頼らない融資が実現し、地域（お客様）から選ばれる金融機関となれるのです。

　筆者は事業性評価という言葉が嫌いです。所詮よそ者の金融機関職員にお取引先企業の評価などできるはずがないと思っています。現状を正しく理解することが、せいぜいです。それすらも、現場ではおろそかになっているように見えて仕方ありません。ぜひ本書を学習し、企業の実態を把握できる金融マンに成長されることを期待します。

　老婆心ながら一言付け加えます。最近、「個人保証は要らないからお金を借りてほしい」と新規取引のお願いに来る金融機関があるやに聞きました。金利も既存取引銀行より引き下げるそうです。

　「企業の実態を見ず、リスクを評価していない（言い換えると事業を理解していない）」まま数値目標を優先するという取り組みであり、将来当該金融機関に大きなリスクをもたらすことになると同時に、企業側の業績に陰りが見えたとき、真っ先に資金を引き揚げお取引先を不必要な破綻に追い込む金融機関であると言っても過言ではないと思います。

　金融検査マニュアル廃止後の金融検査では、かような金融機関は厳しくその経営姿勢を問われることになりそうです。

第4節

金融機関職員としての基礎

　金融機関は、お客様から信頼されて始めて成り立つビジネスです。つまり「お客様の信頼を得る」為には、当然ながらしっかりとした心の準備が必要です。ここでは最も基本となる**「心構え」**と**「忘れてはならない鉄則」**について整理します。

（1）心構え

　お客様の信頼を得る一番の近道は迅速な対応です。迅速な対応を行うためには日頃からお客様のことをよく知っておく必要があります。自分のお金を見ず知らずの人に貸すことは普通しません。

　金融機関の融資も一緒です。相手のことが分かっているから安心して貸せるのです。相手を知るためには「お役に立ちたい」という気持ちに裏付けされた熱意が必要です。当然、相手のことをもっと知りたいという好奇心も必要です。でもそれだけでは忙しい相手経営者から必要な情報は引き出せません。自らが相手業界のことを勉強することも必要です。聞き出すための創意工夫もいります。

（2）融資関連業務に携わるものとして決して忘れてはならない鉄則

　忘れてはならない鉄則がある裏には、陥りやすい罠が潜むということです。融資業務に携わるものは特に注意する必要があります。金融機関はその企業の生命線だといっても過言ではありません。金融機関は取引先企業の資金繰りを握っているのです。

図表Ⅰ-5

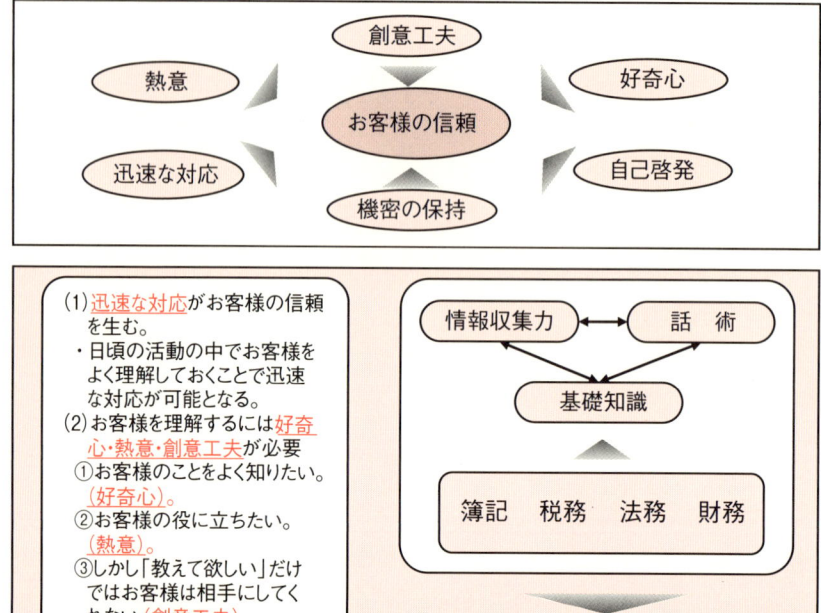

　時に「カネを貸してやる」と言わんばかりの対応をする者が現れます。一方で、「融資に便宜を期待する」取引先もあります。そんな時、コンプライアンスの意識がしっかりした職員なら問題ないのですが、残念ながら数いる職員の中には甚だ怪しい職員もいるわけです。彼らの中に、「融資に便宜を期待した接待」や「無理な融資を実行したあとの謝礼」を受けることに罪悪感をもたない輩がいても不思議ではありません。時には優越的な地位を利用した「飲食ゴルフ等の接待」や、あろうことか「金品の強要」

第1章　融資実務基礎

図表Ⅰ－6

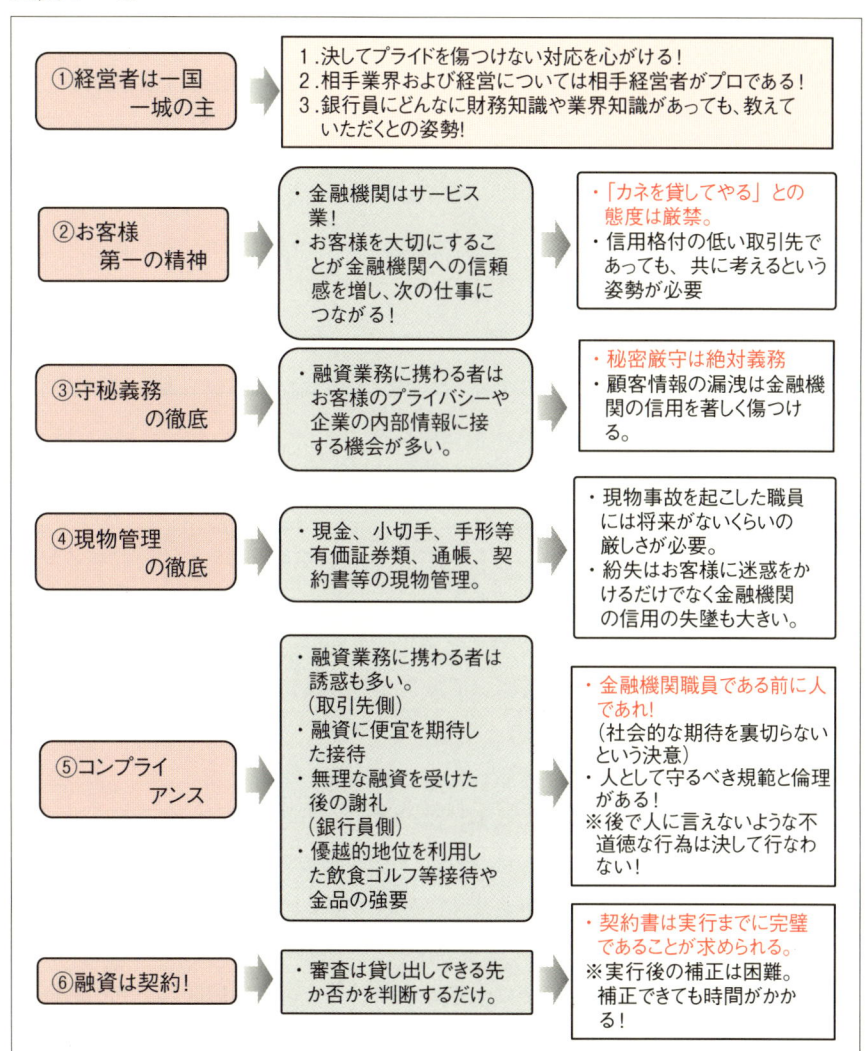

①経営者は一国一城の主	1.決してプライドを傷つけない対応を心がける！ 2.相手業界および経営については相手経営者がプロである！ 3.銀行員にどんなに財務知識や業界知識があっても、教えていただくとの姿勢！	
②お客様第一の精神	・金融機関はサービス業！ ・お客様を大切にすることが金融機関への信頼感を増し、次の仕事につながる！	・「カネを貸してやる」との態度は厳禁。 ・信用格付の低い取引先であっても、共に考えるという姿勢が必要
③守秘義務の徹底	・融資業務に携わる者はお客様のプライバシーや企業の内部情報に接する機会が多い。	・秘密厳守は絶対義務 ・顧客情報の漏洩は金融機関の信用を著しく傷つける。
④現物管理の徹底	・現金、小切手、手形等有価証券類、通帳、契約書等の現物管理。	・現物事故を起こした職員には将来がないくらいの厳しさが必要。 ・紛失はお客様に迷惑をかけるだけでなく金融機関の信用の失墜も大きい。
⑤コンプライアンス	・融資業務に携わる者は誘惑も多い。（取引先側） ・融資に便宜を期待した接待 ・無理な融資を受けた後の謝礼（銀行員側） ・優越的地位を利用した飲食ゴルフ等接待や金品の強要	・金融機関職員である前に人であれ！（社会的な期待を裏切らないという決意） ・人として守るべき規範と倫理がある！ ※後で人に言えないような不道徳な行為は決して行なわない！
⑥融資は契約！	・審査は貸し出しできる先か否かを判断するだけ。	・契約書は実行までに完璧であることが求められる。 ※実行後の補正は困難。補正できても時間がかかる！

を行うものまで出現することもありうるのです。

　情実融資や不正融資につながり重大な損害を金融機関にあたえた事件は、それぞれの金融機関が、それぞれの歴史の中で経験しているはずです。

経営者は中小企業といえども一国一城の主です。公の場（商工会議所等）では頭取や理事長と同格です。従業員と従業員の家族の生活を自らが支えているという自負もあります。決してプライドを傷つける対応をしてはなりません。

> コラム
>
> **（1）金融機関の悩みと現状**
> 　最近、次のようなことをよく耳にします。
> ・せっかく支店長が訪問してくれたが、金融機関の都合を押し付ける営業活動ばかりで相談に乗ってもらえない。
> ・担当者は一瞥もせずに決算書を持って帰るだけで、何のコメントもない。
> ・今まで聞いたこともないこと（売上、仕入の実績・金融機関取引状況等）を（審査が要求してきたので）ペーパーで出して欲しいと言ってきた。当社に対する融資態度に変化でもあるのか。
> 　一方で、現場の支店長からは、次のような発言が聞かれます。
> ・融資のできる職員がいない。
> ・役席と中堅職員に若手を指導できるものがいない。
> ※多くの場合、自分のことは棚にあげていることが多いのですが……。
> 「労務管理の強化」と営業店における「若年層の増加」は、おそらく多くの金融機関で共通の悩みと言えます。そして多くの場合、構造的な問題として捉えているようです。
> 　長引く不良債権処理と経済の低迷の中で、多くの金融機関はそれぞれ収益をあげることに苦労し、目先の利益を追いかけざるを得ない状況にありました。金融自由化によりリスク商品（投資信託等）の販売が解禁されたことも原因のひとつです。
> 　ひとことで言うと、融資の解る職員が少なくなってしまったのです。偉そうに言う支店長の多くも融資が理解できているとは思えません。今の数

字をあげることで評価されてきた方々が支店長になっている例が多いのではないでしょうか。

(2) 愛国無罪と業推無罪

銀行は株式会社であり株主配当の必要から、毎期一定の利益を求められる宿命にあります。協同組織金融機関であっても赤字の恒常化が許されるはずがありません。金融機関はすべからく短期で収益を求めざるを得ないという構造を持っています。

尖閣諸島を日本政府が国有化したときの中国国内の混乱を思いだしてみましょう。

マスコミで報道された姿は「愛国無罪」を叫んで、日本系のスーパーマーケットで略奪を働く中国国民の姿でした。「愛国心に基づいた行動は、なにをやっても許される」ということのようでした。もちろん、その姿が現在の中国のすべてを物語っていると思っているわけではありません。

金融機関の現状を考えてみましょう。ここに、「罠にはまる大きな要因」が隠されています。

構造的に短期間での収益（成果）を求められることから、金融機関では、一般的に「業績推進」という単語が幅をきかせています。半期毎に目標が設定されその達成度をもって評価をうけます。

「短期の収益（成果）を求める」必要性を否定するわけではありません。しかしながら、金融機関職員は基本的にはサラリーマンです。評価されやすい方向に向いてしまいがちなのです。「昇給につながる」「昇進につながる」といった俗人的な思考は誰にも少なからずあるものです。

業績推進という名のもとで、「事務管理の粗漏はなんのその、なにをやっても許される」との思想が「業推無罪」です。

業績推進の本来の意味を忘れ、目の前の数字さえ獲得できればそれが業績推進だと錯覚することのないように注意しましょう。「業推無罪」の文化があるとしたら早急に改める必要があります。

(3) 手段の目的化

「愛国無罪」ならぬ「業推無罪」を認識する人種が浸透し図太く生き残

る土壌がサラリーマン社会にはあるようです。

　また、多くの場合、上司は部下を利害関係人としてとらえます。短期の業績が自分の評価につながるため自分にとって都合の良い部下を大切にしようとするのは当然のことかもしれません。かくして、「目の前の数字を達成することが目的化」（手段が目的化）され、金融機関本来の存在意義と社会的使命に立脚した「本来の目的」が忘れ去られるのです。

本来の目的

「円滑な金融機能の発揮」と「地域経済の発展に寄与する」と同時に適正な利潤を獲得し、株主の利益に資する。

第5節

融資の基本

　融資の基本は、「与信管理の仕組みを理解」することから始まります。そもそも与信とは「金銭の貸付もしくは同等行為（保証等）を行なうこと」を言います。また「個別取引先別に設けた与信の上限額」を与信枠といいます。そして「与信管理」とは、金融機関が行なう与信行為を管理することを示しています。

■与信管理の基本構造

　与信管理は「審査」「契約」「フォロー（モニタリング）」の三つの要素で構成されます。また、「審査」のプロセスは「実態把握」と「与信判断」の二つの要素で考えることができます。

　中でも特に重要なのは契約です。審査は与信判断の過程で融資しても大丈夫な先だと判断しているに過ぎません。

第1章　融資実務基礎

（1）与信管理の仕組み

■**融資は契約で行なう！稟議（審査）ではない！**

　融資が実行されて返済期限まで順調に返済されれば良いのですが、すべての取引先で滞りなく返済が完了するとは限りません。その時、**金融機関の融資が守られるかどうかは契約にかかっている**のです。中には「担保を頂いておけば大丈夫」と思う者もいるでしょうが、担保権を設定するのは

図表Ⅰ－7

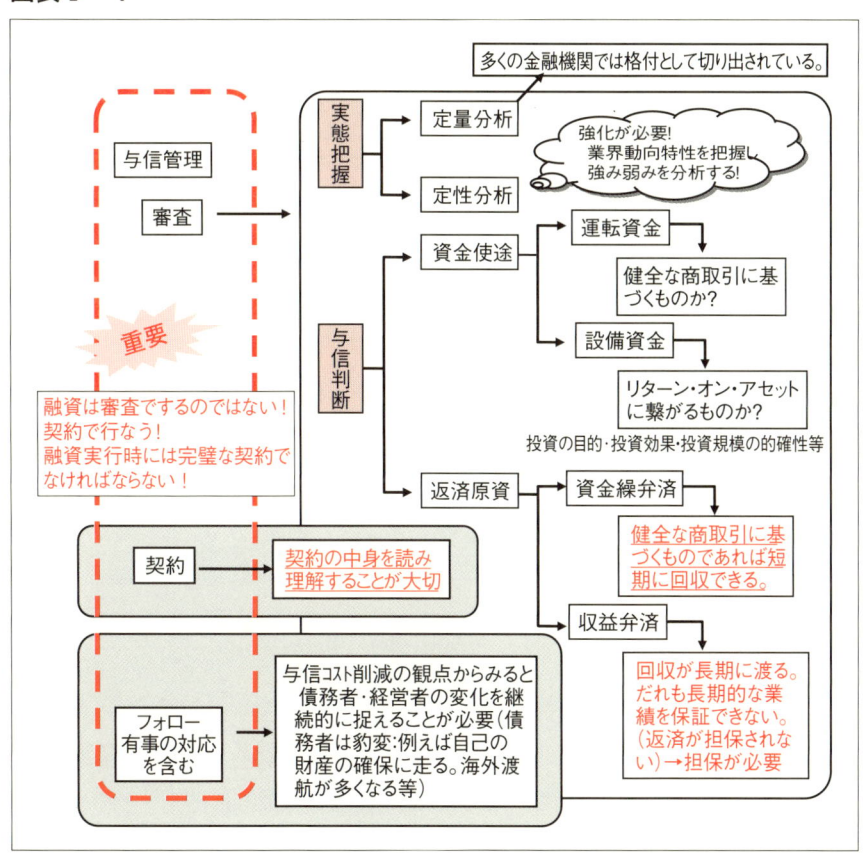

```
                                                多くの金融機関では格付として切り出されている。
                            ┌─ 実態把握 ─┬─ 定量分析
                            │            │              強化が必要！
  ┌─────────┐   │            └─ 定性分析    業界動向特性を把握し
  │ 与信管理 │   │                            強み弱みを分析する！
  └─────────┘   │
  ┌─────────┐   │                    ┌─ 運転資金 ─ 健全な商取引に基
  │   審査   │ ─→│                    │              づくものか？
  └─────────┘   ├─ 資金使途 ─┤
                    与信判断        │                    ┌─ 設備資金 ─ リターン・オン・アセット
     重要            │                                  に繋がるものか？
                    │                                投資の目的・投資効果・投資規模の的確性等
  融資は審査するのではない！
  契約で行なう！      └─ 返済原資 ─┬─ 資金繰弁済 ─ 健全な商取引に基
  融資実行時には完璧な契約で                              づくものであれば短
  なければならない！                                      期に回収できる。
                                              │
  ┌─────────┐   ┌ 契約の中身を読み   └─ 収益弁済 ─ 回収が長期に渡る。
  │   契約   │ ─→│ 理解することが大切                だれも長期的な業
  └─────────┘   └                                   績を保証できない。
                                                        （返済が担保されな
  ┌─────────┐   ┌ 与信コスト削減の観点からみると       い）→担保が必要
  │ フォロー │   │ 債務者・経営者の変化を継
  │ 有事の対応│ ─→│ 続的に捉えることが必要（債
  │ を含む   │   │ 務者は豹変:例えば自己の
  └─────────┘   │ 財産の確保に走る。海外渡
                    └ 航が多くなる等）
```

29

契約です。担保設定契約に不備があると担保権の行使が制限されて回収不能となることもあります。

　契約を締結する折の当事者の意思の確認も重要です。せっかく契約を締結したのに、当事者の借入意思や保証意思あるいは担保提供意思の確認が十分でなかったことから、それぞれの契約行為が無効であるとされた例は枚挙の暇がありません。

　金融機関の職員は契約に関する感度を必要以上と思われるほど高める必要があります。**契約ひとつまともに締結できない金融機関（職員）は信頼に値しない**ことは言うまでもありません。

　契約をそつなく締結するには「それなりに時間」がかかります。「業推無罪」の思いにとりつかれた職員は契約を「例外なく疎か」にします。

■業績推進に偏ると与信判断が甘くなる！

　審査は与信判断の過程で、貸し出ししても大丈夫な先だと判断しているに過ぎないことは前述の通りです。当然、融資すべきでない先に融資することはできないのは言うまでもありません。

　「業推無罪」とまでいかなくとも、短期での成果を求める体質が強いと「融資残高を伸ばすと言う数値目標が目的化」し、与信判断が甘くなりがちです。引いては金融機関の体力を逆に消耗し、本末転倒の結果になりかねません。

豆知識

（1）与信コストとは
　貸出金等の与信業務から発生する、貸出先の業況悪化や破綻による費用・貸出金等の債権が将来回収不能となった場合の損失を事前に手当する

ための貸倒引当金の計上にかかる費用や貸出先の破綻などによる貸倒損失（貸出金償却）など

（2）与信コスト圧縮に王道はない

・与信コストの削減は金融機関にとって、決算に直接かかわるだけに重要なテーマです。貸出金が不良化する前に回収できればいいのですが貸し剥がしの批判を浴びかねません。担保を強化できれば損失見込みは減少しますが、簡単ではありません。結局は地道に取引先の経営改善を図ることが重要です。

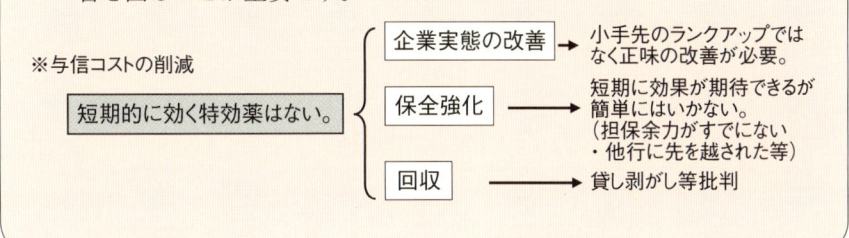

※与信コストの削減
短期的に効く特効薬はない。

- 企業実態の改善 → 小手先のランクアップではなく正味の改善が必要。
- 保全強化 → 短期に効果が期待できるが簡単にはいかない。（担保余力がすでにない・他行に先を越された等）
- 回収 → 貸し剥がし等批判

（2）与信判断とは？

　融資業務の最も根底にあるものは的確な与信判断であることはいうまでもありません。その本質は融資したものが確実に返済されるかどうかにあります。しかし金融機関職員に相手会社のことが100％理解できているわけではないうえに、将来の世の中の動きが見通せているわけでもありません。「不確実な中で判断をしていくからこそ融資は面白い」のです。

■与信判断とは

　与信判断を定義すると**「リスクを正しく評価し、そのリスクを金融機関として拾うことができるかどうかを判断する行為」**ということになります。

　定量分析では、決算書に基づいてその企業の収益力と体力を徹底的に分析し把握します。一方、定性分析では、「数字に表れない」あるいは「数

字に示すことのできない」その企業固有の強みを、日頃のリレーションを通じて把握し、与信判断に活かすことを目的とします。

　言い換えると、「**定量分析でその企業の悪いところを徹底的に探せ！一方、定性分析でその企業の評価できる所を徹底的に探せ！そしてバランスをもって判断せよ！**」

　これが、与信判断の本質です。

　「与信判断とは？」と問われた場合の優等生的回答は、「定量および定性分析をもってリスクを正しく把握し、融資の5原則によって採り上げの可否を判断する」ということになるのでしょう。

図表Ⅰ－8

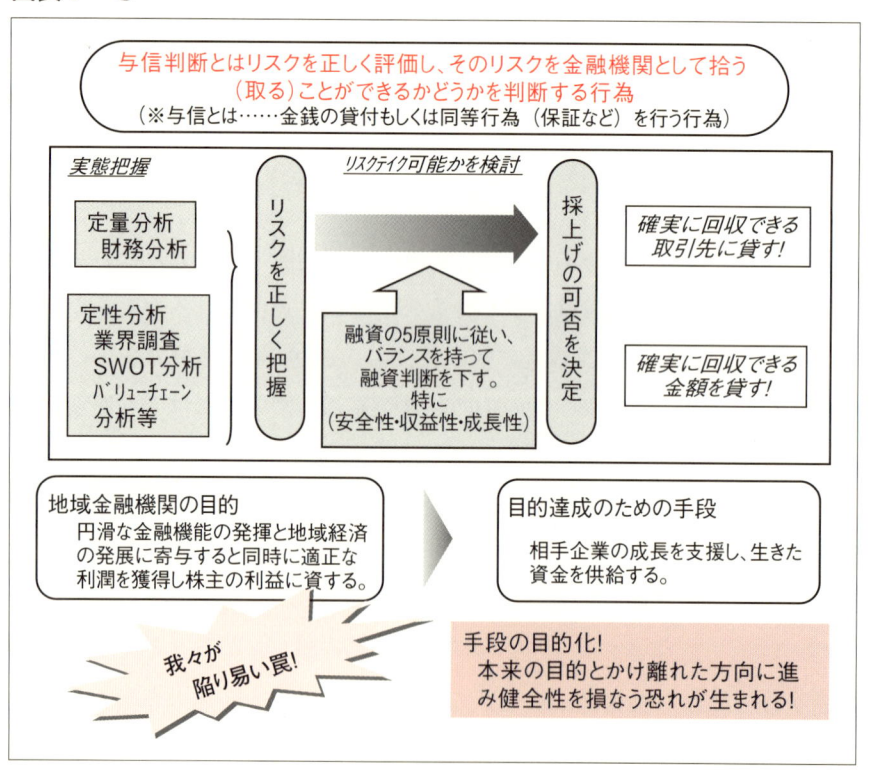

与信判断とはリスクを正しく評価し、そのリスクを金融機関として拾う（取る）ことができるかどうかを判断する行為	
（※与信とは……金銭の貸付もしくは同等行為（保証など）を行う行為）	

実態把握
- 定量分析　財務分析
- 定性分析　業界調査　SWOT分析　バリューチェーン分析等

→ リスクを正しく把握

リスクテイク可能かを検討
融資の5原則に従い、バランスを持って融資判断を下す。
特に（安全性・収益性・成長性）

→ 採上げの可否を決定
- 確実に回収できる取引先に貸す！
- 確実に回収できる金額を貸す！

地域金融機関の目的
円滑な金融機能の発揮と地域経済の発展に寄与すると同時に適正な利潤を獲得し株主の利益に資する。

→ **目的達成のための手段**
相手企業の成長を支援し、生きた資金を供給する。

我々が陥り易い罠！

手段の目的化！
本来の目的とかけ離れた方向に進み健全性を損なう恐れが生まれる！

しかし、数値目標を達成することが目的化（手段の目的化）した場合、思考パターンは逆から流れます。融資案件があれば、まず採り上げることが前提になります。金融機関職員ですから一応リスクの所在は考えようとします。しかしリスクに突き当った瞬間に、「リスクはない」と説明するための屁理屈が築きあげられてしまいます。**「リスク判断」を求める職員は「業績推進を邪魔する奴」として排斥されてしまう**のです。まさに「業推無罪」が大手を振ってまかり通ることになります。

> 余　談
>
> ■定性分析と知的資産分析
> 　最近では、定性分析のことを「知的資産分析」と言う場合もあるようです。
> 　本書では「定性分析」を統一して用います。なぜなら「知的資産分析」を用いると特許に代表されるように「知的財産権」を連想させて不適切だと考えるからです。中小企業の場合、「特に強い商品を持っているわけでもない。特に優れた技術をもっているわけではない。しかし、なぜか同業他社は淘汰されていくのに当社は生き残っていく」という「不思議な会社」が沢山あります。同業他社と比較して、なにがしかの強さを持っているから生き延びているわけです。ひょっとしたら経営者の人柄が取引先を強く結びつけているのかもしれません。世間から見ると採算の合わない無駄なサービスと思われるものが実は当社が取引先に支持される理由かもしれません。長く古くから続く会社は「日常の中の当たりまえ」であり、強みとは認識していない場合が多くあります。
> 　「知的資産分析」という響きは、ひょっとしてこのような「不思議な会社」を排除してしまう危険を感じます。

（3）融資の基本原則

■融資には基本原則の前に大原則がある！

　バブル崩壊後、金融機関もご多分にもれず、大きな痛手を被りました。各金融機関では不良債権処理に苦労する中で、金融ビッグバンの果実とも言えるフィービジネスへの参入が許されました。必然的に多くの金融機関職員は本業の融資業務の本質を忘れ、あたかも金融商品を売るかのごとく融資を取り扱ってきました。その結果、今の融資残高目標を達成することが目的化し、**返済が終わって初めて融資は利益が確定する**と言う大原則さえも忘れ去ったようです。

　「貸したお金は返して頂く」「借りたお金は返済する」と言う大原則があることを忘れてはなりません。

■融資の基本原則

　定量および定性分析をもってリスクを正しく把握し、融資の５原則に基づいて採上げの可否を判断するのが正しい与信判断の流れです。

　では具体的に融資の５原則とは何でしょうか。単語を羅列すれば「安全性」「収益性」「成長性」に加え「流動性」と「公共性」と言うことになります。

① 安全性の原則

　金融機関は潰れるわけにはいかないのは前に述べたとおりです。「社会的な責任をまっとうする」ためにも「預金者に対する責任を果たす」ためにも潰れるわけにはいかないのです。「確実に回収できる先に貸す」「確実に回収できる額を貸す」のは当たり前のことです。

② 収益性の原則

　金融機関は慈善事業をやっているわけではありません。銀行は株主に対

第1章 融資実務基礎

図表Ⅰ-9　融資の基本原則

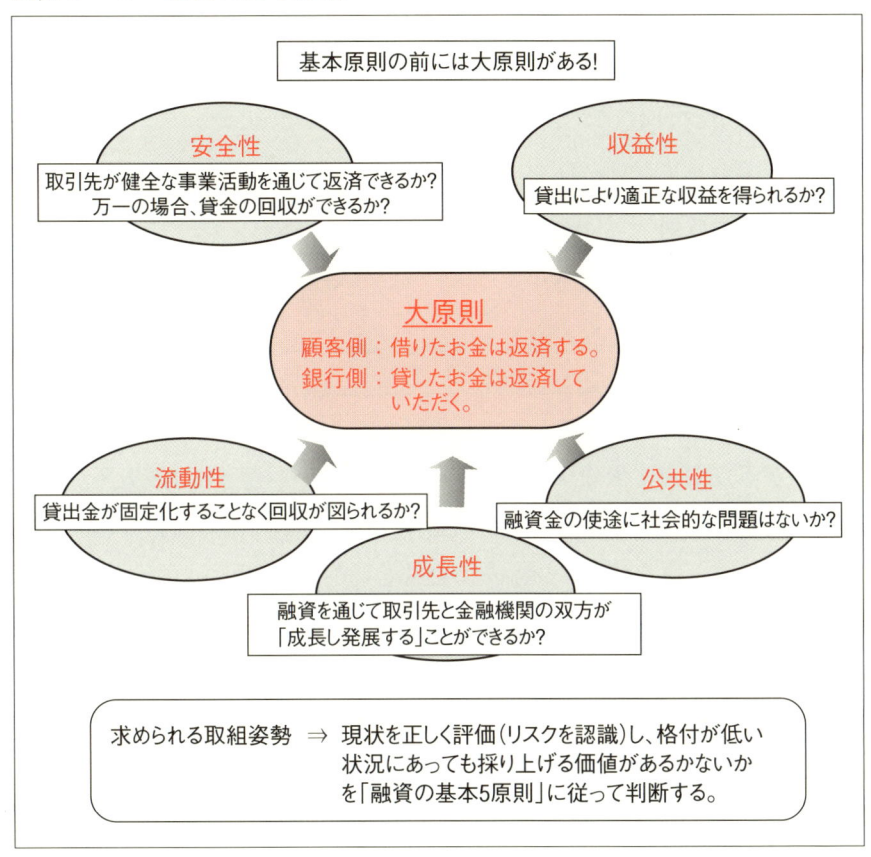

```
                基本原則の前には大原則がある！

    安全性                              収益性
取引先が健全な事業活動を通じて返済できるか？    貸出により適正な収益を得られるか？
万一の場合、貸金の回収ができるか？

                    大原則
                顧客側：借りたお金は返済する。
                銀行側：貸したお金は返済して
                　　　　いただく。

    流動性                              公共性
貸出金が固定化することなく回収が図られるか？    融資金の使途に社会的な問題はないか？

                    成長性
            融資を通じて取引先と金融機関の双方が
            「成長し発展する」ことができるか？

求められる取組姿勢 ⇒ 現状を正しく評価（リスクを認識）し、格付が低い
                   状況にあっても採り上げる価値があるかないか
                   を「融資の基本5原則」に従って判断する。
```

し株式配当を安定して実施することが期待されており、協同組織金融機関においても赤字を継続し、出資者や組合員に迷惑をかけるわけにはいきません。業務を通じて適正な利益を得るのも当たり前です。

③　成長性の原則

　金融機関は間接金融の担い手として大きな社会的責任を負っています。成長性の原則を一言で言い換えると、**「融資を通じて、取引先と金融機関の双方が成長し発展することができるか？」**と言うことになります。

35

近年、この原則は一層重要性が増しています。例えば最近では中小企業の75％が赤字だと言われています。またある調査では新規起業した企業の30％が１年以内に破綻しているといわれます。10年生き残る新規起業の会社は25％しかないそうです。
　取引先の成長性を見極めることの重要性が良くわかる統計です。
④　流動性の原則
　「流動性の原則」と「公共性の原則」は、「安全性・収益性・成長性の原則」と視点が少し違います。
　「流動性の原則」は、一言で表すと**「貸出金が固定化することなく回収が図られるか？」**と言うことです。返済が滞ることになると、金融機関は貸出金が不良債権化するリスクにさらされます。そもそも金融機関が融資する期間は財源となる預金の期間に見合うべきものであると言う理屈もあります。**調達と運用のミスマッチは金融機関にとってリスク**です。
⑤　公共性の原則
　金融機関は社会的存在です。一般の企業と比べてもその**社会的責任は重たい**のは言うまでもありません。特に金融機関は、預金者からお預かりした預金を運用して利益を得ています。リスクの高いものや反社会的なものには融資すべきではありません。

（4）融資の判断には優れた良識と優れた見識が必要⁉

　融資は結果がでるまで数年を要します。融資元金が全額返済になって初めて利益が確定します。支店長の在任中に新規融資した取引先が破綻するケースはまれです。それだけに、**融資判断には優れた良識と見識が必要**です。優れた良識と見識が養われる重要要素は**「恐れ」「責任感」「向上心」**であると考えています。この三つの集合を理解できれば、放置しておいても成長できるといえます。自らを律し、自らで問題を解決できる人材

第1章 融資実務基礎

図表Ⅰ-10

「人の行動と判断」は組織の中では「恐れ」「責任感」「向上心」に影響される。

- 恐れがなければ、行き過ぎた過度なリスクを負うことになる。
- 責任感がなければ、組織は維持できない。
- 向上心がなければ進歩もないし組織は活性化しない。

恐れ：行動を萎縮させ判断を保守的な方向に引っ張る。

責任感：責任感が恐れを助長し判断を保守的な方向に引っ張る場合がある。

向上心：過度な出世欲につながったような場合は、結果的に「恐れ」を忘れさせ部下に歪んだ責任感を求める。

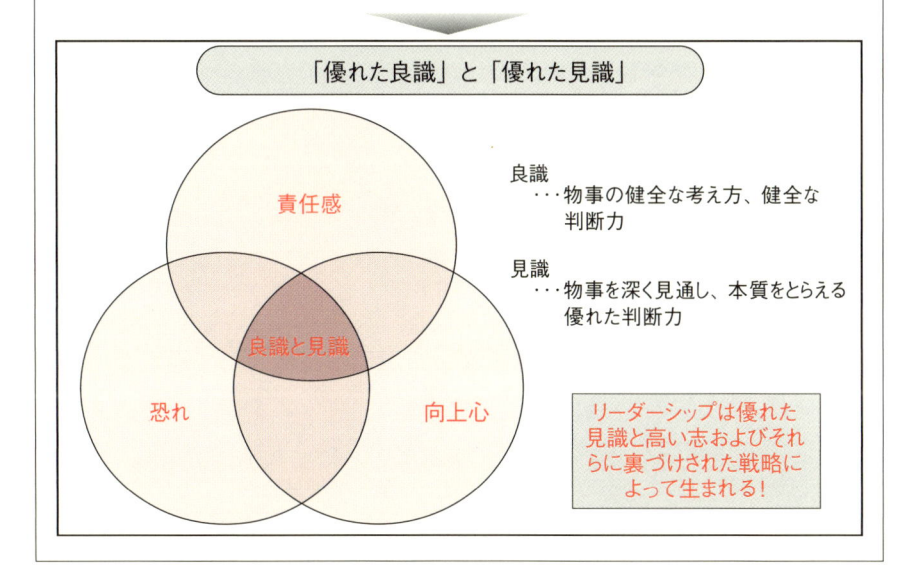

「優れた良識」と「優れた見識」

責任感／恐れ／向上心（良識と見識）

良識
・・・物事の健全な考え方、健全な判断力

見識
・・・物事を深く見通し、本質をとらえる優れた判断力

リーダーシップは優れた見識と高い志およびそれらに裏づけされた戦略によって生まれる！

のはずだからです。

■融資の判断には「優れた良識と見識」が必要

「人の行動と判断」は組織の中では「恐れ」「責任感」「向上心」に影響

37

を受けます。「優れた良識と見識」は、「恐れ」「責任感」「向上心」が集合する中にあると考えています。見識と良識が優れた判断力を育むと言えます。

① 恐れ（恐怖心）

「恐れ」は人を危険から守る本能と言ってもよいでしょう。「恐ろしい」と言う感情があるからこそ、人はビルから飛び降りないのです。つまり、「恐れ」は「行動」を萎縮させ判断を保守的に引っ張る傾向があります。

② 責任感

程度の差こそあれ社会生活を送る以上、人は、なにがしかの責任を伴うものです。責任を負うと言うことは、大きなストレスが伴います。中には責任の重さから逃れようとする人もいます。「責任をとるのが怖い」と言う感情は人にはあるものです。「責任感」は「恐れ」を助長し、やはり判断を保守的に引っ張ることになります。

③ 向上心

「向上心」を定義すると「現在の状況に満足せずに、より優れたもの、より高いものを目指して努力する」ことになります。一般的には「向上心」があるということはウェルカムです。

しかし、向上心にも様々あります。問題は、組織の中で過度な「出世欲」につながったような場合です。過度な出世欲は「恐れ」を忘れさせ、組織の中では歪んだ責任感を部下に求めることになりかねません。

コラム

（1）歪んだ責任感

いま、目の前に5億円の融資案件があります。支店では融資残高目標に5億円足りません。地区目標もこの5億円を実行したら達成します。地区

母店からは支店長あてに毎日融資残高の目標未達成を叱責する電話が入ります。

　しかし、融資担当役席の課長は、「リスクが大きく取り上げるべきではない」と支店長に進言します。リスク判断を支店長に求めるわけです。

　支店長はこう考えます。今まで地区に散々心配をかけてきた。この案件を実行すれば地区目標も支店目標も同時に達成できる。自分はこれまで順調に出世の階段を上がってきた。今回目標を達成すれば、次の異動で新たなステップが得られるだろう。

　そこで、課長にこのように言います。

　「目標未達の責任は誰が負うのかね。期末までに、これに替わる5億円以上の融資案件でもあるのかね。君が見つけてくると言うなら考えるが……」

　人事権は支店長が握っています。課長としては従わざるをえません。

　勿論、これはフィクションです。このような支店長ばかりではありません。しかし数いる支店長の中には、このような輩がいるのも事実です。

　サラリーマンである以上、迎合する場面もあるでしょう。しかし「たましい（魂）」を売ることだけは避けてください。

（2）成功体験の罠

　オリンピック（北京）女子柔道を考えてみましょう。大会後女子柔道監督が指導に行きすぎがあったとして辞任しました。「勝利至上主義が問題」だとか「柔道界の不振が原因で行きすぎがあった」とか、世の教育評論家や識者といわれる皆様が様々な論評を繰り広げていました。しかし本質をとらえた分析はなかったように思います。

　辞任した女子柔道監督をはじめ多くの指導者は、彼女たちと同じように時には罵倒されたり暴力を振るわれたりしながら練習に耐えてきたはずです。それに耐えて勝ち残って今の地位を得たのです。彼らは自らの成功体験に従って彼女たちを指導したにすぎません。今後の改善方向を議論するならともかくとして、監督の人格を否定するような議論になっていたのは残念です。

人は自分の成功体験を美化してしまうものです。そして年齢を重ねると自分の成功体験から抜け出せなくなるという傾向があるようです。多くの支店長は20年近く「今の数字（利益）を伸ばす」ことで評価されてきました。それが彼らの成功体験なのです。
　金融機関職員もサラリーマンです。本書の読者は評価される側がほとんどの筈です。「たましい（魂）」を売り渡したら終わりです。金融機関の将来はありません。

第6節

融資案件発生時の流れと留意点

（1）融資案件発生時の流れと留意点

　取引先の**信頼を得るには迅速な対応が必要**です。そのためには案件発掘から承認までのリードタイムをいかに短縮するかにかかっています。日頃から取引先の状況をリアルタイムで把握しておく必要があるのは言うまでもありません。拙速な対応は、銀行に多大な損害をあたえることになりかねないことに十分留意する必要があります。

　金融機関はみな共通とは思いますが、金融機関職員が取引先から融資の相談を受けた場合は、即日支店長席に報告することが重要です。ここから、支店では融資採上げの是非を検討して行くことになります。支店内の協議を経て、採上げ方向が固まれば稟議の組成、そして稟議承認手続きと進んで行きます。

　ここで大切なのは、**融資案件の相談を受けてから稟議の認可を受けるまでの、言わばリードタイムをいかに短縮するか**です。

　「金融機関の担当には３週間も前に相談したのに、必要となる前日の今

図表Ⅰ-11

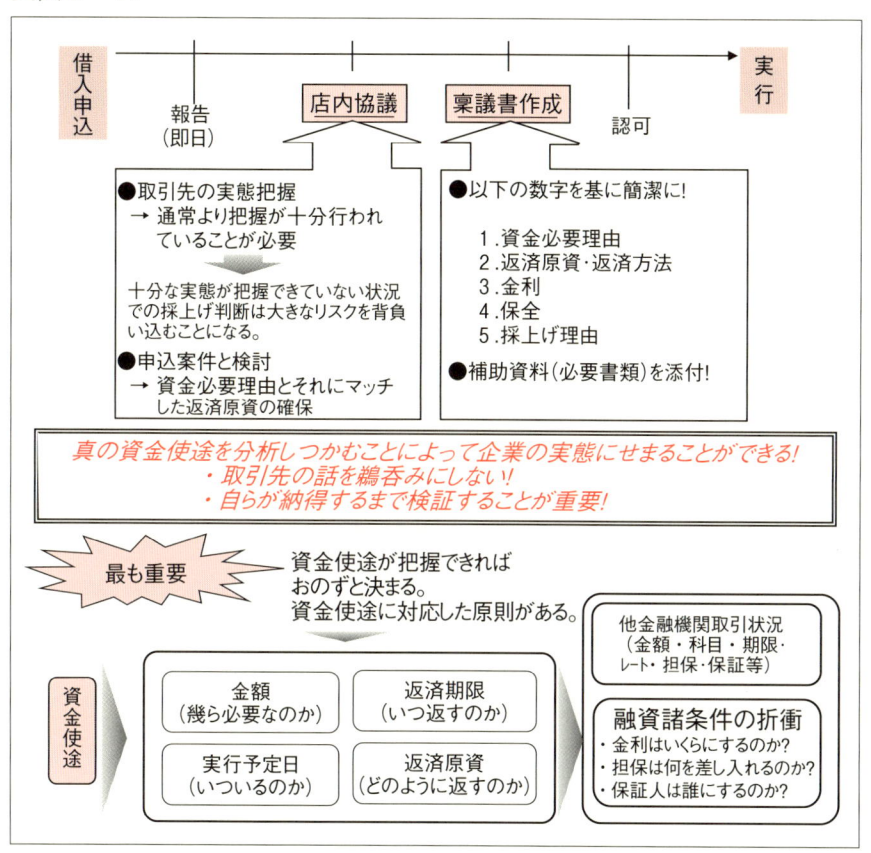

```
借入申込 ──┬────────┬─────────┬──────┬──→ 実行
         報告      店内協議    稟議書作成   認可
         (即日)
```

店内協議:
- ●取引先の実態把握
  → 通常より把握が十分行われていることが必要

  十分な実態が把握できていない状況での採上げ判断は大きなリスクを背負い込むことになる。

- ●申込案件と検討
  → 資金必要理由とそれにマッチした返済原資の確保

稟議書作成:
- ●以下の数字を基に簡潔に！
  1. 資金必要理由
  2. 返済原資・返済方法
  3. 金利
  4. 保全
  5. 採上げ理由
- ●補助資料(必要書類)を添付！

真の資金使途を分析しつかむことによって企業の実態にせまることができる！
・取引先の話を鵜呑みにしない！
・自らが納得するまで検証することが重要！

最も重要 — 資金使途

資金使途が把握できればおのずと決まる。
資金使途に対応した原則がある。

- 金額(幾ら必要なのか)
- 返済期限(いつ返すのか)
- 実行予定日(いついるのか)
- 返済原資(どのように返すのか)

他金融機関取引状況(金額・科目・期限・レート・担保・保証等)

融資諸条件の折衝
・金利はいくらにするのか？
・担保は何を差し入れるのか？
・保証人は誰にするのか？

日になってもはっきりとした返事がない」状況を想像してみましょう。

取引先は明日の資金決済が滞りなくできるのか不安にかられます。認可が下りて融資が間に合ったとしましょう。取引先はとりあえず決済できたことで安堵するでしょう。しかし、心の底では直前まではっきりしなかった不安と不信感が残るはずです。

一方、相談があった翌々日くらいに応諾の返事ができたらどうでしょう。**頼りになる金融機関だとの評価をうけるに決まってます**。相談があったそ

の場で融資を確約できれば一番いいのですが、実際には困難です。必ず権限者の決済を受けてからの返事となるのは当然です。

> **コラム**
>
> ■迅速と拙速の違い
>
> 　いかに返事を早くするかについて考えて見ましょう。融資の判断はすでに述べたように融資の5原則に沿って実施することになります。
> 　「安全性」「収益性」「成長性」「流動性」「公共性」のいずれをとっても日頃から取引先のことが良くわかっている必要があります。つまり日頃より取引先の実態が正しく把握されている必要があるのです。融資案件の相談があったが取引先のことがよくわかっていないのでは、判断のしようがありません。返事の遅れは、場合によっては、内容把握が不十分なまま融資実行に追い込まれることになります。だからと言って、実態把握が不十分なまま融資を実行したのでは拙速な対応です。リスクを金融機関が負うことになります。自分のお金ならよく知らない人には簡単には貸さないはずです。
> 　迅速な判断を行なうには、日頃から取引先の実態を十分に把握しておく必要があるのです。取引先からすれば、日頃から金融機関とのリレーションを図り、自社の状況を正しく開示していくことが重要なのです。

（2）お金が必要なケースとは？

　定量分析面から見た**究極の実態把握は「なぜお金がいるのか」を正しく掴むこと**です。お金（融資）が必要となるには「前向き」「後ろ向き（例えば赤字補填資金）」を問わず、なにがしかの理由があるのです。真の資金使途を把握することによって企業の実態にせまることができます。借入申込案件の検討（資金使途分析）については第3章で詳しく解説します。

第1章 融資実務基礎

図表Ⅰ-12

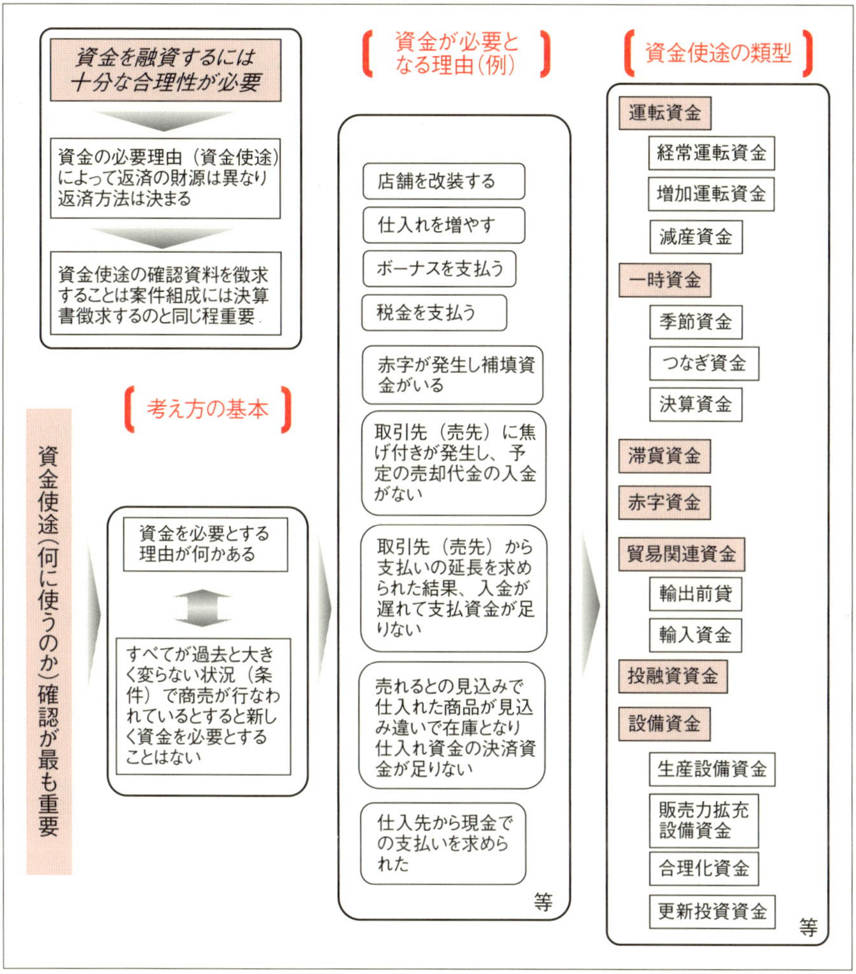

【資金を融資するには十分な合理性が必要】

資金の必要理由（資金使途）によって返済の財源は異なり返済方法は決まる

資金使途の確認資料を徴求することは案件組成には決算書徴求するのと同じ程重要

【考え方の基本】

資金を必要とする理由が何かある
↑
すべてが過去と大きく変らない状況（条件）で商売が行なわれているとすると新しく資金を必要とすることはない

資金使途（何に使うのか）確認が最も重要

【資金が必要となる理由(例)】

- 店舗を改装する
- 仕入れを増やす
- ボーナスを支払う
- 税金を支払う
- 赤字が発生し補填資金がいる
- 取引先（売先）に焦げ付きが発生し、予定の売却代金の入金がない
- 取引先（売先）から支払いの延長を求められた結果、入金が遅れて支払資金が足りない
- 売れるとの見込みで仕入れた商品が見込み違いで在庫となり仕入れ資金の決済資金が足りない
- 仕入先から現金での支払いを求められた

等

【資金使途の類型】

運転資金
- 経常運転資金
- 増加運転資金
- 減産資金

一時資金
- 季節資金
- つなぎ資金
- 決算資金

滞貨資金

赤字資金

貿易関連資金
- 輸出前貸
- 輸入資金

投融資資金

設備資金
- 生産設備資金
- 販売力拡充設備資金
- 合理化資金
- 更新投資資金

等

43

第1章 まとめ

① 的確な与信判断と良質な管理の上に安定した業績推進が乗っている。
② 融資は契約で行なう。稟議ではない。
③ 顧客の信頼は基本動作の徹底から生まれる。
④ 常識と優れた見識・良識が融資判断の基本。
⑤ 与信判断とは「リスクを正しく評価し、そのリスクを拾うことができるかどうかを判断する行為。
　言い換えると「定量分析でその企業の悪いところをあぶり出し、定性分析によって数字に表れない良さを見出す。そして常識・良識・見識をもって判断すること。

第2章

定量(財務)分析

第1節

はじめに

　若い金融機関職員の皆さんの多くが「融資は難しい」と感じているようです。その原因は、**財務分析の基本が「簿記」にあると間違った認識**を持っているからではないでしょうか。すこし乱暴かもしれませんが、先に結論を申し上げます。与信判断には、**簿記は特に必要はありません。**

(1) 決算書を作る知識と決算書を読む知識は別物！

　財務分析の目的は「取引先の実態的な財務内容、資金繰、収益力を測り返済能力を判定すること」にあります。一方、簿記は「一定のルールに従って帳簿を作成し取引の事実を記録し管理する」ことにあります。つまり、簿記は決算書を作るためには必須ですが、われわれ金融機関職員に求められるのは「決算書を作ること」ではなく「出来上がった決算書を読む」ことなのです。**「決算書を作る知識」**と**「決算書を読む知識」は別物**ということです。つまり簿記は必要ないとも言えます。

(2) 「P/L と B/S」の構造の理解と、少しだけ経営者の立場で考えること

　簿記を勉強することが、財務分析にとって「邪魔」かと言えば決してそうではありません。しかし、簿記が大きな壁となって財務分析に抵抗感を示す職員が多いことも事実です。

　財務分析を理解するには、**「P/L と B/S」の仕組みを理解すること**と、**少しばかり自分が経営者になったつもりで考えて見る**ことです。見せたくない箇所には厚化粧を施すでしょうし、覗かれたくないドアは塗り潰して

しまうでしょう。

経営者は、様々な理由で実態とは違う決算書を作成して、金融機関に提示してきます。「騙される」と言っては言葉が悪いのですが、様々に化粧された決算書の下にある「本当の顔（素顔）」を見極めることが我々に求められています。

出来上がった（化粧された）決算書をスキャンする能力と洞察力が求められるのです。

第2節

決算書を分析する前に考えておくべきこと

（1）前提として考えておくべきこと

決算書分析を始める前に、頭の中に入れておかなければならない前提があります。
「決算書はすべからく何がしかの粉飾が行なわれている」こと、そんな中で不動産だけは確実に把握できる資産である」こと、最後に債務者はいざとなると多くの場合豹変する」ことの三つを常に前提として考えておく必

図表Ⅱ－1

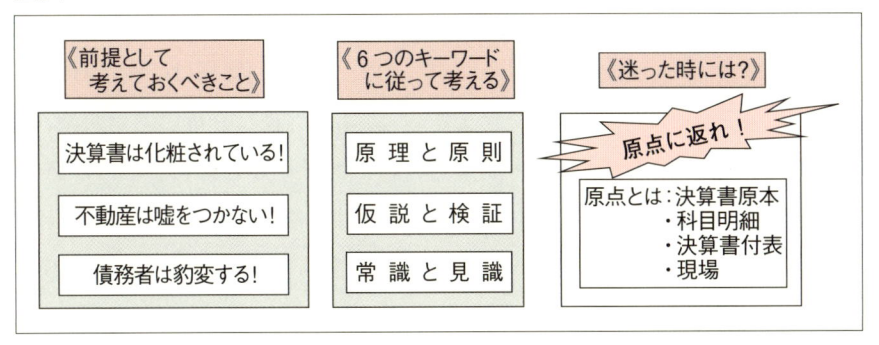

《前提として考えておくべきこと》	《6つのキーワードに従って考える》	《迷った時には？》
決算書は化粧されている！	原理と原則	原点に返れ！
不動産は嘘をつかない！	仮説と検証	原点とは：決算書原本・科目明細・決算書付表・現場
債務者は豹変する！	常識と見識	

要があります。

■決算書は化粧されている！

企業は様々な理由で、決算書に化粧を施します。

・「高い収益力のある企業」であることを取引企業に知られたくない。納入単価の引下げを求められて利益が減る！
・ありのままの利益を表出しすると税金が多くかかる。税金は出来るだけ払いたくない。
・赤字や債務超過である「本当の姿（素顔）」を見せると金融機関から警戒される。資金が止まれば会社の運営に支障をきたす。仕入先からは仕入れを止められるかもしれない。（仕入先は、当社に納品しても代金を支払ってもらえないと考えるかもしれません）etc

　※債務超過……資産（お金にかわるもの）をすべて売却しても、債権者に対して返済できない債務（借入等）が残る状況

■不動産は嘘をつかない！

不動産だけは、そこに行けば必ず確認できます。なぜなら不動産は動かせないからです。

その価値は比較的容易に計算できます。精緻な鑑定理論に沿った評価は必要ありません。営業の第一線では、「価値のあるものかどうか」「その価値はおよそ幾らか」が把握できればいいのです。権利関係は不動産登記簿謄本を見ることで確実に把握できます。「決算（財務）分析における簿記」のように、鑑定理論が難しい、面倒くさい、と思うかもしれませんが、精緻な鑑定理論は必要ないのです。大切なことは「価値があるものかどうか」を確実に判断できることです。当たらずとも遠からずの評価で十分なのです。

第2章　定量（財務）分析

■債務者は豹変する！

　会社が順調に推移している場合は、大した問題にはなりません。しかし会社が苦しくなってくると状況は一変します。決算書を粉飾するくらいならまだ可愛いと言えます。ひどい場合は、財産を隠そうとしたり、金融機関に落ち度があると徹底的にその弱みを突いてくる場合があります。その場限りの嘘をつくなどは、日常茶飯事です。

　金融機関では倒産が発生した場合、支店長を審査所管部に召還して説明を求めます。そんな折よく聞くのが次の言葉です。「あの社長が、そんな嘘を言うとは思わなかった。」なにを言っているのでしょう。「自分で自分はバカだ！」と宣言しているのと同じなのです。

　金融機関は常に取引先の状況を自らが把握に努め判断しなければなりません。**取引先の発言を鵜呑みにするなど冗談ではない**のです。経営者が「本当の姿（素顔）」を決算書に表現してくれているのなら、粉飾が問題になることなどありえないのです。

（2）6つのキーワードに沿って考える！

　「決算書は化粧されているのが前提だし、債務者は豹変するのも前提だ」としたら、いったいどのように考えたら良いのでしょうか。

　その答えが**6つのキーワード**です。

①　原理と原則

　三省堂の大辞林によると、「原則」とは「多くの場合に当てはまる基本的な規則や法則、しばしば原理と区別せずに用いられるが、原理は主として存在や認識に、原則は主として人間の活動に関係する」とあります。「赤

字になればお金が不足する」のは当たり前の認識であり原理と言えます。一方、「お金が必要となるには必ず理由がある」わけですが、「お金が必要となる原因を作るのは人」であるから原則と言うことになります。少し言葉の遊びになりましたが、**何事にも原理と原則がある**ことは言うまでもありません。

②　仮説と検証

すでに述べた通り、金融機関職員は不十分な情報と化粧された決算書を基に実態を把握し判断しなければなりません。「原理と原則」がわかっていなければ「矛盾点や疑問点」をあぶり出すことはできません。その**「矛盾点と疑問点」を「仮説と検証」を繰り返しながら解決**して行くことになります。

「原理と原則」に基づき「仮説と検証」を繰り返すうちに隠された相手企業の実態が見えてきます。取引先が、金融機関に「お金が必要となる本当の理由」を教えてくれているとは限りません。実態は赤字補填資金を運転資金と称して融資の申込みが繰り返されるようなことは、よく起こることです。「原理と原則」に基づき「仮説と検証」を繰り返すうちに、「本当の資金使途」も見えてくるものです。

すこし結論を急ぐような表現にはなりますが、**「本当の資金の必要理由を突き詰めることが、企業実態把握（定量面での）の極致」**であると言っても良いくらいです。

③　常識と見識

最後は**常識と見識をもって判断する**ことになります。

見識とは「物事を深く見通し、本質をとらえるすぐれた判断力」のことを言います。もちろん良識も重要です。良識とは、「物事の健全な考え方、

健全な判断力」のことです。良識があれば、重大なコンプライアンス違反にはつながりません。「業績推進のため」とさえ言っておけばなにをやっても許されるという「業推無罪」が罷り通る組織にはなりません。すくなくとも人から後ろ指を差されることにはならない筈です。

常識については深く考える必要はありません。**自分のお金を人に貸してあげることを思い描けば良い**のです。自分の大切な老後資金や子供の教育資金を、よく知らない人に貸しますか。返済してもらえそうにない人に貸しますか。自分のお金だったら慎重に動くはずです。

（3）迷った時には原点に帰れ！

「原理と原則」「仮説と検証」を行ない「常識と見識」でもって判断しようとしても、どうしても答えが出ない場合は、何事においてもそうですが、原点に帰って考えると良いでしょう。

原点とは定量分析では決算書原本（科目明細・決算書付表を含む）です。最近では何処の金融機関も頂いた決算書は機械的にひとつのフォーマットに落し込まれ指標が計算されます。決算書そのものをじっくり観ることが少なくなっています。しかし**決算書の原本には少なからず情報が詰まっています**。3期分を横に並べて科目明細を繰って眺めてください。何か発見があるはずです。

定性面では、現場を見ることが重要です。「百聞は一見にしかず」と言う言葉があります。**「自分の目で見て感じたこと」**は**重要**で、稟議組成する場面でも説得力が生まれます。

> コラム　**重要**
>
> ■それでも判断がつかないときの考え方
>
> 　あくまでも「自分は物事をフラットに考えることができる」と自信がある場合だけに言えることです。黄門様の印籠のように「業推無罪」を振りかざす輩には当然当てはまりません。
>
> 　どうしても判断がつかない場合は、定量分析は一旦そこにおき、改めて企業の定性面を検討してみます。その結果、「定性面に良さが確認できて、最後には自分の勤める金融機関に迷惑をかける恐れは少ない」と感覚的に思えるのであれば、基本的に GO サインです。なぜなら、人は保守的な動物で、「メリットよりデメリットやリスクを過大に評価する」傾向があります。バランスのとれた判断はこれくらいで丁度良いと思っています。

第3節

信用格付と企業実態把握

(1) 格付とは

　金融機関は「適切な貸倒引当金を積むために、金融機関自らが融資取引先の内容を把握しランク付けする」ことを求められています。

　これを自己査定と言います。具体的には、融資先の債務償還能力の高低を客観的な基準に基づいて統一的に評価します。その結果、「正常先、要注意先、破綻懸念先、実質破綻先、破綻先」に区分されることになります。これを債務者区分と呼びます。さらに、その債務償還能力の程度に応じて区分するのが格付です。

図表Ⅱ-2

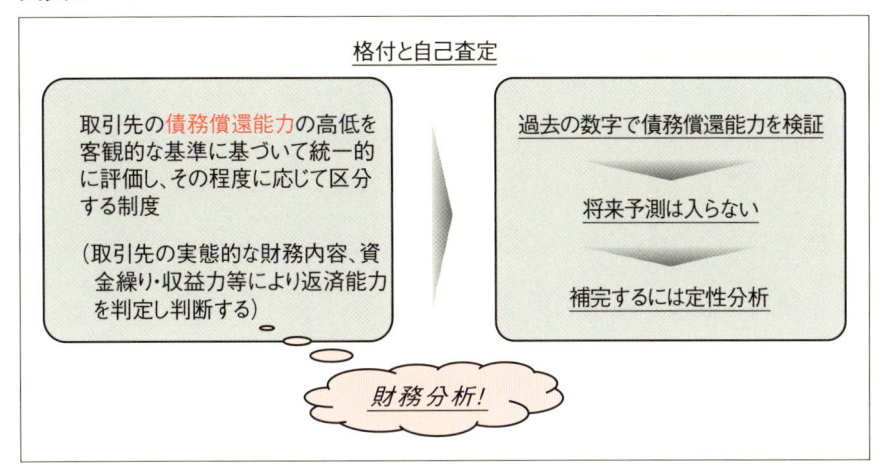

格付と自己査定

取引先の債務償還能力の高低を客観的な基準に基づいて統一的に評価し、その程度に応じて区分する制度
（取引先の実態的な財務内容、資金繰り・収益力等により返済能力を判定し判断する）

過去の数字で債務償還能力を検証
↓
将来予測は入らない
↓
補完するには定性分析

財務分析！

　言い換えると、融資取引先の実態的（素顔）な財務内容、資金繰り・収益力等により返済能力を判定し判断するのが格付と言うことになります。**格付を行なう手順は「財務分析」そのもの**といえます。

$$債務償還能力 = \frac{有利子負債}{キャッシュフロー}$$

　有利子負債……会社が負っている負債で利子をつけて返さなければならない負債の総計（借入金、社債、転換社債等）
　キャッシュフロー……社外流出後利益＋減価償却実施額

■**格付と与信判断**

　格付は、基本的には決算数値を用いて実態的な（素顔の）債務償還能力を検討します。そこには将来予測は入らないという特徴があります。
　しかしながら「リレーションシップバンキング」では「数字に表れないその企業の強み・特徴」を「密接な関係を長く維持」する中で把握し、そ

こから「蓄積した情報を基に貸出金等の金融サービスを提供」することが求められています。現場である支店と本部審査ラインとの感覚の違いはここから生じます。一定の将来性を認めるから融資をするわけです。「当然正常先でしょ」と支店が考えても不思議はありません。しかし、**格付では決算日当日の数値結果から導き出せる瞬間風速の債務償還能力を判断しているに過ぎない**のです。

（2）格付に頼った与信判断は危険

　平成10年の早期是正措置以降、金融機関では自己責任原則に基づき自己査定が行なわれるようになり、格付制度も定着しています。一方で実務の面では、**企業を格付することにより、格付に頼った与信判断が行なわれる**

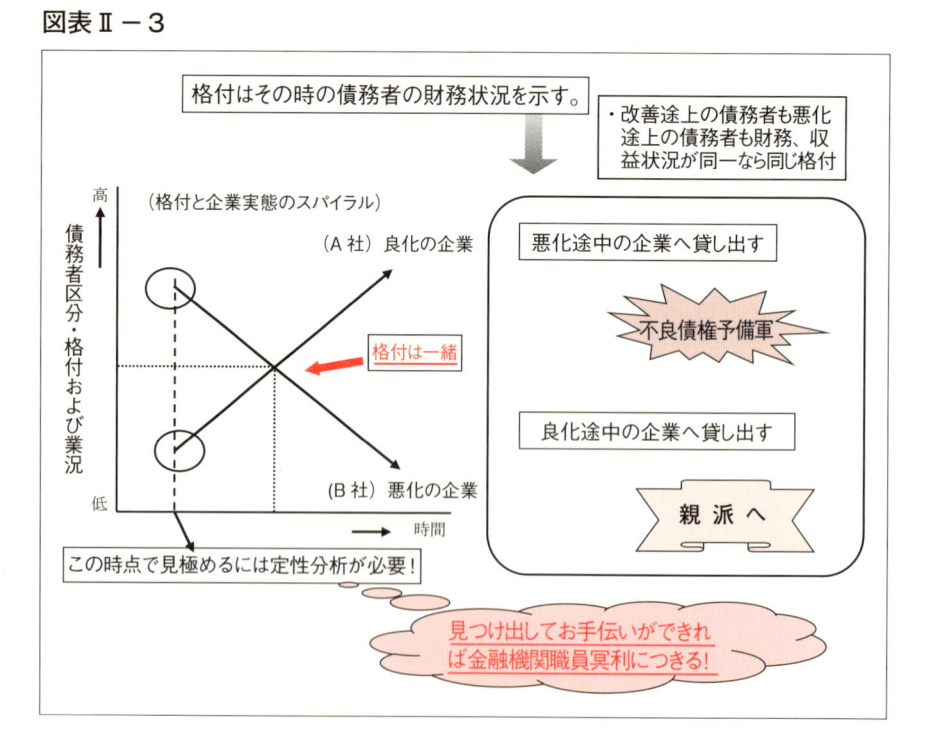

図表Ⅱ-3

格付はその時の債務者の財務状況を示す。

- 改善途上の債務者も悪化途上の債務者も財務、収益状況が同一なら同じ格付

（格付と企業実態のスパイラル）

（A社）良化の企業

格付は一緒

（B社）悪化の企業

債務者区分・格付および業況　高／低

時間

この時点で見極めるには定性分析が必要！

悪化途中の企業へ貸し出す
→ 不良債権予備軍

良化途中の企業へ貸し出す
→ 親派へ

見つけ出してお手伝いができれば金融機関職員冥利につきる！

傾向が弊害としてあります。繰り返しますが、格付は決算日時点の瞬間風速の財務状況を示しているに過ぎないという限界があります。

　図表Ⅱ−3で考えてみましょう。横軸には時間軸をとります。縦軸は債務償還能力を表します。今債務償還能力が高い企業は格付も高い（良い）ことになります。

　ここにベクトルが2つ示されています。ひとつは、今は債務償還能力は低いが優れた商品の開発に成功し、これから急速に伸びていく会社と仮定します。開発のタイミングが遅れたことから今は債務超過の状況で、当然債務者区分は低く要注意先以下かもしれません。この会社をA社とします。

　もうひとつは、今は利益率の高い人気商品を扱っていることから債務償還能力が高い会社です。しかしその商品の代替商品が開発され、当社の扱っている商品は今後急速に市場を失うことが予測できています。一方、当社はこれに替わる新たな競争力のある商品を獲得する見込みが立たないとします。この会社をB社とします。

■格付の限界（2つのベクトルの交点はベクトルがどちらに向いていようが格付は同じ）

　A社は、優れた商品を獲得しており今後順調に業績は伸展し、収益力も上がり格付も上位に変遷していきます。一方、B社は、現在の高格付の要因となっている現在の取扱商品の商品性は急速に失われ、これに替わる商品がないことから急速に業績は下降していきます。

　その2つの交点では、瞬間風速を見る限り債務償還能力は一緒であることから格付も同じなのです。ここに格付の限界があります。

■格付に頼った与信判断は危険

　もし、格付の結果だけを見て融資の判断をしたとしたらどうでしょう。

A社は今後良化していくことから問題はありません。しかしB社に融資すると、いずれ債務償還能力は失われ、不良債権化するのは目に見えてます。

　もし、A社の債務者区分が要注意先以下（ひょっとして破綻懸念先）の状況で、融資に踏み込めたとしたらどうでしょう。**きっと将来その会社は、大切な親派企業に育ってくれるはずです。**要注意先以下の状況であれば他の金融機関も当然ながら警戒しており、簡単には、融資に踏み込むことはできないからです。きっと、感謝されることでしょう。リレーションを通じて**日頃から相手企業の定性面を正しく把握し評価しておくことが大切**なのです。

　金融機関の職員の皆様、金融機関に就職した以上は、定年までにひとつでもこのA社のような企業を見つけてお手伝いしてみたくはありませんか。**金融機関職員冥利に尽きる**とはこのことです。

第4節

財務分析の留意事項

（1）基本認識

　あらためて財務分析をする上で、確認しておくべき基本認識を整理しておきましょう。

■決算書はどこか化粧されている！
　決算書が化粧される理由は、大きく3つあります。ひとつは**企業の財務が未熟なために、意図しない粉飾につながるケース**です。信用保証協会の保証付融資で考えてみましょう。
　3月末決算の会社が6月末に、期間1年で信用保証協会の保証を得て、

図表Ⅱ－4

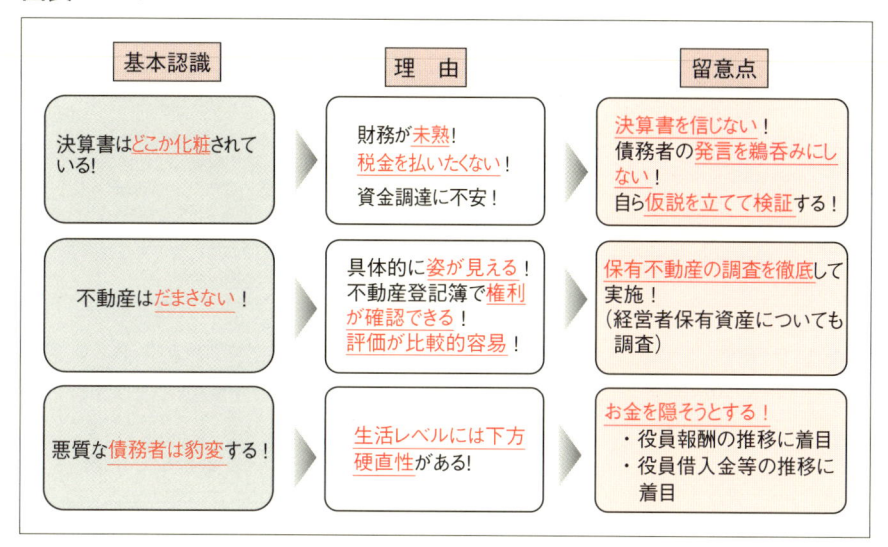

基本認識	理由	留意点
決算書はどこか化粧されている！	財務が未熟！ 税金を払いたくない！ 資金調達に不安！	決算書を信じない！ 債務者の発言を鵜呑みにしない！ 自ら仮説を立てて検証する！
不動産はだまさない！	具体的に姿が見える！ 不動産登記簿で権利が確認できる！ 評価が比較的容易！	保有不動産の調査を徹底して実施！ （経営者保有資産についても調査）
悪質な債務者は豹変する！	生活レベルには下方硬直性がある！	お金を隠そうとする！ ・役員報酬の推移に着目 ・役員借入金等の推移に着目

金融機関から融資を受けたと仮定します。保証料は融資実行時に一年分支払われます。計算し易くするために支払った保証料は4百万円であるとします。内3百万円は、6月末から3月末までの9ヶ月間運営に必要な借入金に対する保証料ですから正しくは今期の費用です。一方、残った1百万円は来期の4月から6月までの運営に必要な借入金に対する保証料です。つまり前払費用です。本来なら記帳するときに区別するべきです。

しかし中小企業では、人手不足等のさまざまな理由から仮払金として一括処理されてしまうケースがあります。本来なら決算時にあらためて仕分けされるべきですが、そのまま仮払金として決算書の貸借対照表に資産勘定として残ってしまうようなことがよくあります。費用として損益計算書に計上すべき3百万円が計上されていないのですから利益が3百万円粉飾されていることになります。貸借対照表では3百万円ほど資産としては見ることのできない「すでに支払われた費用」が姿をかえて計上されていることになります。資本が3百万円実態より厚くあるように見えるのです。

図表Ⅱ-5

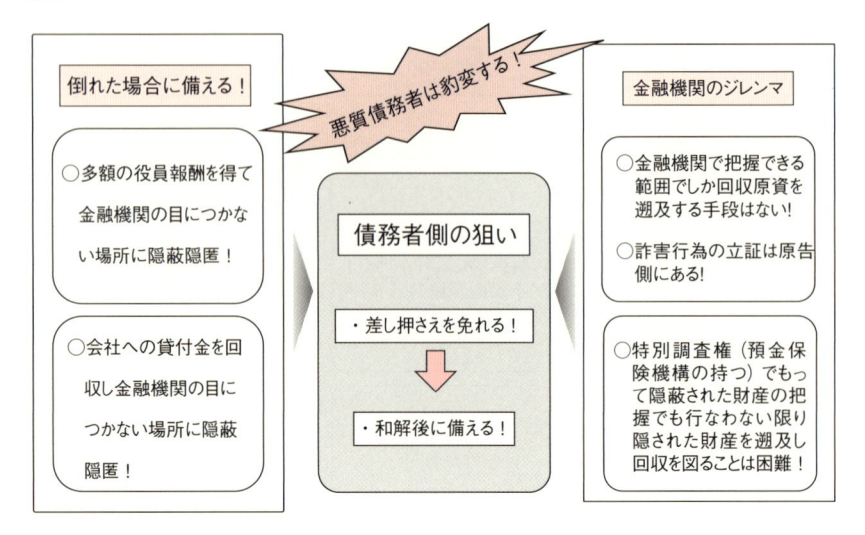

倒れた場合に備える！	悪質債務者は豹変する！	金融機関のジレンマ
○多額の役員報酬を得て金融機関の目につかない場所に隠蔽隠匿！	債務者側の狙い ・差し押さえを免れる！ ↓ ・和解後に備える！	○金融機関で把握できる範囲でしか回収原資を遡及する手段はない！ ○詐害行為の立証は原告側にある！
○会社への貸付金を回収し金融機関の目につかない場所に隠蔽隠匿！		○特別調査権（預金保険機構の持つ）でもって隠蔽された財産の把握でも行なわない限り隠された財産を遡及し回収を図ることは困難！

経営者に悪意がなくとも中小企業の実情を考えると起こりうることなのです。

あとは「税金を払いたくない！」「資金調達に不安」というケースですが、すでに概略は述べましたので、ここでは割愛します。

では、どのように決算書と取り組めばいいのでしょうか。それには3つの留意点があります。まず、「決算書を信じない」ということです。決算書はありのままの姿を表していないとの前提で取り組む必要があります。次に「経営者の言うことを鵜呑みにしない」ということです。お金が止まれば会社は倒れます。苦しくなると経営者はなりふり構わず金融機関から資金を引き出そうとします。「仮説と検証」が重要なのはすでに述べたとおりです。

第2章　定量（財務）分析

■**不動産は嘘をつかない！**

　化粧された決算書であっても、**不動産だけは確実に把握することができます**。科目明細を見れば、必ず所在地が記載されています。そこに行けば必ず現物を確認できます。その価値も比較的簡単に計算できます。権利関係も不動産登記簿謄本で確認できます。言い換えると、**金融機関が確実に把握できるのは「不動産しかない」**と言っても過言ではありません。

　保有不動産の調査を徹底することが肝心なのです。中小企業の場合、富が会社に蓄積されているとは限りません。個人の資産についても、出来るだけ調査する必要があります。

■**悪質な債務者は豹変する！**

　人の生活水準には**下方硬直性**があります。誰もが一旦覚えた贅沢を忘れ去るのは簡単ではありません。特に中小企業の経営者は、サラリーマンから見ると羨ましい生活を送っているものです。会社が苦しい状況におかれても、簡単に生活レベルを引き下げるのは難しいのです。

豆知識（計画倒産）

　「計画倒産」と言う単語を聞いたことがあると思います。計画倒産とは予め計画して、巧みに資産を隠した状況で倒産させたりする行為を言います。

　計画倒産ほど容易周到ではないにしろ、悪質な債務者の狙いは、「差押えを免れる」ことと「和解後に備える」ことにあります。金融機関は、いずれは和解等でけりを着けることになります。金融機関には守秘義務があり、自分の所から移された資金を追っかけようがありません。これは金融機関にとってジレンマです。**詐害行為は原告側に立証責任**があります。金融機関が詐害行為を立証するのは現実的にはとても難しいことなのです。

> 詐　害　行　為……債務者が債権者に害が及ぶことを知りながら自己の財産を減少させる行為。
>
> 詐害行為取消権……債権者は、債務者が債権者を害することを知っておこなった法律行為の取消しを裁判所に請求することができる。（民法424条1項）

余談 （㈱整理回収機構と預金保険機構）

　我が国には、悪質な債務者の債権の回収を促進するために、株式会社整理回収機構があります。預金保険機構（預金保険法による認可法人）の100％出資法人です。実は預金保険機構には、財産調査を踏み込んで行なうことのできる特別調査権があります。整理回収機構はこの預金保険機構の特別調査権によって悪質な債務者の隠蔽財産を追いかけて回収を図ってきました。まさに銀行のジレンマを解決する唯一の方法だったのです。（現在では、整理回収機構の買取業務は「H23年10月改正預金保険法による特定回収困難債権」に限られています）

> （預金保険機構ホームページから抜粋）
> 　機構は、整理回収機構における譲受債権等の回収業務を支援するための指導・助言を行なっており、特に、財産を隠ぺいしているおそれがあると認められる悪質な債務者等に対しては、住専法、預保法および金融再生法に規定された財産調査権を行使し、隠匿資産の発見に取り組む等、整理回収機構が債権回収の極大化を図ることができるよう強力に支援しています。
> 　このため、機構の特別業務部（東京）および大阪業務部には、それぞれ特別調査第一課〜特別調査第三課を置き、調査対象の充実を図っています。尚、特別調査各課の人員構成は、国税・検察・警察・税関

> の各官庁出身者及び金融機関出身者等によって構成されています。(中略)
>
> 　調査の内容としては、金融機関等調査、債務者及び関係箇所への立入調査並びに債務者及び関係者に対する質問調査が主たるものですが、立入調査・質問調査については、調査に対する妨害や忌避等があった場合は、罰則が適用される場合もあります。
>
> 　最近では、財産隠匿の手口も一段と悪質巧妙化してきていますが、機構が行なう財産調査により判明した財産隠匿方法の最近の傾向としては、債務者が実質経営者となっている会社（登記上の役員等は第三者名義）等を利用して、又は、家族等の第三者名義を利用して財産を隠匿している事例が多く見受けられます。
>
> （後略）

（2）財務分析の基本

　財務を理解しようとすると簿記が頭をよぎるようですが、必要はありません。企業の行動を**箱に置き換えて考える**ととても理解し易いものです。基本的な仕組みを箱を使って理解し考えると、**粉飾の多くは同じパターン**で説明できます。

① B/S・P/Lの関係を理解しよう！
■財務の仕組みを企業活動から捉えてみよう！

　企業活動とは「調達した資金（負債と資本）で準備した資産を運用し、利益を出す活動」のことです。一方で、**企業の利益とは「準備した資産を運用した収入から、かかった費用を差引いたもの」**を言います。

　会社を設立する過程を見てみましょう。まず、会社設立の目的を持って

図表Ⅱ－6

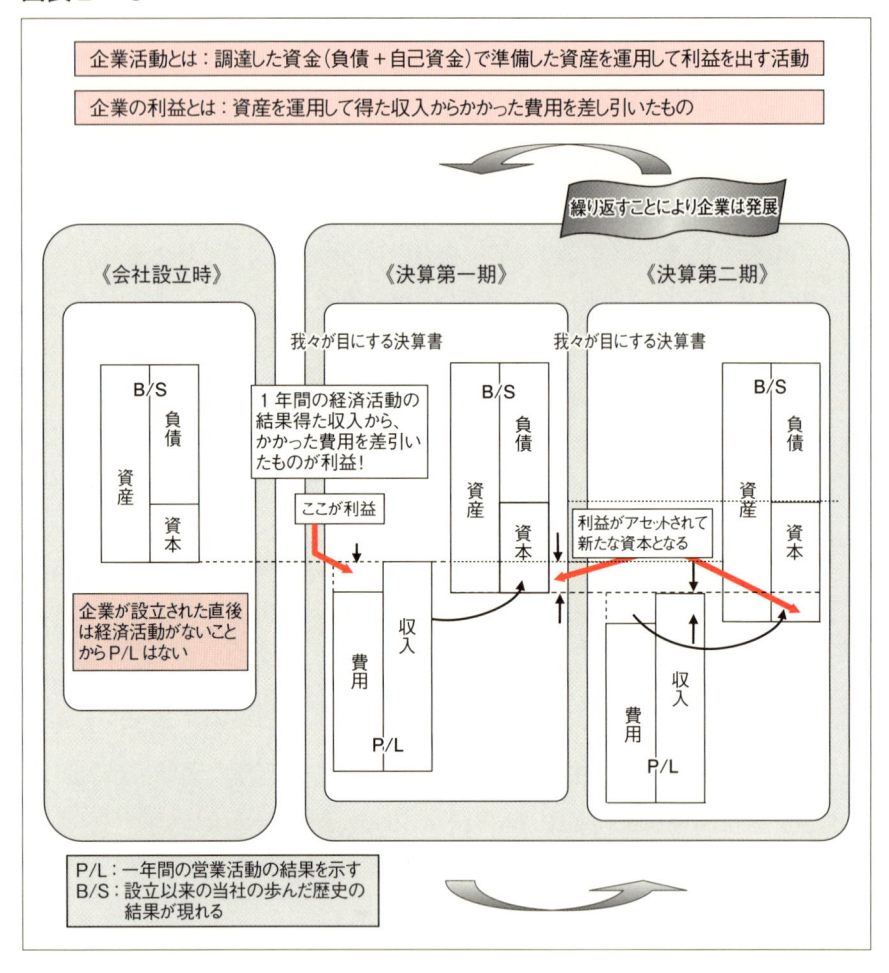

企業活動とは：調達した資金（負債＋自己資金）で準備した資産を運用して利益を出す活動
企業の利益とは：資産を運用して得た収入からかかった費用を差し引いたもの

繰り返すことにより企業は発展

《会社設立時》　　《決算第一期》　　《決算第二期》

我々が目にする決算書　　我々が目にする決算書

B/S 負債／資産／資本

1年間の経済活動の結果得た収入から、かかった費用を差引いたものが利益！

ここが利益

企業が設立された直後は経済活動がないことからP/Lはない

利益がアセットされて新たな資本となる

収入／費用　P/L

P/L：一年間の営業活動の結果を示す
B/S：設立以来の当社の歩んだ歴史の結果が現れる

　自己資金を準備します。自己資金が足りない場合は出資者を募ります。これが資本です。それでも足りない場合は、金融機関等からの借入（負債）で補填します。このようにして準備した資金（お金）で資産を整えます。商売するための商品も資産です。営業に必要な車を購入すれば、それも資産です。会社を運用するのに必要な資産が揃えば会社設立です。会社を設

立した瞬間を考えてみましょう。資産の準備はできましたが営業はまだ開始していません。従って売上も費用も発生していません。会社を設立した瞬間は損益計算書（P/L）はないのです。

会社が動き始めます。「売上を伸ばし利益をあげる」ための経済活動が開始されます。職員の人件費や営業活動のための車のガソリン代や水道光熱費などは、企業が経済活動を行なう上で必要な費用です。

1年が経過しました。企業は決算を行ないます。まず、1年間の企業活動の結果、利益がいくら生まれたのかを確認します。その利益から税金が払われ、出資者に対して配当を行ないます。最後に残った利益（社外流出後利益）が、次の期に向けて会社に残るお金となります。これが内部留保に加算されます。この**営業活動の結果を表したものが損益計算書（P/L）**です。

次に貸借対照表（B/S）を考えてみましょう。1年間の営業活動の結果得られた利益（社外流出後利益）は企業活動の結果として資本にアセットされます。別の見方をすれば、**決算第二期にむけての資産の準備が整った**ことになります。

我々が通常見ている決算書は、「1年間の営業活動の結果」としての損益計算書と、企業活動の結果として「次の期に繋いで行く資産と負債・資本」を示す貸借対照表（B/S）なのです。企業は、この循環を繰り返すことで成長して行くのです。

■ P/L と B/S は「時間のレンジが異なる」ことに注目しよう！

P/L（損益計算書）が1年間の営業活動の結果を示すことは、既に述べました。一方で、B/S（貸借対照表）は、次の期を開始する資産と負債・資本の状況を示しています。そこを繋ぐのは内部留保（利益）であることも既に述べた通りです。企業が誕生した時には、P/L（損益計算書）はあ

りません。営業活動・企業活動を継続的に行なう中で、P/L が結果として生まれます。そして決算後の社外流出後利益が B/S（貸借対照表）にアセットされます。B/S（貸借対照表）は企業が「オギャー」と誕生して今日までの歴史が詰まっているのです。

実は、**企業活動も営業活動も同じ「時間と言うひとつのレール」の上で行なわれているものです。これを１年毎に営業活動の結果として切り出したものが P/L（損益計算書）であり、会社設立以来の継続した企業活動の結果を示しているのが B/S（貸借対照表）**なのです。

> **ここがポイント！**
>
> （１）財務の仕組みを企業活動から捉える。
> （２）P/L と B/S は時間のレンジが異なる。
> 　　　本来 P/L（損益計算書）と B/S（貸借対照表）は一体のもの

② 本来 B/S・P/L は一体のもの！

　P/L（損益計算書）と B/S（貸借対照表）の関係を、あらためて図に示すと図表Ⅱ－７のようになります。P/L と B/S ともに利益（社外流出後利益）が同額あがっています。どちらでも構いませんから、そのひとつをハサミで切って重ねてみてください。ぴったりと重なるはずです。**本来 P/L と B/S は一体**のものなのです。P/L（損益計算書）は、収入と費用を、その性質ごとに纏めて並べ替えてあります。

　なぜこんな面倒くさいことをするのでしょうか。それには、理由があるのです。

　決算書を読む立場から考えてみましょう。経営者は様々な理由から、決算書に化粧を施します。薄化粧もあるでしょうし、とんでもない厚化粧も

図表Ⅱ-7

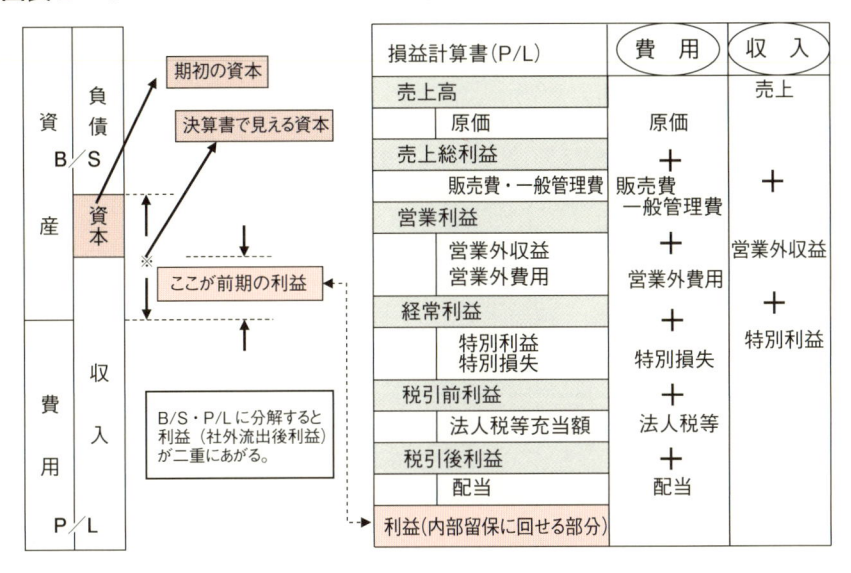

損益計算書(P/L)	費　用	収　入
売上高		売上
原価	原価	＋
売上総利益	＋	
販売費・一般管理費	販売費 一般管理費	＋
営業利益	＋	営業外収益
営業外収益 　営業外費用	営業外費用	＋
経常利益	＋	特別利益
特別利益 　特別損失	特別損失	
税引前利益	＋	
法人税等充当額	法人税等	
税引後利益	＋	
配当	配当	
利益(内部留保に回せる部分)		

左側図の注記：
- 期初の資本
- 決算書で見える資本
- ここが前期の利益
- B/S・P/Lに分解すると利益（社外流出後利益）が二重にあがる。

B/S：資産／負債・資本
P/L：費用／収入

あります。金融機関職員は、そんな中でも、その企業の素顔を把握し、正しい判断をしなくてはなりません。

　収入や費用は様々な性格を持っています。その企業の本来の仕事から得られる収入もあれば、なにがしかの保証金が収入にあがることもあります。費用も同じです。本来の事業を行なうために必要な費用もあれば、トラックが突っ込んで、その補修に予定外に費用が発生することもあります。この補修費用は、本来の会社の事業活動から発生する費用ではありません。

　このように、実際に生きている会社は、収入にしても費用にしても様々な性質を持っています。したがって単純に収入と費用だけの分類では、その企業の本当の実力を見極めることはできません。そこで、**性格ごとに収入と費用を切り分ける必要がある**のです。

65

図表Ⅱ-8

売上高				
売上原価	(販売業) 期首棚卸 当期商品仕入高 ▲期末商品棚卸高	(製造業) 期首製品棚卸高 当期製品製造原価 ▲期末製品棚卸高		材料費 労務費 経費 減価償却費 修繕費 その他経費

売上総利益（企業の直接的営業活動から発生する利益）

販売費・一般管理費　　人件費
（営業全般にわたる費用）　租税公課
　　　　　　　　　　　　減価償却
　　　　　　　　　　　　その他営業全般にかかる費用

営業利益（営業全般にわたる費用を控除した利益、いわゆる本業が生み出す利益）

営業外利益（本業以外　　受取利息および割引料、受取配当金、
　に発生する恒常的な収入）　仕入割引、有価証券売買益等

営業外損失（本業以外　　支払利息および割引料、社債利息、社債発行差金償却、
　に発生する恒常的な支出）　売上割引、有価証券売却損、繰延資産償却等

経常利益（イレギュラーなものを除いた会社本来の経済活動から生み出される利益）

特別損益（臨時損益および前期損益修正）

　　臨時損益：固定資産売却損益、転売目的以外で取得した有価証券売買損益、災害損失等
　　前期損益修正：過年度の負債性引当金の過不足修正額、減価償却の過不足修正額、
　　　　　　　　棚卸資産評価の訂正額、過年度償却債権の取立額等

税引前当期利益

法人税等充当額

　　　　　　　　　　　　　　利　金融機関が見たい利益は公表決算書の営
　我々が企業の実力　　　　　益　業利益、経常利益、当期利益ではない。
　を測るために知りた　　　　の　単年度の経済活動で得られる利益を見たい！
　い収益力はここ　　　　　　見　（特殊要因を除く実力を見極める）
　　　　　　　　　　　　　　方

当期利益

配当金　　　　　　　　　　　　企業側の利益の作り方

　　　　　　　　　　　　　　　企業の成績表と言われる経常利益をよく見せかけたい！

社外流出後利益（内部留保）

着眼点

A. 売上高の急増
　⇒増加要因が明確でない場合架空
　　売上等を疑う。
　　　特に急増している場合は要注意
B. 期末棚卸の増加
　⇒利益の水増しもしくは赤字隠し
　　に使われるケースが多い

　過去の棚卸勘定 a/c の推移が長期化傾向
　にある場合実態赤字の可能性が高い。併
　せて不良在庫・架空在庫・退蔵化商品の存
　在を疑う。

C. 特殊損益判定は慎重に行う

D. 人件費急増（役員報酬急増）の場合
　⇒キャッシュアウトが疑われる場合、経営
　　者の懐状況に何らかの異変があったこ
　　とを疑い、原因を疎明する。

　事業の安全性・継続性に懸念がおよぶ
　事態が周辺で発生している場合がある。

E. 利益に対する納税額の適切性を検証
　⇒利益操作されている場合が多い。
　　（別表で検証）
F. 次期繰越金と前期繰越利益の連続性
　を検証。
　⇒連続していない場合複数の決算書が
　　存在する可能性が高い。その場合株主
　　資本変動計画書で連続性を確認する

(3) 損益計算書（P/L）を掘り下げる！

■性格ごとに収入と費用を切り分ける！

　P/L（損益計算書）を掘り下げてみましょう。P/L（損益計算書）は、収入と費用を性格別に並べ替えたものでした。言い換えるとP/L（損益計算書）に示される各利益が正しく性格別に表現されているかどうかを見極める必要があります。

　売上総利益は企業の直接的営業活動から発生する利益です。簡単には、「商品を60円で仕入れて100円で売った場合の差額40円」が売上総利益です。粗利益と言う場合もあります。

　営業利益はどうでしょう。営業全般にわたる費用を差引いた利益のことです。言い換えると、本業が生み出す利益です。20円の売上総利益を獲得するために、人件費が必要です。営業のための車のガソリン代も必要となります。このように本業に関係して発生する費用が販売費一般管理費（販管費）です。販管費が20円であったとします。残った20円が本業が生み出す営業利益です。

　一方で、企業の営業活動に直接かかわりのない収入や費用が、企業では発生します。これを営業外損益といいます。手持ちに資金がなければ場合によっては支払ができなくなり倒れるのが企業です。それを避けるために企業は必ず一定の手持ち資金を金融機関口座に用意をしています。そこからは預金利息が発生します。商品を仕入れるために借入れを行なえば支払利息が発生します。そして営業外損益を考慮したものが経常利益です。

　経常利益はその企業の通信簿（成績表）だと言われます。正しく公表された（素顔の）P/L（損益計算書）であると、正にその企業の本当の実力を示していることになります。

　1年間の企業活動結果の報告書が損益計算書（P/L）です。企業も生き

物です。企業の業績は様々な事象の影響を受けます。自然災害もそのひとつです。言い換えると、「その期にしか発生しなかった収入や費用」も決算書に反映されます。特別損益がこれにあたります。

　最後に残ったのが税引き前の利益です。税務署はこの利益に対して税金をかけることになります。次は配当金です。配当金は企業の外部に流出します。

　　最後に残った利益が次の期につながる内部留保に加算されます。

■ P/Lにも粉飾はある！

　我々が見たい収益力は、その企業の事業から生まれる素顔の収益力です。本業が生みだす収益力、その期にしか発生しない特殊なものを排除した本当の収益力なのです。収入・費用の発生原因に従った正しい表記がなされれば問題はないのですが、そうとは限りません。P/Lにも粉飾はあるのです。

ここがポイント！

（1）性格ごとに収入と費用を切り分ける！
（2）P/Lにも粉飾がある
　　①我々が見たいのは、事業から生まれる正味の収益力
　　②原価と在庫の関係に粉飾あり！

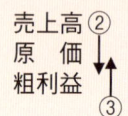

売上高②　　｛期首の棚卸残高　　①期末在庫を増やせば②
原価↓↑　　　期中の仕入高　　　原価が下がり、③粗利が
粗利益　③　－）期末の在庫①　　増えたように見える。

第２章　定量（財務）分析

（４）貸借対照表（B/S）を掘り下げる！

貸借対照表にはその企業の歴史が詰まっています。企業活動を通じて、会社設立から今日に至る過程で蓄積してきた「資産の内容や内部留保」の厚みが貸借対照表に示されます。

貸借対照表（B/S）を作成する基準は、一般的には、「流動性の原則とワン・イヤー・ルール」に従います。

① ワン・イヤー・ルール

「ワン・イヤー・ルール」とは「資産が現金に替わる時期」あるいは「負債の返済期日」を、今から１年を境として切り分ける考え方です。１年以

図表Ⅱ－10

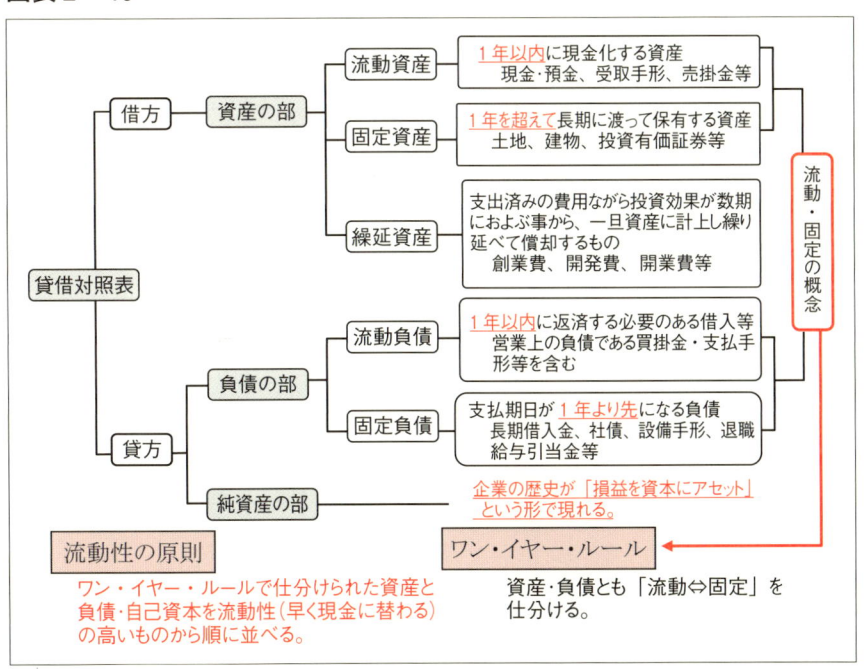

貸借対照表	借方	資産の部	流動資産	1年以内に現金化する資産 現金・預金、受取手形、売掛金等
			固定資産	1年を超えて長期に渡って保有する資産 土地、建物、投資有価証券等
			繰延資産	支出済みの費用ながら投資効果が数期におよぶ事から、一旦資産に計上し繰り延べて償却するもの 創業費、開発費、開業費等
	貸方	負債の部	流動負債	1年以内に返済する必要のある借入等 営業上の負債である買掛金・支払手形等を含む
			固定負債	支払期日が1年より先になる負債 長期借入金、社債、設備手形、退職給与引当金等
		純資産の部		企業の歴史が「損益を資本にアセット」という形で現れる。

流動・固定の概念

流動性の原則：ワン・イヤー・ルールで仕分けられた資産と負債・自己資本を流動性（早く現金に替わる）の高いものから順に並べる。

ワン・イヤー・ルール：資産・負債とも「流動⇔固定」を仕分ける。

69

内に現金となる資産が流動資産であり、現金に替えるには1年以上の長期を要するものが固定資産です。繰延資産は「支出済み」の費用であり、現金に戻すことは出来ません。一方、**1年以内に返済しなければならない負債が流動負債**であり、**返済までに1年以上余裕のある負債が固定負債**です。自己資本（純資産）は負債ではないことから、当然返済する必要はありません。

② 流動性の原則

　一般的には「ワン・イヤー・ルール」で切り分けられた資産と負債・自己資本を流動性の高いものから順次並べて表示します。これを流動性の原則と言います。会社の財産構成状況、支払能力、担保力等を知る上で有益

図表Ⅱ－11

（単位 千円）

借方		貸方	
資産の部	自 2009/3 至 2010/3	負債の部	自 2009/3 至 2010/3
流動資産	822,000	流動負債	887,000
現金・預金	55,000	支払手形	0
受取手形	0	買掛金	120,000
売掛金	150,000	短期借入金	700,000
有価証券	0	割引手形	0
棚卸資産	500,000	未払金	65,000
未収入金	44,000	その他	2,000
仮払金	2,000		
短期貸付金	45,000		
その他	26,000	固定負債	760,000
▲貸倒引当金	0	長期借入金	760,000
固定資産	1,045,000	その他	0
土地	600,000		
建物・機械等	419,000	負債合計	1,647,000
投資有価証券	12,000	純資産の部	
長期貸付金	0	自己資本	224,000
その他	14,000	資本金	10,000
▲貸倒引当金	0	資本剰余金	113,000
		利益剰余金	101,000
繰延資産等	4,000	（繰越利益剰余金）	(50,000)
資産合計	1,871,000	負債・純資産合計	1,871,000

資産について
換金性の早い科目から遅い科目に従って順に配列される。

※現預金 → 売掛債権 → 一時所有の有価証券 → 棚卸資産 → 固定資産 → 繰延資産

負債について
支払期限の早い科目から遅い科目に順次記載される。
（支払期日の確定の有無が基準となる）

※支払手形（支払期日が確定いる代金）→ 買掛金 → 借入金

決算日の翌日を基準日に1年以内に入金・支払・費用化などの期限が到来するものを流動資産または流動負債に属するものとするルール。

※尚、企業の主目的である営業取引から発生した債権・債務はすべて流動資産・流動負債とする。

（営業循環基準）

会社の財産構成状況、支払能力、担保力等を知る上で有益な配列

な配列であることから一般的に用いられています。

> **ここがポイント！**
>
> （1）貸借対照表（B/S）は箱でイメージする。
> （2）ワン・イヤー・ルールと流動性の原則は理解しておく。
>
> 　簿記を勉強すると、B/S（貸借対照表）の左側を借方、右側を貸方として表記します。しかし、実務ではそんなことはどうでも良いのです。
> 　大切なのは「負債と自己資金で用意したお金で資産が形造られている」という事実です。「左側に資産があり、右に負債と資本がある」事実と、「ワン・イヤー・ルールと流動性の原則に従って貸借対照表が成り立っている」ということです。
> 　貸借対照表（B/S）をもう少し細かく砕いてみると、図表Ⅱ-12に示した通りです。細かい勘定科目を覚える必要はありませんが、矢印で引き出してある項目くらいは頭に入れておきましょう。

図表Ⅱ-12

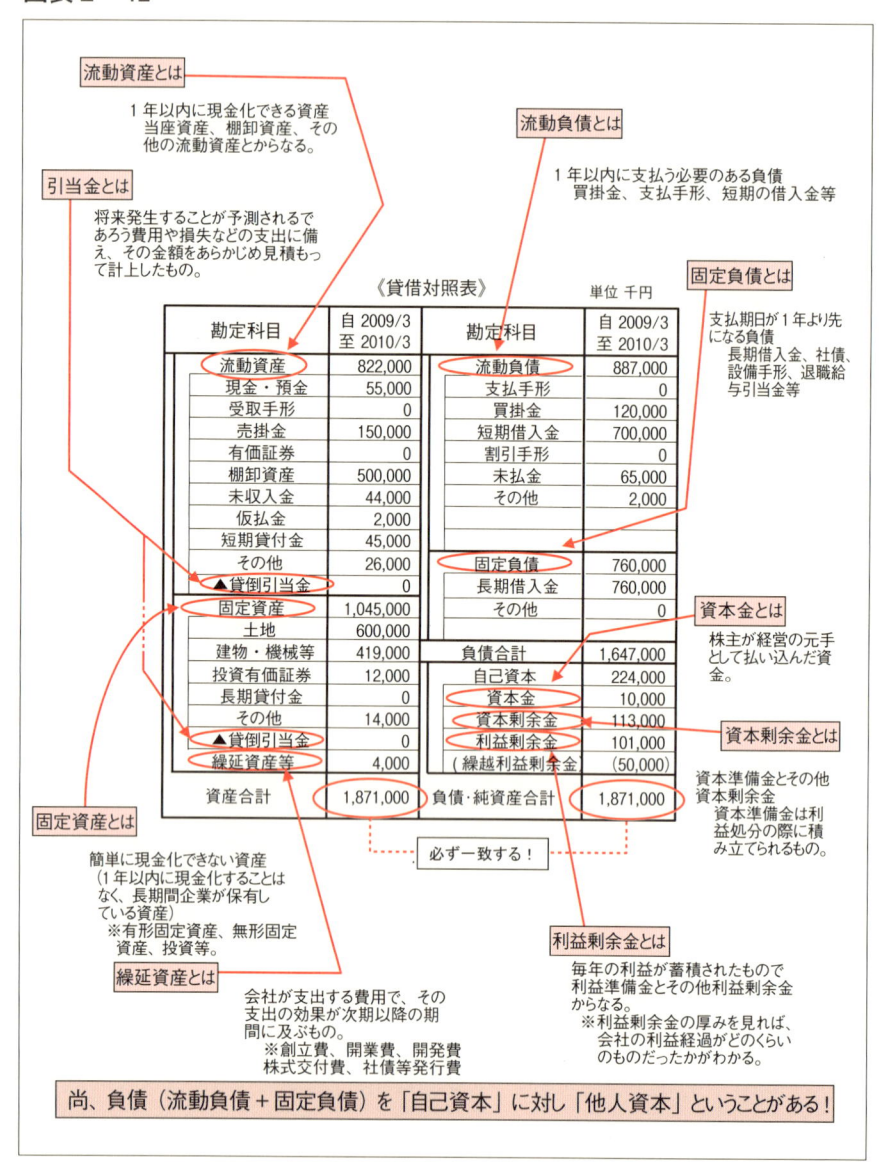

流動資産とは
1年以内に現金化できる資産
当座資産、棚卸資産、その他の流動資産とからなる。

流動負債とは
1年以内に支払う必要のある負債
買掛金、支払手形、短期の借入金等

引当金とは
将来発生することが予測されるであろう費用や損失などの支出に備え、その金額をあらかじめ見積もって計上したもの。

固定負債とは
支払期日が1年より先になる負債
長期借入金、社債、設備手形、退職給与引当金等

《貸借対照表》
単位 千円

勘定科目	自 2009/3 至 2010/3	勘定科目	自 2009/3 至 2010/3
流動資産	822,000	流動負債	887,000
現金・預金	55,000	支払手形	0
受取手形	0	買掛金	120,000
売掛金	150,000	短期借入金	700,000
有価証券	0	割引手形	0
棚卸資産	500,000	未払金	65,000
未収入金	44,000	その他	2,000
仮払金	2,000		
短期貸付金	45,000		
その他	26,000	固定負債	760,000
▲貸倒引当金	0	長期借入金	760,000
固定資産	1,045,000	その他	0
土地	600,000		
建物・機械等	419,000	負債合計	1,647,000
投資有価証券	12,000	自己資本	224,000
長期貸付金	0	資本金	10,000
その他	14,000	資本剰余金	113,000
▲貸倒引当金	0	利益剰余金	101,000
繰延資産等	4,000	(繰越利益剰余金	(50,000)
資産合計	1,871,000	負債・純資産合計	1,871,000

必ず一致する！

資本金とは
株主が経営の元手として払い込んだ資金。

資本剰余金とは
資本準備金とその他資本剰余金
資本準備金は利益処分の際に積み立てられるもの。

固定資産とは
簡単に現金化できない資産
(1年以内に現金化することはなく、長期間企業が保有している資産)
※有形固定資産、無形固定資産、投資等。

繰延資産とは
会社が支出する費用で、その支出の効果が次期以降の期間に及ぶもの。
※創立費、開業費、開発費
株式交付費、社債等発行費

利益剰余金とは
毎年の利益が蓄積されたもので利益準備金とその他利益剰余金からなる。
※利益剰余金の厚みを見れば、会社の利益経過がどのくらいのものだったかがわかる。

尚、負債（流動負債＋固定負債）を「自己資本」に対し「他人資本」ということがある！

図表Ⅱ-13　貸借対照表と損益計算書の関係

損益計算書(P/L):
　　当該年度(一年間)の企業活動の結果の損益が表示される。

貸借対照表(B/S):
　　期末時点のその企業の資産の中身を表示している。

期末時点の企業の資産内容

一年間の企業の損益

《損益計算書》　単位 千円

科目	期別	自 2009/3 至 2010/3
【売　上　高】		2,400,000
商品売上高		2,400,000
その他収入		0
【売上原価】		1,700,000
期首棚卸高		400,000
商品仕入高		1,800,000
当期製品製造原価		
期末棚卸高		500,000
売上総利益		*700,000*
【販売費及び一般管理費】		640,000
役員報酬		56,000
人件費		324,000
減価償却費		55,000
地代家賃		25,000
租税公課		10,000
その他		170,000
営業利益		*60,000*
【営業外収益】		40,000
受取利息・配当金		8,000
その他		32,000
【営業外費用】		70,000
支払利息・割引料		50,000
その他		20,000
経常利益		*30,000*
【特別利益】		60,000
固定資産売却益		60,000
その他		0
【特別損失】		0
固定資産売却損		0
その他		0
税引前当期利益		*90,000*
【法人税等充当額】		40,000
当期純利益		*50,000*

《貸借対照表》　単位 千円

勘定科目	自 2012/9 至 2013/3	勘定科目	自 2012/9 至 2013/3
流動資産	822,000	流動負債	887,000
現金・預金	55,000	支払手形	0
受取手形	0	買掛金	120,000
売掛金	150,000	短期貸付金	700,000
有価証券	0	割引手形	0
棚卸資産	500,000	未払金	65,000
未収入金	44,000	その他	2,000
仮払金	2,000		
短期貸付金	45,000		
その他	26,000	固定負債	760,000
▲貸倒引当金	0	長期借入金	760,000
固定資産	1,045,000	その他	0
土地	600,000		
建物・機械等	419,000	負債合計	1,647,000
投資有価証券	12,000	自己資本	224,000
長期貸付金	0	資本金	10,000
その他	14,000	資本剰余金	113,000
▲貸倒引当金	0	利益剰余金	101,000
繰延資産等	4,000	(繰越利益剰余金)	(△50,000)
資産合計	1,871,000	負債・純資産合計	1,871,000

社外流出後利益が内部留保にアセットされる

（5）財務活動を企業の安定性から考えてみよう！

① 「企業活動・企業利益」の定義

企業活動と企業の利益の関係については、次に記した通りです。あらためて確認しましょう。

企業活動とは：調達した資金（負債自己資金）で準備した資産を運用して利益を出す行動。

企業の利益とは：資産を運用して得た収入からかかった費用を差し引いたもの。

企業は「利益を上げる」ことと「資金繰りの安定」を常に意識して経営されているものです。すべての資産が自分のお金で賄えていれば資金繰りを心配する必要はありません。経営者が目指すべき財務体質は自己資本比率100％の会社です。

② 企業経営の理想の姿
■経営の安全性・安定性の視点で財務を捉える。

企業を経営の安定性・安全性の目線で捉えると、最も安全なのは「会社が必要とする資産」のすべてを、自己資本（自己資金）で賄っている状況です。

会社経営に飽きて、今すぐ会社を放り投げても誰にも迷惑をかけることはありません。すべては自分のお金ですから……。

自己資本100％の会社が理想ですが、実際のところ世の中にはほとんど存在しません。経営者が目指すべき次善の姿は、固定的な資産が自己資本と長期の負債で賄えている状況です。

③ 調達した資金に借入れがある場合を考えてみよう！

繰り返しますが、自己資本100％の会社が理想ですが、実際のところ世

図表Ⅱ－14

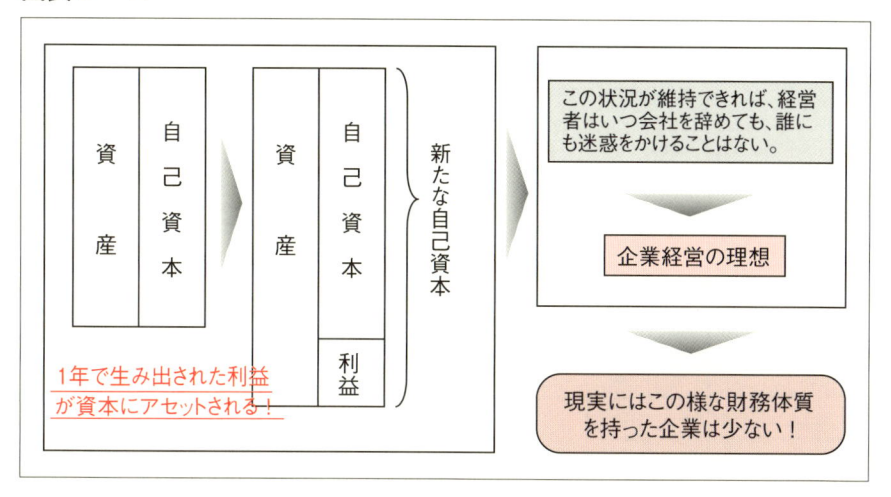

[図：資産と自己資本の関係図。1年で生み出された利益が資本にアセットされる！新たな自己資本。この状況が維持できれば、経営者はいつ会社を辞めても、誰にも迷惑をかけることはない。→企業経営の理想→現実にはこの様な財務体質を持った企業は少ない！]

の中にはほとんど存在しません。経営者が目指すべき次善の姿としては、固定的な資産が自己資本と長期の負債で賄えている状況なのです。

④ 財務的な安定性のパラドックス

　内容の良い企業があるとします、利益も順調で定性定量の両面から見ても優良企業です。どこの金融機関も取引が欲しくて日参しています。そんな会社が財務的な安定を考える必要があるでしょうか。仮に負債Ａと負債Ｂが短期借入であったとしても、わざわざ金利の高い長期借入に変更しますか？弁済のための事務コストが増加するようなことをする必要がありますか？

　相手企業の状況によっては必ずしも**「財務的に安定な状況が、その企業にとって望ましい状況とは言えない」**ことを忘れてはなりません。

図表Ⅱ－15

> 中長期的な企業の経営安定性を考える場合には
> 流動性の原則をひっくり返して考えると解り易い！

《企業の安定性という側面から考えて見る》

≪次善の姿≫

固定資産等	自己資本
	流動負債

※ 流動資産の区分

≪一般的な姿≫

固定資産等	自己資本
	負債A
流動資産	負債B

負債A	負債B	経営安定度	備　考
短期	短期	不安定	(1) 手形期日(短期の期限の利益)到来時に債権者が継続を認めずに返済を迫ったとすると、会社は新たな借入先を見つけてくる必要に迫られる。 (2) 新たな借入先が見つからない場合、会社は事業の基礎となる固定資産を処分して返済せざるを得ず、事業の継続が困難となる。
長期	短期	安　定	(1) 負債Bに当たる債権者から手形期日に返済を急に求められたとしても、比較的資金化し易い流動資産を換金することで返済が可能。 (2) 負債Aに当たる債権者からは長期の「期限の利益」を得ており一括弁済を求められることはなく、事業の根幹に関わる事態に陥る可能性は小さい。
長期	長期	どちらとも言えない	(1) 固定長期適合率は100％を大きく割り込むことになり、安全性を判定するひとつの指標とされているが、一概には良いとは言い切れない。 (2) 固定負債は分割弁済を行なう必要があり、年間の弁済額が当社の生み出すキャッシュフローを上回っている場合、常に借換資金を必要とすることから資金繰りに忙しい状況が生まれる。

※ **固定長期適合率**

$$\frac{固定資産＋繰延資産}{自己資本＋固定負債} \times 100 < 100\%$$

※ **期限の利益**
1. 債務者にとって利益となる期限のこと(民法136条)。約束した期限が来るまで返済しなくて良いという債務者の権利、一定期限の中で分割返済できるという権利でもある。裏を返すと返済期限には返済義務が生まれるということ。一方、債権者は金利を受け取ることができる。
2. 銀行取引約定書第5条第1項により、債務者が債務の一部でも履行を遅滞した時は、銀行からの請求によって債務者は銀行に対する債務者の一切の債務について期限の利益を失い、ただちに債務全額を弁済する義務を負う。
3. 分割返済の場合、その分割した返済金毎に期限の利益があると解するのが妥当であるが、上記条文において全額の弁済を求めることができる旨契約している。
4. しかしながら分割返済の場合、延滞分が解消されれば、一般的に銀行は一括弁済を求めることは稀であり、その意味で企業にとっては安心できる状況である。

第2章　定量（財務）分析

図表Ⅱ-16

法人担当者の目で掘り下げてみましょう！　　　　　　　　　　　重要な目線

すべて長期借入金(他行)で賄われていると仮定してみましょう！

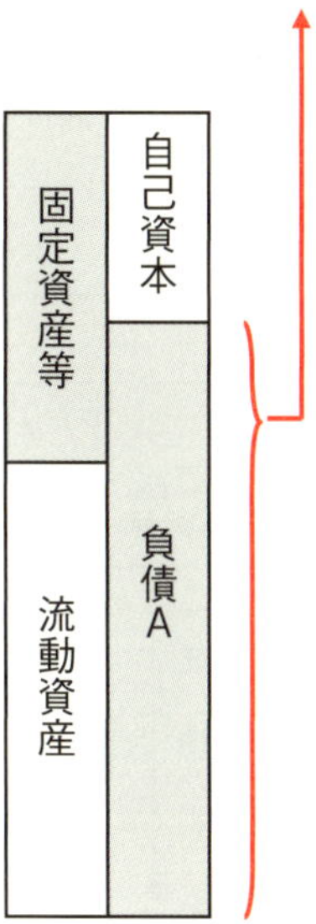

当社は、利益とキャッシュフローのある会社であっても、ひょっとすると<u>返済負担に追われた状況</u>にあるかもしれない。（<u>良い会社でも資金繰りが厳しい状況</u>に置かれている可能性がある）

キャッシュフロー（減価償却＋利益）＜長期負債の年間返済額

返済資金を再調達する必要に迫られており
<u>資金繰りが忙しい！</u>

ステップ1
　<u>一部を短期融資で肩代わりを提案</u>
　・当社の生み出すキャッシュフローの範囲で返済可能なように設計する。
　（当社は資金繰りが楽になる！金利も安くなる！）

キャッシュフロー（減価償却＋利益）＞長期負債の年間返済額

ステップ2
　他行はすべてを長期資金で融資しているので、ひょっとして丸担保状況にある可能性が高いことに目をつけて、次の内容を提案する。
　※<u>担保設定替えができれば、更に金利引下げが可能</u>

（左側の図：固定資産等／流動資産　｜　自己資本／負債A）

企業の安全性を失わない(固定長期適合率を適正(＜100％)に保つ)範囲で財務構成の是正を行い、資金繰りを安定させると同時に資金効率を高めることができることをアピールする。

77

（6）企業財務の基本構造（箱で考えよう！）

① 企業財務の基本構造

　財務分析の初心者は「勘定科目と金額」で考える傾向が強い様です。財務を理解する**基本は「箱で考える」**と言うことです。**構造をつかんだ上で数字を見る**のです。

　よく「粉飾を見つけるのは難しい」と言われます。そんなことはありません。**中小企業の粉飾の多くは比較的簡単に把握できます。**以降でいくつ

図表Ⅱ－17

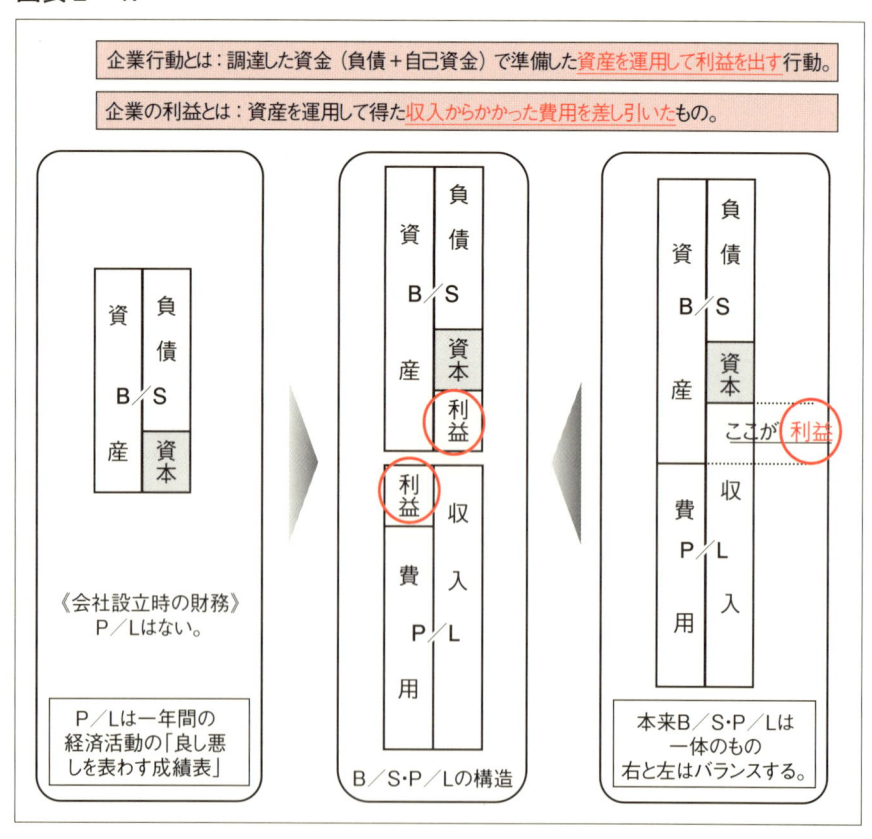

企業行動とは：調達した資金（負債＋自己資金）で準備した資産を運用して利益を出す行動。

企業の利益とは：資産を運用して得た収入からかかった費用を差し引いたもの。

《会社設立時の財務》
P／Lはない。

P／Lは一年間の経済活動の「良し悪しを表わす成績表」

B／S・P／Lの構造

本来B／S・P／Lは
一体のもの
右と左はバランスする。

第 2 章　定量（財務）分析

か粉飾のパターンを示してみました。よくみると、どれも同じパターンで考えることができることに気が付くでしょう。

② 粉飾を箱を使って考えよう！
■減価償却の未実施は最も単純な粉飾の一種！

　機械装置、建物、器具備品等は、時間の経過によって自然に劣化したり、使用することから磨滅等がおこります。また、陳腐化や、需要の変化や、企業規模の変化などから不適応で機能的に劣化する場合もあります。その為企業は、その企業価値を維持するために一定の更新投資を必要とします。

図表Ⅱ－18

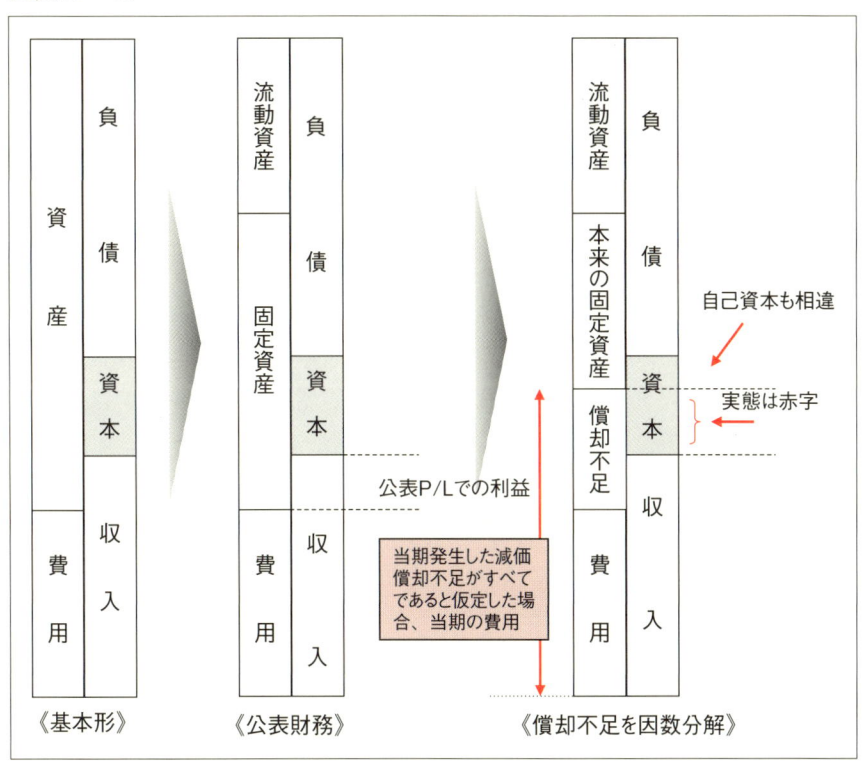

企業会計ではこの減価を一定基準で費用（普通償却範囲額）として認識し、利益から差引くことを認めています。

　しかしながら、会計学的見地と税務的な見地では取扱いに違いがあります。**税務的にみれば、減価償却は、認められた額まで「やってもよろしい。やらなくてもよろしい」**と言う立場をとります。減価償却をやらなければそれだけ利益が増えるわけですから、税金は多くもらえるということのようです。一方**会計学的見地では投資家に対し適時的格な情報開示を求めます**。投資家にとって重要なのは企業価値の増加ですから、**将来の事業価値を損ねることになる減価償却の不足は、立派な粉飾**なのです。**融資は投資の一種**です。金融機関が減価償却の不足に敏感に反応するのはその為です。

　当期すべき減価償却に不足があるわけですから、その分、費用として改めて認識する必要があります。償却不足が箱の大きさであるとすると、実質赤字であり自己資本の厚さも実は公表されたものより、ずっと薄いということになります。

■受取勘定に回収不能分が含まれるとしたら

　受取勘定の中に不良なものが含まれていると仮定してみましょう。販売先に倒産があり、売上代金の回収が困難になった状況です。決算書の上ではまだ回収不能として処理がされてません（正常な売掛金あるいは受取手形と決算書上では認識しています）。流動資産の中の受取勘定を正常な回収可能なものと回収不能なものに因数分解します。回収不能ですからこれは今期の収益を圧迫する話です。したがってこの会社の財務を検討する場合は、該当の金額を**費用として認識する必要**があります。

　こうして修正すると、この会社は大きな利益を、公表決算では出しているように見えますが、実態は大赤字の会社であり、自己資本も公表よりはるかに少ないことがわかります（図表Ⅱ-19はイメージを明確にするため

第2章 定量（財務）分析

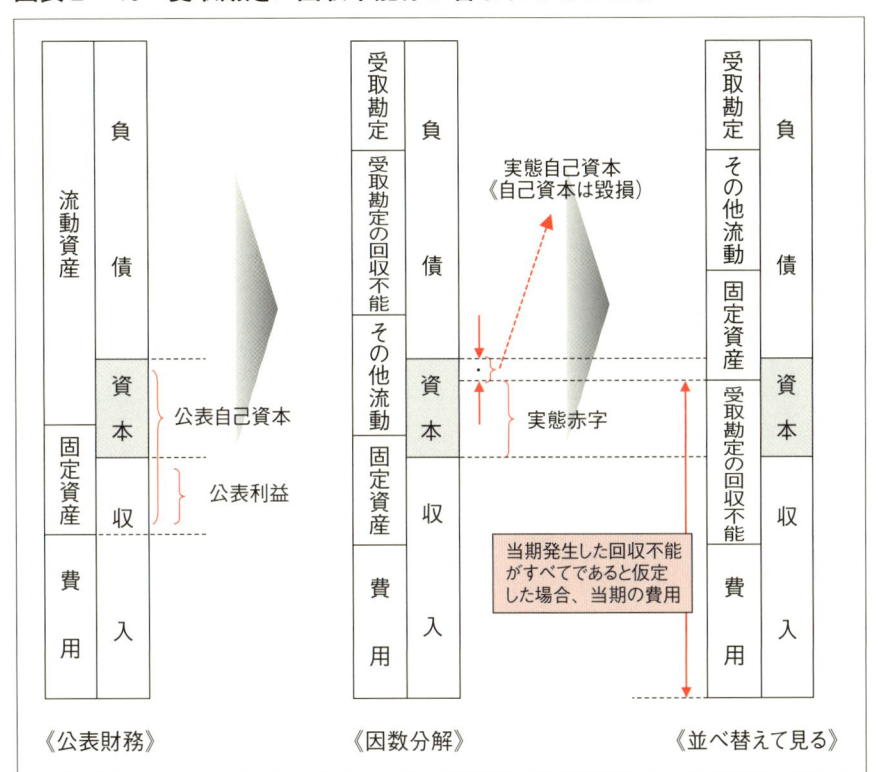

図表Ⅱ-19 受取勘定に回収不能分が含まれるとしたら

《公表財務》	《因数分解》	《並べ替えて見る》
流動資産／固定資産／負債／資本／収入／費用（公表自己資本・公表利益）	受取勘定／受取勘定の回収不能／その他流動／固定資産／負債／資本／収入／費用	受取勘定／その他流動／固定資産／受取勘定の回収不能／負債／資本／収入／費用

実態自己資本《自己資本は毀損》
実態赤字
当期発生した回収不能がすべてであると仮定した場合、当期の費用

にデフォルメしてあります）。

もちろん受取勘定の中の回収不能金に前期以前発生していたものが含まれているとしたら、収益影響はそれだけ少なくなります。なぜなら、P/L（損益計算書）は１年の営業活動の結果を示すものだからです。時間のレンジが違うB/SとP/Lを同じ土俵で考えていることに注意してください。前項で解説した減価償却不足も同じことです。

■**費用として処理されるものが仮払金等の資産で処理されていたとしたら！**

本事例については、すでに述べた信用保証協会の保証料の例（第２章

図表Ⅱ−20　費用として処理されるものが仮払金等の資産で処理されていたとしたら

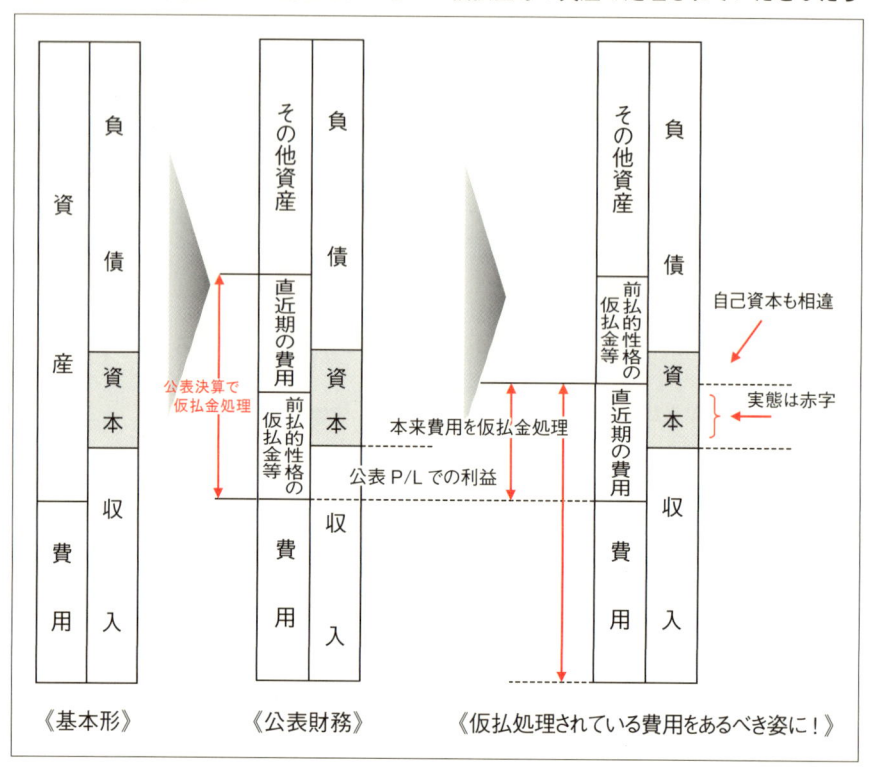

《基本形》　　《公表財務》　　《仮払処理されている費用をあるべき姿に！》

第3節財務分析の留意点 （1）基本認識　決算書はどこか化粧されている）を用いて考えてみましょう。

　3月末決算の会社が6月末に期間1年で信用保証協会の保証を得て、金融機関から融資を受けたと仮定します。保証料は融資実行時に一年分払われます。計算し易くするために支払った保証料は4百万円であるとします。内3百万円は、6月末から3月末までの9ヶ月間運営に必要な借入金に対する保証料ですから正しくは今期の費用です。一方、あとの1百万円は来期の4月から6月までの運営に必要な借入金に対する保証料です。つまり前払費用です。本来なら記帳するときに区別すべきです。

第2章 定量（財務）分析

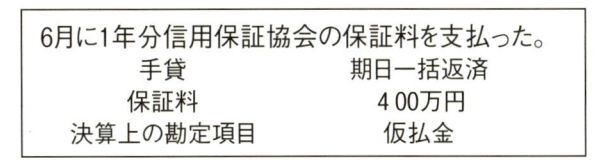

```
6月に1年分信用保証協会の保証料を支払った。
     手貸           期日一括返済
     保証料          400万円
     決算上の勘定項目     仮払金
```

図表Ⅱ－21

保証料として4百万円は融資実行時の6月末に支払われた。

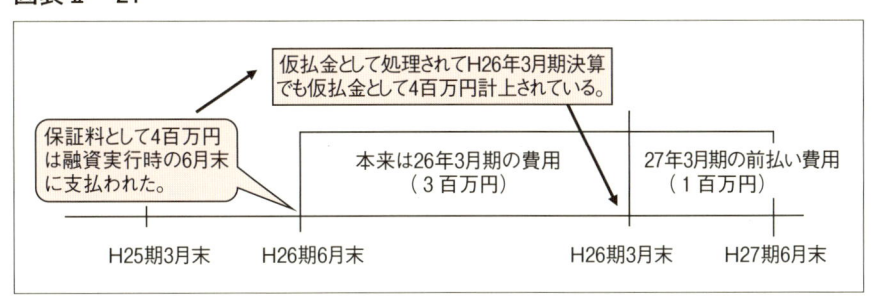

仮払金として処理されてH26年3月期決算でも仮払金として4百万円計上されている。

本来は26年3月期の費用（3百万円）　　27年3月期の前払い費用（1百万円）

H25期3月末　　H26期6月末　　　　H26期3月末　　H27期6月末

図表Ⅱ－22

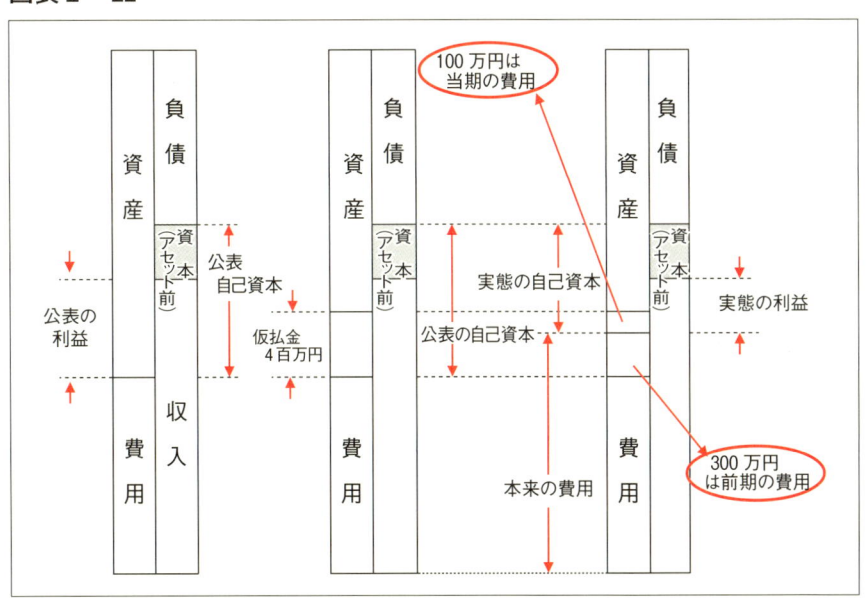

100万円は当期の費用

300万円は前期の費用

資産／負債／資本（アセット前）／公表自己資本／仮払金4百万円／収入／費用／公表の利益

実態の自己資本／公表の自己資本／本来の費用

実態の利益

しかし**中小企業では、人手不足等のさまざまな理由から仮払金として一括処理されてしまうケース**があります。本来なら決算時にあらためて仕分けされるべきですが、そのまま仮払金として決算書の貸借対照表の資産勘定に残ってしまうようなことがよくあります。費用として損益計算書に計上すべき３百万円が計上されていないのですから利益が３百万円粉飾されていることになります。貸借対照表では３百万円ほど**資産としては見ることのできない「すでに支払われた費用」が姿をかえて計上されていること**になります。資本が３百万円実態より厚くあるように見えるのです。

> ここがポイント！
>
> ■粉飾は箱で考える！
> ■B/Sの粉飾は同じパターンで考えられる！
> ■P/Lにも粉飾がある！

第5節

粉飾発見のポイント

　財務分析の目的は「決算書を作る」ことにあるのではなく、出来上がった決算書を読み解き、本当の姿（素顔）を見極めることにあります。どんなに優れた定性面を持った会社でも、その優れた定性面を生かして事業を軌道に乗せるためには時間が必要です。

　病巣が見つかり処方を施したとしても、体力がなければ人は生き残れません。それどころか体力がなければ手術もできません。企業を把握するには定性分析と定量分析の両方が必要なのは言うまでもありません。しかし、財務基盤があって初めて言えることなのです。

第2章　定量（財務）分析

　中小企業の75％は赤字と言われる時代です。新規起業の会社の30％は1年以内に潰れ、10年生き残るのは25％と言われます。これからの時代では、ますます企業の財務力を正しく把握する必要性があるのです。

（1）財務分析の手順と着眼点

①　いまは財務分析の本当の実力が問われる時代！

　財務分析に「簿記の知識を特に必要としない」ことは先に述べた通りです。一方で、出来上がった決算書を効率的に素早く読み解くことが求められます。

図表Ⅱ－23

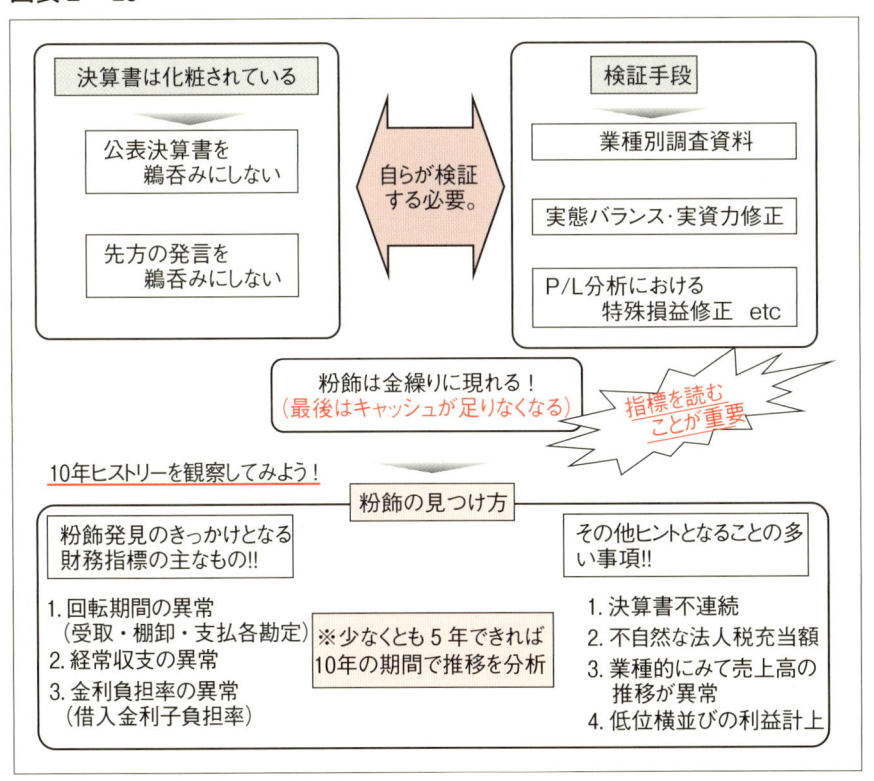

```
決算書は化粧されている                    検証手段
  公表決算書を         自らが検証         業種別調査資料
  鵜呑みにしない       する必要。
                                         実態バランス・実資力修正
  先方の発言を
  鵜呑みにしない                          P/L分析における
                                         特殊損益修正　etc

           粉飾は金繰りに現れる！
          （最後はキャッシュが足りなくなる）      指標を読む
                                                ことが重要
10年ヒストリーを観察してみよう！
                      粉飾の見つけ方

 粉飾発見のきっかけとなる              その他ヒントとなることの多
 財務指標の主なもの‼                  い事項‼

 1. 回転期間の異常                     1. 決算書不連続
    （受取・棚卸・支払各勘定）         2. 不自然な法人税充当額
 2. 経常収支の異常      ※少なくとも5年できれば  3. 業種的にみて売上高の
 3. 金利負担率の異常    10年の期間で推移を分析     推移が異常
    （借入金利子負担率）                4. 低位横並びの利益計上
```

財務指表の計算を、「そろばん」と「電卓」で行なっていたころは、過去の決算書を３期分横に並べて勘定科目の動きを自分の目で追ったものです。不思議なもので、そうしていると、特に財務を勉強したわけではないのに気になる動きに目が止まり、粉飾に気が付いたものです。たとえば科目明細の受取手形の中に「商取引から発生した手形」と思われない銘柄があれば融通手形を疑ってみたり、毎年同じ金額の手形が受取手形に混じっていると、「回収不能となっているのではないか」と考えたものです。決算書現物を自分の目で追うことによって、気づくものが多くあったのです。

　現在は、決算書を頂き本部に送付すると、自動的に手元に財務指標が手に入る時代です。よく解らないまま手作業で、やっと手に入れていた財務諸表を、一瞬で手にできるのです。便利になったものです。言い換えると、**財務分析を経験的に身につけた時代から、指標から読み解くことが必要な時代**になったと言うことです。財務分析の本当の実力を問われる時代になったといえます。

豆知識

※融通手形……融通手形とは決済を必要とする現実の商取引がないにもかかわらず金融上の目的で振り出された手形のことで、融手と略される。

　信用力の無い者が信用力のある者に対して自己を受取人とする手形を振り出してもらい、これを割引くなり裏書譲渡するなりで資金を得る手口。

　手形期日（満期）までに別途調達した資金で振出人に返済し手形を決済する。しかし、もともと資金力の弱い者が資金繰り操作のために利用することから不渡りになる可能性は高い。

② でも、恐れる必要はない。まずは人の真似から！

　出来上がった財務分析資料には膨大な箱があり、項目だけ見ても気が遠くなるほどです。どこから手をつけたらいいのか、途方に暮れてしまいます。だからこそ、多くの人は、きっかけを求めて簿記から始めようとするのでしょう。

　でも筆者からみると、簿記から始めるのは非常に非効率的なアプローチに見えてしまいます。**決算書の仕組み（P／L・B／S）と、ちょっとだけ経営者になったつもりで考えることで十分**です。あとは「誰かの真似」で結構です。素早く的確に企業の実態を見抜く先輩や上司がいらっしゃるはずです。真似をして見ましょう。そんなに幅広くみているわけではないことに気がつくはずです。いずれ自分のスタイルが出来てきます。そうしたら「しめたもの」です。どんどんバリエーションが広がります。簿記の知識が財務分析を邪魔するわけではありませんが、学習の順番としては決して優先順位が高いとも思いません。

③ 10年ヒストリーに注目して、観察してみよう！

　企業は生き物です。歴史の中で様々なイベントを経験しています。順調に業績を伸ばした時代もあれば、自然災害で一時的に事業が中断するようなこともあったかもしれません。**財務の歴史をつかむことは、定性的な歴史を知るのと同じくらい重要**なのです。

（2）粉飾発見の7つのポイント

　これから紹介する粉飾発見7つのポイントは筆者の見方です。これがベストの見方とは思いませんが、効率的な見方であることに違いありません。是非、初めのうちは真似をすることから始めてください。

① 回転期間の異常
■棚卸資産回転期間の異常

中小企業の粉飾の8割は在庫で行なわれています。ですから回転期間の中でも特に棚卸資産の回転期間に注目する必要があります。

図表Ⅱ-24

棚卸勘定 a/c の変化
・長期化→不良在庫、架空在庫 退蔵化在庫の存在 etc
・短期化→棚卸資産の廉価販売 etc

中小企業の粉飾の80%は棚卸
①棚卸残高を増額すれば簡単に利益は増加する。
②外部の者には棚卸残高の確認は容易ではない。

一般に在庫水準が増加すると不良在庫や架空在庫を疑うことになりますが、決算直後の特需に備えて在庫を積み増している場合があります。在庫水準が低下していると一般的には運転資金が少なくなる方向だから良い傾向だと考えるかもしれません。しかし実は運転資金が回らずに、断腸の思いで原価を割って販売し資金調達しているかもしれません。

財務には常識はないのです。必ず動きには理由があり、その理由をつかむことこそが財務分析の醍醐味であり、粉飾発見の糸口なのです。

■P/L のロジックを理解する

単純化するために物品販売業のP/Lで考えてみましょう。売上高と原価と売上総利益の関係を見てみると理解できます。原価は期首棚卸残高に当期商品仕入高を加え期末の棚卸残高を引いたもので表されます。

期末の残高を実際の数字より1億円多く記載したとしましょう。すると原価は1億円下がり、売上総利益は実際より1億円多くあったように見せかけることができるのです。

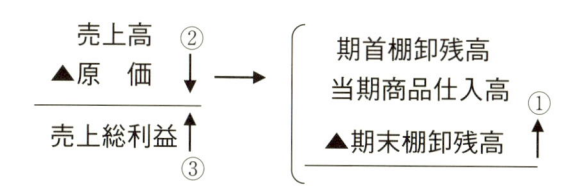

```
        売上高    ②        期首棚卸残高
       ▲原  価  ↓  →      当期商品仕入高      ①
       売上総利益 ↑       ▲期末棚卸残高       ↑
                ③
```

　こんなとき、審査では支店に対して「在庫を見てくるように」との指示を出すことになります。

　しかし、在庫の実地調査に出向いても、本当に決算書記載通りの価値があるかないかの判断は、実際のところ金融機関の職員には困難です。せいぜい「箱が何箱あって、ひとつ幾らだから全体では幾らです。ちゃんとあるでしょう」と説明されるのを信じるしかないのです。在庫を倉庫に見に行く前に、都合の悪い在庫は隠してしまうかもしれません。

■経営者になって考えてみる

　経営者にとって、在庫をどのように用意するかは重要なテーマです。在庫がなければお客様が買いにこられても売るものがありません。収益機会を逃すことにつながります。必要以上の在庫を持っていると、売れ残った時は赤字につながりかねません。

　在庫水準を上げる（在庫量を増やす）ためには、仕入れるためのお金が必要です。今まで以上にお金を用意する必要が生まれ、資金繰りを圧迫します。借入金で賄えば金利が発生し、僅かですが収益を圧迫します。経営者にとって、在庫水準を上げると言うことは大きなリスクを伴うことなのです。言い換えると**在庫水準が上がる（上がっている）という場合は必ず経営的な合理性があるはず**だということです。

　合理性が見出せない在庫水準の上昇（棚卸資産回転期間の長期化）は、利益操作に利用されている場合がほとんどです。B/S面では健全なはずの棚卸資産に不良在庫や架空在庫が紛れ込んでいることになります。

■在庫水準が下がっているからといって安心は禁物

　在庫水準が下がっているからといって安心はできません。「最近在庫管理システムを導入し、在庫管理に長けた人を採用したおかげで、在庫を圧縮できた。在庫資金を圧縮できるから良い傾向でしょ」と言われて相槌を打つわけにはいきません。ひょっとして、たちまちの運転資金が不足して支払に困ったあげく、泣く泣く在庫を赤字覚悟で廉価販売し、急場を凌いだのかもしれません。

■受取勘定回転期間・支払勘定回転期間の異常

　受取勘定回転期間と支払勘定回転期間も棚卸資産回転期間と同様に粉飾や会社の健康状態を見抜く重要な指標になります。

　販売先が破綻すれば売上債権の回収が困難となります。破綻した取引先の回収不能な売掛金や受取手形が、健全な状態であるはずの受取勘定の中で残っているとしたら、受取勘定回転期間は長期化することになります。仕入先が当社の足元を見て仕入商品の支払いを現金の即日払いを求めてきたとしたら、支払勘定の回転期間は短くなります。

　一般的には行って見るべきです。しかし、財務には常識はありません。

ここがポイント！

（1）P/L のロジックを理解する。
　　　特に売上・原価・売上総利益の関係を理解しよう。
（2）経営者になったつもりで考えてみる。
（4）在庫水準が上がる場合は必ず合理的な理由があるはず。
　　　合理性が見出せない場合は利益操作に利用されていると考えるべきで、不良在庫か架空在庫となっている。
（5）在庫水準が下がっているからと言って安心は禁物

コラム

(1) 観察こそが在庫調査の目的
　　（数を数えて電卓をたたいて金額を確認することではない）
- 積み上げた在庫を指でなどってみる。埃が指に付くようでは長い期間在庫が動いていない証拠。箱のつぶれたものがあれば明らかに不良在庫。
- 積み上げられた在庫を裏に回ってみる。古い在庫（多くの場合不良在庫もしくは退蔵化在庫）が意図的に隠されている。
- 床面を観察してみる。ごく最近動かされた形跡があれば、不良在庫の周りを新しい在庫で覆い隠している場合がある。

※在庫調査の直前に不良在庫や退蔵化在庫を隠してしまうことなど日常茶飯事！

(2) 2008年9月三笠フーズ株式会社による事故米不正転売事件

　熊本に美少年という銘柄の美味しいお酒があります。実はこの美少年酒造株式会社（現在は火の国酒造株式会社に商号を変更）は、2008年9月に発生した、米問屋三笠フーズ株式会社が引き起こした事故米不正転売事件に巻き込まれて2009年4月17日に民事再生法の適用申請をし、事実上倒産した経緯があります。美少年酒造株式会社自体はスポンサーの支援を受け、現在は火の国酒造株式会社に商号を変更し、1752年来の細川家ゆかりの名門蔵を守っています。

　問題はなぜ事故米が酒米として流通してしまったのかということです。当時の記憶をたどってみると、農林水産省は定期的に保管状況の立ち入り検査を行なっていたようですが、三笠フーズ株式会社側では入検の情報を事前に入手し隠蔽工作を行なっていたということだったと思います。

　在庫調査は、案内されるまま見て歩くだけでは意味はないのです。倉庫の中をしっかりと観察してみてください。

受取勘定の回転期間や支払勘定の回転期間の変化が**どういった要因で起こったかを見極めることが大切**なのです。

■財務分析に常識はない

　金融機関職員はよく実務より先に銀行業務に関する各種検定試験を受験し、財務や法務という検定資格を取得します。実のところ筆者は実務を経験する前に検定資格を取得させることに否定的な立場をとっています。

　検定試験から入ると、標準的な見方があたかも公式のように固定概念として形成されることが多いようです。実務は違います。それぞれの立場や環境の変化で実に多様な考え方があるのです。立場の違いで正反対の判断になることはよくあることなのです。

■受取勘定・棚卸勘定の変化の要因の違いによって同じ現象でも答えが違う！

　受取勘定・棚卸勘定の変化の要因の違いによって同じ現象でも答えが違

図表Ⅱ－25

1．受取勘定a/cの変化 ・長期化→売先の信用状況の悪化 　　　　　回収遅延金の発生 　　　　　不良債権の存在 　　　　　etc ・短期化→売上の架空計上 　　　　　売上の前倒し計上 　　　　　etc 2．支払勘定a/cの変化 ・長期化→支払遅延発生 　　　　　（資金繰悪化） ・短期化→当社の信用不安が発生 　　　　　etc 　　　　　（現金仕入を迫られる）	変化の要因が下記のいずれかを把握 ①融資先企業の競争力低下による立場の弱さ ②取引先企業への資金繰り支援 ③利幅を優先するために回収、支払条件を先方に譲歩 ④<u>取引先毎の条件は不変だが取引先の取扱シェアが大きく変化</u>

第2章　定量（財務）分析

ってきます。財務分析には常識はないのです。

※受取勘定が長期化しているケースで考えてみる！

① 「融資先企業の競争力低下による立場の弱さ」が表面化すれば、受取勘定が長期化する場合があります。販売先企業が融資先企業の足元を見る場合があるからです。

　　「うちは特にお宅から仕入れる必要はないんだよ。支払（融資先企業からは受取）条件を緩和しないのなら、お宅との取引は止めることにしよう」と言うことだってあります。

② 　販売先企業の状況が苦しくて約束通りに支払って貰えない場合を考えてみましょう。売った代金は回収する必要があることから、条件を緩和してでも回収を目指すことになります。融資先企業の受取資産が劣化することにつながることから、金融機関としては「厳しく対応すべきだ」というのが常識です。一般的には、実態赤字を疑うことになります。

　　しかし、融資先企業に余裕があると仮定しましょう。しかも過去に苦しい時代があって、この販売先に助けてもらったことがあるとします。恩を返すのはこのときです。金融機関としては積極的に融資先企業のニーズに応えて行くべきです。当然売上代金の回収は遅れるわけですから、運転資金が必要となります。こんなときに常識に縛られては融資先の信頼を得られるはずがありません。

③ 「利幅を優先するために回収、支払の条件を先方に譲歩」する場合も運転資金に大きく影響してきます。安易にリスケ企業（経営支援のために返済条件を緩和している企業）に、「利益率が問題」といって強く改善を求めると企業の命を逆に奪ってしまうことになりかねません。

　　「支払を今までより早くするから、お宅は資金繰りが楽になるでしょう。
　　　その分、仕入の値引きをお願いします」
　　P/L上は確かに利益率はあがります。しかし支払勘定は短期化し資金

93

繰りはタイトとなり、**場合によっては資金繰破綻につながりかねません**。
④ **中小企業は大企業と比べて相対的に力は弱い**と言えます。大企業であれば受取支払条件ともに、自社の都合で平均的な条件の設定が可能です。しかし中小企業では、取引先の都合に合わせて個別に決めざるをえないのが実態です。条件の悪い取引先のシェアが増えれば、それだけ回転期間は長期化し運転資金に重大な影響を与えることもあります。これは中小企業特有のものといえます。

今後の経済環境を考えると、売上が右肩上がりで伸び続けることは想定しづらくなっています。むしろ、**売上は伸びない（マイナスも有りうる）との認識で企業を見て行く必要**があります。受取勘定・棚卸資産・支払勘定の増減は資金繰りに直接影響を及ぼす重要指表です。

決して逆の判断に至らないように、十分吟味して検討する必要があります。

② 経常収支の異常

経常収支について教科書的に解答すれば「通常の営業活動の過程において継続的に発生する収入と支出の差額のこと」ということになります。これではいったい何のことか解りません。経常収支の算出をやってみると理解できるのですが、特徴を次のように理解しておくと良いでしょう。

・基準時の瞬間風速を示す。

・基準時に、取引をすべて現金ベースに置き換えて、資金が足りていたか不足していたかを示している。

・売上急増時は「仕入が売上に先行する」ため経常収支は厳しく出る傾向がある。

■経常収支のマイナスが「まずい！」とは限らない！

第2章　定量（財務）分析

図表Ⅱ－26

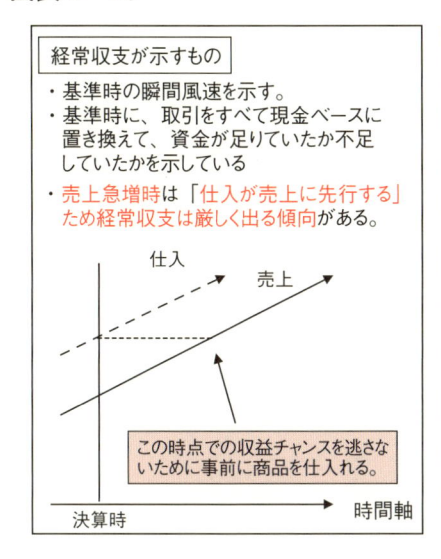

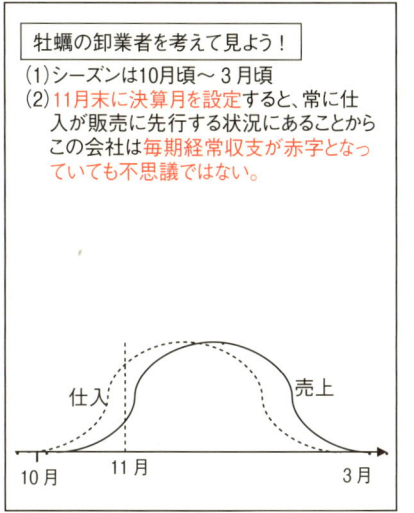

経常収支が示すもの
・基準時の瞬間風速を示す。
・基準時に、取引をすべて現金ベースに置き換えて、資金が足りていたか不足していたかを示している
・売上急増時は「仕入が売上に先行する」ため経常収支は厳しく出る傾向がある。

この時点での収益チャンスを逃さないために事前に商品を仕入れる。

牡蠣の卸業者を考えて見よう！
(1) シーズンは10月頃～3月頃
(2) 11月末に決算月を設定すると、常に仕入が販売に先行する状況にあることからこの会社は毎期経常収支が赤字となっていても不思議ではない。

　一般に、経常収支比率がマイナス（100％以下）だと「収支状況は不良で支払能力に問題があり、実体赤字を疑う」ということになります。しかし、経常収支には、「売上急増時は仕入が先行することから、厳しくでる傾向」があります。

　例えば牡蠣の業者が決算を11月末に行なえば、**どんなに良い企業でも毎年経常収支比率は100％以下という状況もありうる**のです。

　このように考えると経常収支の良し悪しを論じるのは無意味のように思えます。しかし、中小企業を判断する場合に、**経常収支比率が重要な判定指標**であることには変わりはありません。

■**それでもやっぱり経常収支は中小企業にとって重要指標！**
　考えて見てください。中小企業に「資金繰りが忙しい時期に決算をする余裕」があるでしょうか。仕入、販売、代金回収、資金繰り等で決算なん

95

図表Ⅱ-27

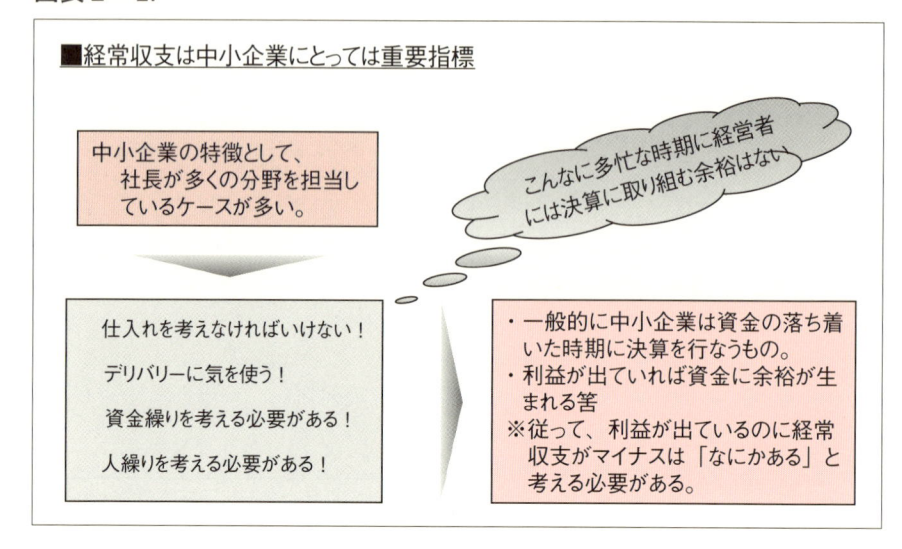

■経常収支は中小企業にとっては重要指標

中小企業の特徴として、社長が多くの分野を担当しているケースが多い。

こんなに多忙な時期に経営者には決算に取り組む余裕はない

仕入れを考えなければいけない！
デリバリーに気を使う！
資金繰りを考える必要がある！
人繰りを考える必要がある！

・一般的に中小企業は資金の落ち着いた時期に決算を行なうもの。
・利益が出ていれば資金に余裕が生まれる筈
※従って、利益が出ているのに経常収支がマイナスは「なにかある」と考える必要がある。

てやってる暇はありません。中小企業は比較的資金に余裕があるときに決算を行なうのが一般的なのです。そのように考えると、黒字なら資金に余裕が生まれるはずです。経常収支がマイナスはやはりおかしいのです。

経常収支を自分で計算できなくても構いません。ここで述べた特徴をしっかり理解しておきましょう。

③ 借入金利子負担率の異常

借入金利子負担率について教科書的に答えれば**「市中金利より高すぎれば高利金融の利用や簿外負債の存在の疑いがあり、低すぎると未払い費用等による利息の費用化の繰延べを疑う」**ということになります。

借入金利子負担率は次の算式で示されます。

$$借入金利子負担率 = \frac{期首・期末有利子負債平均残高 \times 金利}{期首・期末平均（長短借入金＋社債＋割引手形）} \times 100$$

年間を通して大きな動きのない会社を想像してみましょう。期首の有利

子負債が1億円、金利が1.0%とすると、年間を通して大きな動きなく期末の有利子負債もほぼ1億円です。実際に支払われた金利は100万円で、借入金利子負担率は1.0%となります。

理論値と、ほぼ一致するはずです。

$$理論値 = \frac{支払利息割引料}{期首・期末平均残高（長短借入金＋社債＋割引手形）} \times 100$$

もし、このとき実績値が2.0%（支払金利実績が200百万円）と算定されたとします。

一般に言われる財務の常識的見方をすれば、**簿外負債の存在を疑う**ことになります。市中金利よりかけ離れた数値が出た場合は、高利金融の利用が疑われることになります。

図表Ⅱ－28

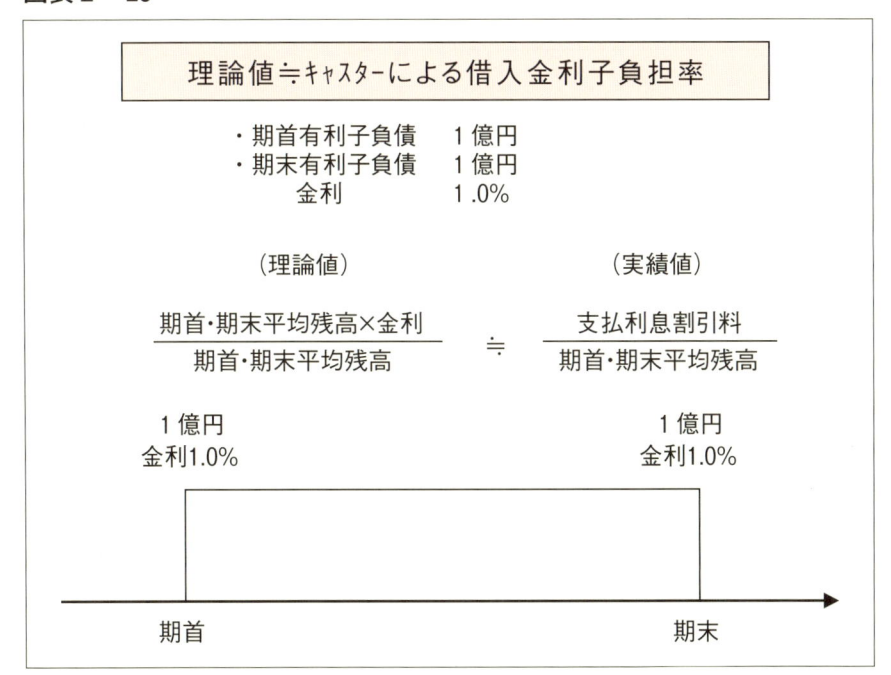

```
理論値 ≒ キャスターによる借入金利子負担率
```

- 期首有利子負債　　1億円
- 期末有利子負債　　1億円
  金利　　　　　　1.0%

（理論値）　　　　　　　　　　（実績値）

$$\frac{期首・期末平均残高 \times 金利}{期首・期末平均残高} \fallingdotseq \frac{支払利息割引料}{期首・期末平均残高}$$

1億円　　　　　　　　　　　　1億円
金利1.0%　　　　　　　　　　金利1.0%

期首　　　　　　　　　　　　期末

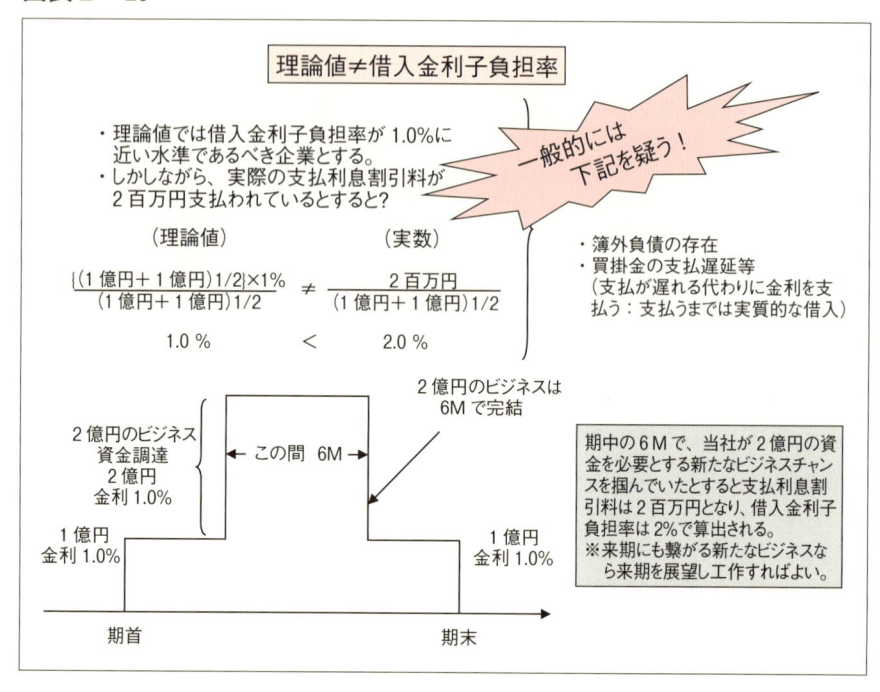

図表Ⅱ－29

理論値≠借入金利子負担率

・理論値では借入金利子負担率が1.0%に近い水準であるべき企業とする。
・しかしながら、実際の支払利息割引料が2百万円支払われているとすると?

一般的には下記を疑う！

$$\frac{(1億円+1億円)1/2\times1\%}{(1億円+1億円)1/2} \neq \frac{2百万円}{(1億円+1億円)1/2}$$

　　　1.0%　　　　＜　　　　2.0%

・簿外負債の存在
・買掛金の支払遅延等
（支払が遅れる代わりに金利を支払う：支払うまでは実質的な借入）

2億円のビジネスは6Mで完結

2億円のビジネス
資金調達
2億円
金利1.0%

←この間　6M→

1億円
金利1.0%

1億円
金利1.0%

期首　　　　　　　　　期末

期中の6Mで、当社が2億円の資金を必要とする新たなビジネスチャンスを掴んでいたとすると支払利息割引料は2百万円となり、借入金利子負担率は2%で算出される。
※来期にも繋がる新たなビジネスなら来期を展望し工作すればよい。

　しかし、期中に6ケ月で決着する2億円のビジネスを当社が新たに獲得していたとしたらどうでしょう。期中の6ケ月間は2億円の借入れが発生してこの6ケ月間の借入れ残高は3億円です。しかし、期首・期末の融資残高にはカウントされません。年間の支払利息の合計は200万円となります。**借入金利子負担率が理論値を大きく上回っても不思議はない**のです。

　この2億円のビジネスが来期以降につながるものであるなら、新たな資金需要として取込む工作をすべきです。もっとも、リレーションシップバンキングが体現できてさえいればこのような取りこぼしは起きないのはいうまでもありません。

④ 決算書不連続

決算書は必ず連続しています。もし頂いた決算書が前期決算書と連続していない場合は、間違いなく複数の決算書が存在します。中小企業から決算書を頂いたときには必ず連続性を確認しましょう。

一般的には、20期次期繰越金と21期前期繰越利益が連続しているかどうかを確認します。まれに相違している場合がありますが、その場合は株主資本等変動計算書で連続性を詳しく見てみる必要があります。

21期決算書のP/Lの原価にあがる前期（20期）末棚卸残高と、前期（20期）B/Sに計上された棚卸残高（期末残高）の一致も確認する必要があります。

⑤ 不自然な法人税充当額

法人は利益に対し税金を支払う義務を負っています。詳しい税金の制度についてはここでは避けますが、資本金一億円超の法人であれば実効税率35％程度、その他法人では中小法人軽減税率が適用されて20％弱が目安です。なお、中小法人の場合、交際費等の損金不参入等で実態的にはやはり35％はかかると考えておいたほうが無難です。

今、400百万円の税引前利益が出ている会社の法人税等充当額が4百万円であったとします。繰越欠損が有る場合は、赤字損失の繰り延べ効果があり、起こりうることですが、どの時点で赤字であったのかを追いかけて確認する必要があります。

「最近の3期は利益を計上しているにも関わらず税金が支払われていない。4期前まで遡ると利益を計上した上で実効税率程度の税金が支払われていた」というケースがよくあります。「赤字損失の繰越優遇」の対象となる繰越し欠損はないにも関わらず、「利益を計上しながら税金が支払われていない」のです。おかしいですね。最近の黒字決算がおかしいということ

です。最近の3年間は、実態赤字である可能性が強いのです。

⑥　業種的にみて売上高推移が異常

　売上は事業のもっとも根幹にかかわる指標のひとつです。成熟業界であるはずの企業が売上を大きく伸ばしているとすると要注意です。成熟業界であれば売上を伸ばすこと自体が至難の業なのです。売上が伸びている様に見せかけると元気な企業に見えてしまいます。注意しましょう。

⑦　低位横並びの利益計上

　高度成長時代、就労人口は増加し市場での購買力も上昇しました。よっぽどヘマをしない限り企業はそこそこ成長できました。経営者は、獲得した利益を税金に持っていかれることを嫌い、できるだけ利益を圧縮し税金を減らそうとしたものです。これを逆粉飾と呼びます。

　いまの時代はどうでしょうか。長引く不況と人口減少社会到来の影響もあって、中小企業の75％が赤字と言われる時代です。一方で金融機関では自己査定制度が定着して企業の状況をリアルタイムで把握し、リスクは金融機関の決算に反映させる必要があります。

　赤字の決算書を金融機関に提出すると「たちまち厳しい対応」に融資姿勢が変化するリスクを中小企業経営者は感じることになります。「赤字の決算書を金融機関に提出するわけにはいかない。一方で黒字の決算書を作れば税金がかかる。赤字でお金が不足するのに、黒字の決算をつくってさらに税金を持っていかれるのも辛い。金融機関が納得する最低のレベルの黒字決算書をつくって被害を最小に止めよう」という動きがでてくるのも理解できるでしょう。

　低位横並びの利益計上は今では赤字隠しのポピュラーな手法となっています。

(3) 10年ヒストリーを読んでみよう！

10年ヒストリーを実際に読んでみましょう。惣菜品製造卸売業です。決算は6年分しかありませんが、象徴的な事例ですので本件を取り上げます（図表Ⅱ－30）。

注目すべき数値を損益状況、財務状況、指標の順で示してあります。粉飾発見7つのポイントに従って検討してみましょう。なお、これは筆者の見方であって人それぞれに見方があるのはすでに述べた通りです。

中小企業の粉飾の80％は在庫でなされていることから、**棚卸の回転期間には特に注意します**。決算20期では0.92ケ月の在庫で回っていたものが毎年増加し、売上も伸びていないのに借入ればかり増えています。利益も最近では低位横並びとなっています。法人税も利益が出ているにもかかわらず支払われていない年が目立ちます。

取引銀行は全部で14行、メイン行のシェアは43.18％、自行のシェア3.5％、自行金利3.5％とします。

図表Ⅱ-30

惣菜品製造卸・乾物卸　　　　　　　　　　　　　　　　　　　　　　　百万円

				20期	21期	22期	23期	24期	25期
損益状況	売　上　高			2,007	2,003	2000	2,251	2,287	2,154
	売上総利益			335	319	318	329	337	344
	営　業　利　益			14	7	1	4	3	11
	経　常　利　益			19	10	4	4	6	7
	税引前当期利益	← 低位横並び計上		41	10	4	5	8	6
	法人税等充当額			0	3	0	0	3	4
	当　期　利　益			41	7	4	5	5	2
	減　価　償　却			20	19	22	17	15	9
	次 期 繰 越 金			0	7	12	16	21	23
財務状況	総　資　産			646	713	807	917	1,003	1,002
	自　己　資　本			11	18	22	27	32	34
	借　入　金			265	375	457	537	604	658
	手　形　割　引			0	0	0	0	0	0
	現　金・預　金			2	11	48	85	120	68
	経 常 運 転 資 金			219	260	317	332	418	464
	固 定 資 金 計			129	156	143	129	132	147
指標	自 己 資 本 比 率			1.68	2.55	2.78	2.95	3.16	3.39
	経 常 収 支 比 率			101.95	97.56	98.31	98.42	99.22	96.64
	償 却 前 利 益	← 経常収支異常		61	26	27	22	20	11
	借入金月商倍率			1,582	2,247	2,740	2,864	3,170	3,665
	受取勘定回転期間			2.10	2.16	2.19	1.99	2.02	2.04
	棚卸資産回転期間	在庫が増加する理由は?		0.92	0.96	1.23	1.46	1.73	2.17
	支払勘定回転期間			2.05	2.00	2.01	1.86	1.93	2.09
	借入金利子負担率			3.14	3.19	2.73	2.65	2.40	2.71

■下記状況で経常収支が連続マイナス(経常収支比率が100%未満)となる理由は考え難い。
　・売り上げに季節性はない。
　・売上ほぼ横這い。
　・低位横並びとは言え毎期利益を計上

■一般に利益が出ていればキャッシュが残るはずであり、経常収支はプラスとなるはず。上記状況で経常収支がマイナスとなる要因は、決算日直前にスポットの仕入れが発生したか、なんらかの事情で先行仕入れを行なったかくらいに絞られる。

■しかしながら、毎期このような特殊事情が発生することは無く、利益計上しているにもかかわらず経常収支がマイナスが頻繁に現れる場合は、実質赤字と判断できる。

売上ほぼ横這いの状況で棚卸は毎期増加する理由は下記の場合くらい。
　・決算期直後の特需が予定されているため収益機会を逃さないよう事前に商品を厚めに仕入れた。
　・一旦は売上に計上したが、返品された結果在庫となった。
　・実際は赤字だが、期末在庫を帳簿上増加させ原価率が低下したように見せかけ、黒字を装った。

第2章 定量(財務)分析

■すこし掘り下げてみよう！

図表Ⅱ－31

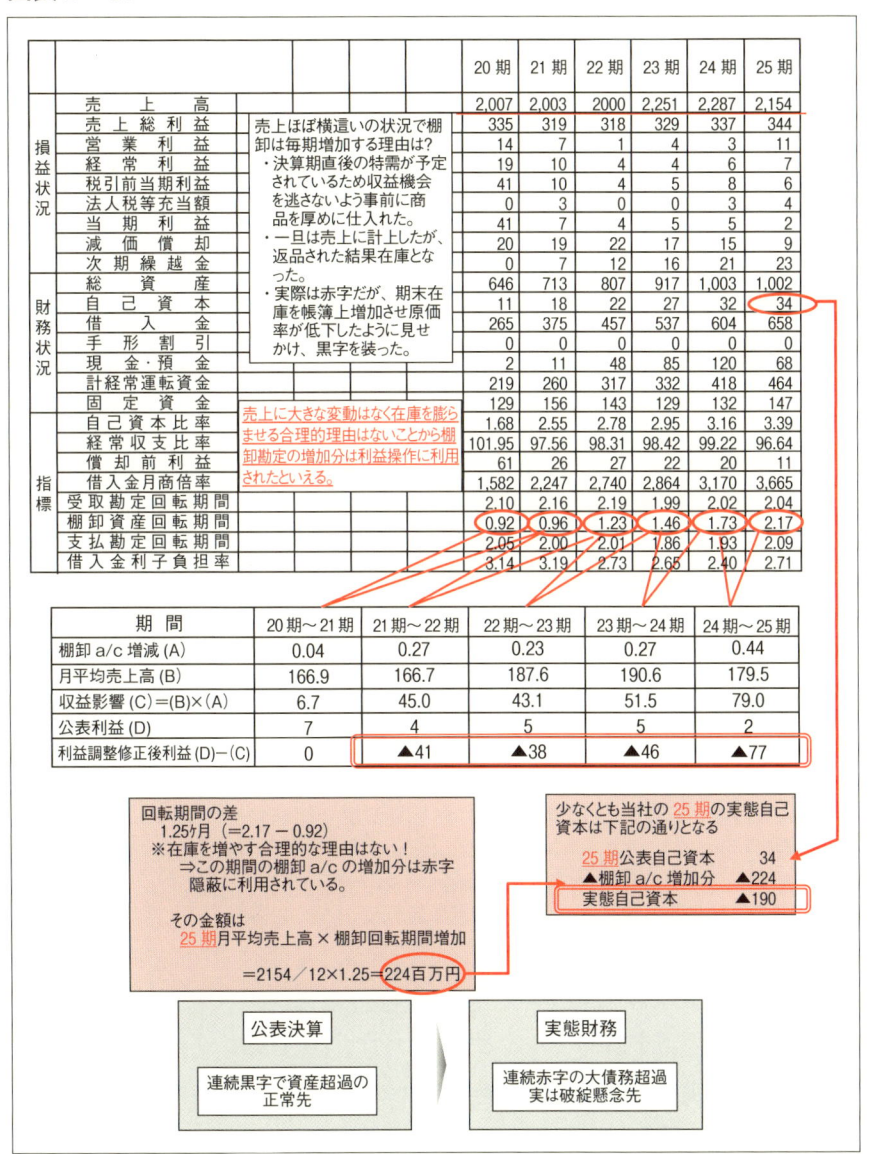

		20期	21期	22期	23期	24期	25期
損益状況	売上高	2,007	2,003	2000	2,251	2,287	2,154
	売上総利益	335	319	318	329	337	344
	営業利益	14	7	1	4	3	11
	経常利益	19	10	4	4	6	7
	税引前当期利益	41	10	4	5	8	6
	法人税等充当額	0	3	0	0	3	4
	当期利益	41	7	4	5	5	2
	減価償却	20	19	22	17	15	9
	次期繰越金	0	7	12	16	21	23
財務状況	総資産	646	713	807	917	1,003	1,002
	自己資本	11	18	22	27	32	34
	借入金	265	375	457	537	604	658
	手形割引	0	0	0	0	0	0
	現金・預金	2	11	48	85	120	68
	計経常運転資金	219	260	317	332	418	464
	固定資金	129	156	143	129	132	147
指標	自己資本比率	1.68	2.55	2.78	2.95	3.16	3.39
	経常収支比率	101.95	97.56	98.31	98.42	99.22	96.64
	償却前利益	61	26	27	22	20	11
	借入金月商倍率	1,582	2,247	2,740	2,864	3,170	3,665
	受取勘定回転期間	2.10	2.16	2.19	1.99	2.02	2.04
	棚卸資産回転期間	0.92	0.96	1.23	1.46	1.73	2.17
	支払勘定回転期間	2.05	2.00	2.01	1.86	1.93	2.09
	借入金利子負担率	3.14	3.19	2.73	2.65	2.40	2.71

売上ほぼ横這いの状況で棚卸は毎期増加する理由は？
・決算期直後の特需が予定されているため収益機会を逃さないよう事前に商品を厚めに仕入れた。
・一旦は売上に計上したが、返品された結果在庫となった。
・実際は赤字だが、期末在庫を帳簿上増加させ原価率が低下したように見せかけ、黒字を装った。

売上に大きな変動はなく在庫を膨らませる合理的理由はないことから棚卸勘定の増加分は利益操作に利用されたといえる。

期間	20期～21期	21期～22期	22期～23期	23期～24期	24期～25期
棚卸a/c増減(A)	0.04	0.27	0.23	0.27	0.44
月平均売上高(B)	166.9	166.7	187.6	190.6	179.5
収益影響(C)=(B)×(A)	6.7	45.0	43.1	51.5	79.0
公表利益(D)	7	4	5	5	2
利益調整修正後利益(D)-(C)	0	▲41	▲38	▲46	▲77

回転期間の差
1.25ヶ月 (＝2.17－0.92)
※在庫を増やす合理的な理由はない！
⇒この期間の棚卸a/cの増加分は赤字隠蔽に利用されている。

その金額は
25期月平均売上高×棚卸回転期間増加
＝2154／12×1.25＝224百万円

少なくとも当社の25期の実態自己資本は下記のとおりとなる

25期公表自己資本　　34
▲棚卸a/c増加分　　▲224
実態自己資本　　　　▲190

公表決算
連続黒字で資産超過の正常先

実態財務
連続赤字の大債務超過
実は破綻懸念先

■整理してみると！

　先に述べた10年ヒストリーの見方（粉飾の見つけ方）に従って整理してみると、下記の通り指摘ができます。なお、ここでは決算書については正しく連続していると仮定します。

図表Ⅱ－32

```
┌─────────────────────┐  ┌─────────┐  ┌─────────────────────┐
│粉飾発見のきっかけとなる│  │粉飾の見つけ方│  │その他ヒントとなることの多│
│財務指標の主なもの!!    │  └─────────┘  │い事項!!              │
│ 1. 回転期間の異常      │  ┌─────────┐  │ 1. 決算書不連続        │
│   （受取・棚卸・支払各勘定）│  │※少なくとも5年できれば│  │ 2. 不自然な法人税充当額│
│ 2. 経常収支の異常      │  │10年の期間で推移を分析│  │ 3. 業種的にみて売上高の│
│ 3. 金利負担率の異常    │  └─────────┘  │   推移が異常          │
│   （借入金利子負担率） │              │ 4. 低位横並びの利益計上│
└─────────────────────┘              └─────────────────────┘
```

	指摘事項	指摘理由
1	低位横並びの利益計上	21期以降は売上対比利益水準が低位で横並びとなっている。
2	経常収支異常	下記状況で21期以降経常収支が連続マイナス ・売上高の推移は22期〜25期において12.5％の大幅な増加を示しているものの、その他の期においてはほぼ横並びの状況にある。 ・販売に季節性はない。
3	回転期間の異常	棚卸資産回転期間に大きな異常感がある。 ・業種柄、毎期在庫を増加させる積極的な理由がない。
4	法人税充当額に異常	10年ヒストリーを見る限り繰越欠損はないと思われるものの、2005/3、2006/3には法人税の支払いはなく不自然。
5	借入金利子負担率	当行貸出金利は当社平均金利を大きく上回る。

■当社の現状を推論してみよう！

　以上の指摘事項を読んでみると、この会社は実質的に連続して赤字を計上しており、実態的には債務超過の会社であることが見えてきます。

赤字債務超過を疑う。
1）一時期売上が急増しているものの当社の売上高推移のトレンドはほぼ横這い。一方で経常収支は連続マイナスであり実態赤字が疑われる中で、利益は低位に推移している。
2）利益計上のからくりは各期の期末在庫の積増しであるが、在庫を積極的に積増す理由がない。
　　※以上から当社決算は下記の通り利益操作されており、実態赤字かつ債務超過である。
《利益操作》期中の棚卸資産 a/c の増加分は少なくともその期の赤字隠しに使われておりその金額はおよそ次の通り。
▲45百万円→▲43百万円→▲51百万円→▲79百万円。
（最終利益では▲41百万円→▲38百万円→▲46百万円→▲77百万円。この間の赤字だけをみても合計200百万円は赤字が在庫増を装って隠されており債務超過にあることを物語っている。）
※なお、下記の通り金融機関取引状況からも資金繰りが苦しく、金利が高くても貸してくれる金融機関から借り入れざるを得ない状況がうかがえる。25期に現預金が大きく減少していることも裏付けている。
①企業規模から見て、その他金融機関との取引が異常に多い。
②当行貸出金利は当社平均金利を大きく上回る。

（4）実態バランス・実資力を掘り下げる

　企業から金融機関に提出される決算書は、様々な理由から化粧されています。その化粧された決算書の下に隠された「素顔」を見極めることが求められます。

　つまり、公表されている決算書の資産が本当に価値があるかどうかを確認していくことが必要なのです。

図表Ⅱ-33

勘定科目		公表バランス	実態バランス修正	事業継続ベース	実資力修正	清算ベース（実資力）
流動資産		175,000	-56,000	119,000	-56,000	119,000
	現金・預金	55,000	0	55,000	0	55,000
	受取手形	0	0	0	0	0
	売掛金	21,000	0	21,000	0	21,000
	有価証券	0	0	0	0	0
	棚卸資産	12,000	0	12,000	0	12,000
	未収入金	44,000	-41,000	3,000	-41,000	3,000
	仮払金	2,000	0	2,000	0	2,000
	短期貸付金	15,000	-15,000	0	-15,000	0
	その他	26,000	0	26,000	0	26,000
	▲貸倒引当金	0	0	0	0	0
固定資産		1,235,000	-157,000	1,078,000	-255,000	980,000
	土地（本業部分）	300,000	0	300,000	-100,000	200,000
	土地（本業以外）	300,000	-160,000	140,000	-160,000	140,000
	建物・機械等（本業部分）	419,000	0	419,000	0	419,000
	建物・機械等（本業以外）	0	0	0	0	0
	投資有価証券（本業部分）	4,000	0	4,000	2,000	6,000
	投資有価証券（本業以外）	8,000	3,000	11,000	3,000	11,000
	長期貸付金	0	0	0	0	0
	その他	204,000	0	204,000	0	204,000
	▲貸倒引当金	0	0	0	0	0
繰延資産等		4,000	-4,000	0	-4,000	0
資産合計		1,414,000	-217,000	1,197,000	-315,000	1,099,000
流動負債		240,000	-3,000	237,000	-3,000	237,000
	支払手形	0	0	0	0	0
	買掛金	45,000	0	45,000	0	45,000
	短期借入金	151,000	-3,000	148,000	-3,000	148,000
	割引手形	0	0	0	0	0
	未払金	42,000	0	42,000	0	42,000
	その他	2,000	0	2,000	0	2,000
固定負債		950,000	0	950,000	0	950,000
	長期借入金	950,000	0	950,000	0	950,000
	その他	0	0	0	0	0
自己資本		224,000	-214,000	10,000	-312,000	-88,000
	資本金	10,000	0	10,000	0	10,000
	準備金	1,000	0	1,000	0	1,000
	剰余金	213,000	-214,000	-1,000	-312,000	-99,000
負債・資本合計		1,414,000	-217,000	1,197,000	-315,000	1,099,000

資産性のない流動資産は実質的な価値を「事業継続ベース」「清算ベース（実資力）」共に反映させる。

事業を継続的に行なうのに必要な資産は「売却して資金化できない」ことから、減価償却の不足を除き事業継続ベースでは考慮しない。一方、清算ベース（実資力）では、今すべての資産を現金化した場合の価値を把握する。

本ケースでは、事業継続ベースでは非債務超過（10百万円の資産超過）に見えるが、不測の事態等で当社が突然死したとすると、実は88百万円の資本不足であり全額の債務返済は困難な状況にあることになる。

別除権で保全されていない場合はロスを免れない。

別除権とは？
・破産手続や民事再生手続に左右されずに担保権の対象となる財産権（担保物権）を処分することで回収することができる権利。
　言い換えると破産手続や民事再生手続では原則債権者平等であるが別除権者は、担保権行使により弁済をうける権利を確保している。⇒担保取得は重要！

①　実資力の検討

　不幸にして企業が倒れた時に、企業の資産をすべてお金に換えて、債権者に対し返済が行なわれることになります。

　その時、例えば、在庫に目を向けてみましょう。在庫商品が決算書に記載されている金額の価値があれば、その在庫を処分することで見合う現金が回収され債権者に返済されることになります。しかし、価値があると見込んでいた在庫が実は不良品で販売困難なものであったらどうでしょうか。当然お金には換わらず、債権者への返済の合計も、それだけ少なくなることになります。

　財務的に言えば、在庫勘定で「自らを良く見せかける」ための化粧がされていたことになります。我々は、B/Sの資産項目に公表されているひとつひとつについて「公表簿価どおりにお金に換わるのかどうか」を検証していくことになります。

　この様な検討を通じて、**企業が倒産した場合の債権回収の可能性を検討**します。これを実資力の検討と言います。

②　実態バランスの検討

　一方で、もうひとつの視点があります。

　企業はその歴史の中で、自己資本の厚さに影響を与える様々なイベントを経験しています。

　例えば、バブル最盛期に10億円で購入した土地がバブル崩壊後の今は3億円の価値しかないと仮定してみましょう。実資力ベースで考えるとすべての資産を今現金化することを考えることから、固定資産土地に7億円の含み損を抱えていることになります。当社の公表自己資本が仮に4億円とするなら、実資力ベースでは3億円の債務超過（他に修正項目がないと仮定）が実態です。今倒れれば3億円分債権者に返済できない状況にあるこ

図表Ⅱ－34

> 実態バランス：<u>事業が継続していることを前提</u>とする。
> 実　資　力：会社を清算した場合に<u>すべての資産を現金に換えた</u>として「資本が残る？」か「債務超過となるか？」を把握する。

		実態バランス （事業継続ベース）	実資力 （清算ベース）
	特徴	・事業の運営に直接関わる固定資産の価値の変動を織り込まないことから当該企業の事業性、過去の収益力等読み取ることができる。企業の歴史に合わせて相応の蓄積が実態バランスに現れる。	最終的な債権者の回収見込みに直接影響する。 （銀行にとっても非常に重要）
固定資産	事業継続に直接関わる固定資産の含み損益の取扱（土地・建物・投資有価証券）	・事業を継続することを前提とすることから事業に使っている固定資産は売却できない。 ⇒事業に使用している固定資産は簿価算定。 含み損益は顕在化しないことから実態バランス（事業継続ベース）には反映させない。	・倒産したり事業を廃業したりすることもあることを想定 ⇒すべての資産の現在価値で実力を測る。 含み損益が顕在化することから、実資力（清算ベース）に反映させる。
流動資産	不良化した流動資産の取扱	流動資産が不良化するということはその流動資産が価値を失うということ。 ・不良在庫は売って現金にはならない。 ・売上げ（売掛金・受取手形）の回収不能は同様に現金として回収出来ない。 ・回収不能な未収入金は同様に価値はない。 ・信用力の劣る企業等（破綻懸念先以下）への貸付金は同様に回収に懸念があり価値を見出せない。 実態バランス・実資力ともに反映させる。	
	（短期保有目的の）有価証券	時価評価額を実態バランス・実資力に反映させる。	

とになります。

　しかしながら事業そのものを評価する立場に立つと、実資力で算出された「３億円の債務超過の会社」と言う評価は、次のような不合理を生みます。

　この会社が実態債務超過に至った理由は、事業の不振に理由があるわけではありません。事業は順調なのに、それ以外の理由（この場合は不動産の時価評価）で事業性を判断される恐れが生まれます。これこそ不合理と

いえます。

　そこで、事業に直接使っている資産については、売却しない（できない）との前提に立って、その資産にかかる含み損益は考慮しないで事業性を検討する考え方があります。**事業に直接関係する固定資産を売却すると、事業そのものの継続が困難になるとの考え方**に基づくものです。

　一方で、事業（本業）に直接使っていない資産（遊休資産・本業以外の賃貸物件等）について考えてみましょう。事業環境が悪化し、返済がきびしくなった場合には、事業に直接使っていない資産は、**時価で売却して負債の圧縮にあてることによって、本業の危機を乗り越えることも可能**となります。従って本業に直接使用している資産以外の固定資産については、実資力と同様に時価で算出することになります。

　これが、実態バランスの考え方です。

③　実態バランスを重視すると陥り易い罠がある！

　金融機関にとって重要なのは言うまでもなく、**最終的な回収可能性を見極めることになる実資力**です。

　中小企業は財務基盤が脆弱で、ちょっとした影響で倒産するリスクを抱えています。堅実に経営して着実な結果を残していた中小企業が、経営者が世代交代した途端に左前となり倒産に至った例はよくある話です。従って、中小企業取引を行なう上では倒産リスクを常に意識し、最終的な回収可能性を検討しておく必要があります。

　しかしながら実態バランスで表現される実態自己資本は、本業に直接使っている固定資産の含み損益を考慮していないため、**本当の財務の実力を表していない**ことに留意しておく必要があります。バブル崩壊ならびにデフレ経済の中で、多くの企業が固定資産に多額の含み損を抱えているのが実情です。

実態バランスでの自己資本が最終的な回収可能性を示していると錯覚するケースが多く見受けられます。気をつけてください。

④ 実資力の重要性とは

地域金融機関のビジネスモデルは「リレーションシップバンキング」であることはすでに述べた通りです。しかしながら、中小企業の財務体質は総じて脆弱であることも事実です。それだけ地域金融機関は、大きなリスクのある取引を行なっているのです。中小企業は、ちょっとした事件（取引先の倒産等）や経済イベントの影響で簡単に飛んでしまう危険性を常に孕んでいるのです。

地域金融機関の立場で考えてみましょう。実態バランスは事業の実力を把握するためには相応に有効性はあります。しかしリスクの高い取引をしているということは、金融機関の予測を超えて破綻することも多いということです。中小企業を取引の太宗とする地域金融機関はいつでも、突然の破綻に備えて最終的な回収可能性を検討しておくことは当然のことなのです。

（事例１） 簿価＞時価の場合

事例で考えてみましょう。考え易くするために変数は本業にかかる工場敷地に絞ってあります。流動資産の中には不良なものはありません。工場敷地は、購入簿価（購入時の価格）は500百万円です。しかし、その後の地価下落の影響を受けて、現在では200百万円でないと売れない状況です（なお、B/Sは簡素化しています）。

事業継続を前提とする実態バランスでは、**本業に直接使っている資産は売却できない（売却すると事業ができない）前提**で考えます。したがって実態バランス上の土地（本業部分）評価は購入簿価（決算書上の公表簿価）がそのまま計上されます。

第2章　定量（財務）分析

本業にかかる工場敷地
簿価 500百万円
時価 <u>200百万円</u>

本業にかかる工場建物
簿価 150百万円
時価 150百万円

実資力の重要性を理解するために変数を絞って考えてみよう！

勘定科目		公表バランス	実態バランス修正	実態バランス	実資力修正	実資力
流動資産合計		1,000		1,000		1,000
固定資産合計		950		950	△300	650
土地	（本業部分）	500		500	△300	200
	（本業以外）					
建物	（本業部分）	150		150	0	150
	（本業以外）					
その他固定資産		300		300		300
資産合計		1,950	0	1,950	△300	1,650
流動負債合計		1,200		1,200		1,200
固定負債合計		600		600		600
自己資本		150		150	△300	△150
負債資本合計		1,950		1,950		1,650

実態バランスでは債務超過となっていないように見えるが、見込み違いで倒産すれば実際は債務超過になっており、債権者にとってロスが生まれる結果となる。

実態バランスでは本業にかかる固定資産の含み損益は考慮しない。

　一方、実資力では、安定して経営していける企業と見ていたにもかかわらず**不幸にして破綻した場合を想定**します。債権者に資産を処分して返済しなければなりません。

　資産勘定の土地（本業部分）に注目してください。実態バランスベースでは本業部分の土地ですので、300百万円の含み損があっても、そのまま購入簿価500百万円が計上されます。しかし、不幸にして破綻すれば事業を継続できず、時価200百万円で売却し返済に充当する必要があります。これを自己資本で見てみると、150百万円自己資本の厚みがあり体力の残っている会社に実態バランスベースでは見えてしまいます。しかし、実際は150百万円ほど債権者に返済できない状況にあるのです。

111

（事例２）　簿価＜時価の場合

　一方、次の事例を考えて見ましょう。同じく変数は、本業に直接使用している工場敷地だけです。ただ、この事例では、工場用地を取得したのが終戦直後でありその時の購入価格が10百万円であったとします。バブルの最盛期であれば600百万円の価値がありました。バブル崩壊後のいまでも300百万円の価値があります。土地の含み益が、290百万円ある企業ということです。

　この企業は商品開発力に定評があるのですが、ここ何年かはヒット作に恵まれていません。その結果、最近では赤字決算が続き、公表決算では140百万円の債務超過になっています。金融機関も商品開発力に期待し、一生懸命支援してきました。

　実態バランスベースでは、事業継続を前提としていることから工場敷地に、290百万円の含み益があっても売却は考えません。従ってその含み益を享受することはできません。実態バランスベースの自己資本は、公表と

本業にかかる工場敷地　　本業にかかる工場建物
　簿価　　10百万円　　　　簿価　　150百万円
　時価　　300百万円　　　　時価　　150百万円

与信判断では実資力を見極めることが重要（特に低格付先では！）

勘定科目		公表バランス	実態バランス修正	実態バランス	実資力修正	実資力
流動資産合計		1,000		1,000		1,000
固定資産合計		660		660		950
土地	（本業部分）	10		10	290	300
	（本業以外）					
建物	（本業部分）	150		150		150
	（本業以外）					
その他固定資産		500		500		500
資産合計		1,660	0	1,660	290	1,950
流動負債合計		1,000		1,000		1000
固定負債合計		800		800		800
自己資本		△140		△140	290	150
負債資本合計		1,660		1,660		1,950

実態バランスでは本業にかかる固定資産の含み損益は考慮しない。

実態バランスでは債務超過となっているが、今倒産しても、あるいは事業を廃業しても、すべての資産を現金に替えることによって債権者に全額弁済できる状況にあることを示す。

同じ140百万円の債務超過です。

　設定を少し加えてみましょう。

　この企業、金融機関は商品開発力に期待して、我慢を重ねて支援してきました。その甲斐があって、競争力のあるすばらしい商品を開発できました。この商品は従前からある販売ルートに乗せて飛躍的に販売が拡販する見込みがあります。そんな折に、社長から、「新商品の生産ライン整備のため1億円の設備投資を行ないたい」と申し出がありました。

　取引金融機関が、実態バランスばかり見ていたらどうでしょうか。公表では140百万円の債務超過です。拡販の見込みがあると社長から説明を受けても、更に100百万円の融資を追加するのに躊躇するでしょう。すくなくとも慎重になり、結論まで相当な時間がかかるはずです。

　もし、この金融機関が実資力まで把握していたとしたら、どうでしょう。100百万円の設備投資資金を融資した結果、目論見通り行かなくて破綻したとします。企業は資産を売却して債権者に返済することになります。この金融機関は最終的にこの100百万円は回収できることになります。言い換えると、投資をするという社長の決断に対し、積極的に背中を押してあげることができます。企業から見て、どれほど頼りになる金融機関に見えるでしょう。メインが躊躇しているようなら、取引を覆すきっかけになるはずです。将来この企業が目論見通りに回復し成長してくれれば、それこそ金融機関職員にとって冥利につきる話なのです。

■金融機関も取引先も我慢を重ねてやっと優れた商品を開発できたとしよう！
※公表バランス・実態バランスが債務超過であっても実資力を把握しておけば、「将来の発展のための投資を行ないたい」との申し出に対して背中を押してあげることができる。

■投資が成功し企業が発展すれば、お客様は親派となり、よっぽどの事がない限り取引が揺らぐ事はない。
※金利競争に負けない「信頼に基づく強い取引関係」を築くことができる。

（5）損益分岐点分析

① 変動費・固定費の性格を理解する

　財務用語には、よく損益分岐点分析という言葉が出てきます。費用を固定費と変動費に分解し、売上の増減によって動く変動費を把握の上、赤字にならない売上高の算定や目標利益を達成するための売上高の把握に活用します。

　企業が自ら事業計画のシミュレーションで使うなら問題はないのですが、金融機関が企業実態把握で利用する場合は多少事情が異なります。中小企業の財務は信頼性に乏しいため、シミュレーションソフト（キャスター分析等）で表示された損益分岐点などももともと信頼性に乏しいのです。

　しかし損益分岐点分析の仕組みを理解しておくことは企業の実態を見抜く上で、大いに役立ちます。そのポイントを整理しておきましょう。

　損益分岐点が自分で計算できなくても構いません。法人担当者の入り口としては、この程度を理解できていれば十分です。
①固定費は売上が下がっても簡単に減らない。
②売上が落ちているのに費用（固定費＋変動費）が同じような比率で落ち

図表Ⅱ-35　変動費・固定費の性格を理解

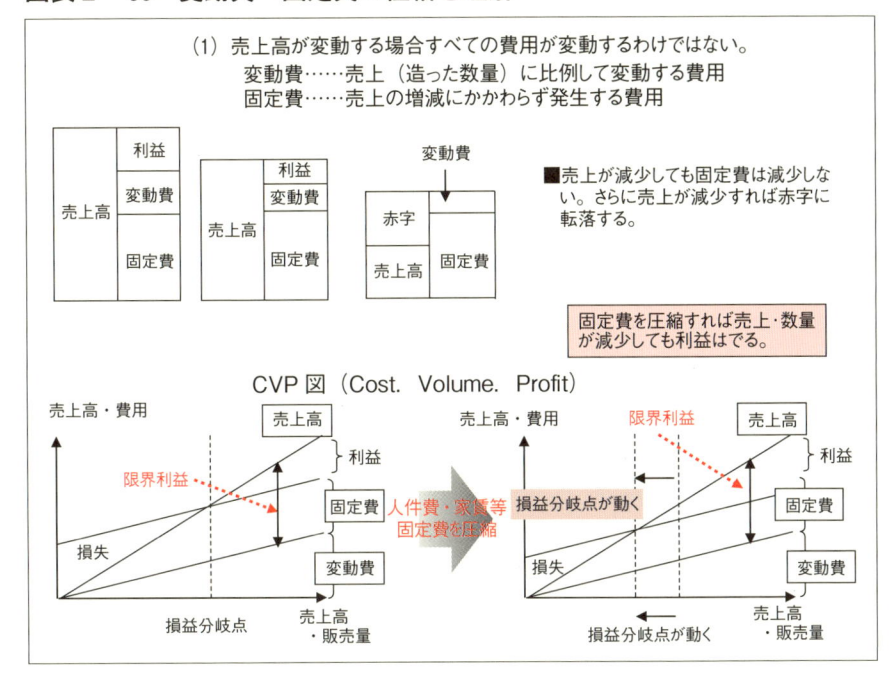

(1) 売上高が変動する場合すべての費用が変動するわけではない。
　　変動費……売上（造った数量）に比例して変動する費用
　　固定費……売上の増減にかかわらず発生する費用

■売上が減少しても固定費は減少しない。さらに売上が減少すれば赤字に転落する。

固定費を圧縮すれば売上・数量が減少しても利益はでる。

CVP図（Cost. Volume. Profit）

るわけがない。

　変動費と固定費とよく聞きますが、入門書レベルで整理されたものを見たことがありません。単語を知っていても十分入門レベルで理解されない理由がここにあるかもしれません。図表Ⅱ-36は「中小企業の原価計算指標」（中小企業庁編）による分類です。参考にしてみてください。

　また、再生の場面では注意が必要です。固定費の削減で即効性をもって成果が期待できることから、金融機関職員は簡単に余剰人員の削減や給与水準の改定を口にしがちです。しかし有能な人材の流出や社員のモチベーションの低下を招く恐れがあることを理解しておくべきです。

　なお、**再生の場面では、役員報酬は変動費と考えるべき**であることを添えておきます。経営責任もあり、真っ先に手をつけるべき費用項目である

図表Ⅱ－36

	変動費となる項目	固定費となる項目
建設業	材料費、労務費、外注費仮設経費、動力用水、光熱費（完成工事原価のみ）運搬費等経費、設計費	労務管理費、公租公課、地代、家賃、保険料、法定福利費、福利厚生費、事務用品費、通信交通費、交際費、補償費、その他経費、役員報酬、従業員給料手当、退職金、修繕維持費、調査研究費、広告宣伝費、支払利息・手形売却損、減価償却、動力・用水・光熱費、その他営業費
製造業	直接材料費、買入部品費、外注工賃、その他直接経費、燃料費、製品仕入原価、物品税、販売運賃	労務費、福利厚生費、賄費、減価償却費、賃借料、保険料、修繕料、電力料、ガス料、水道料、旅費・交通費、その他製造経費、通信費、交際接待費、消耗品費、広告宣伝費、役員給料手当、事務員・販売員給料手当、支払利息・手形売却損、租税公課、その他販売管理費
販売業	売上原価、運賃、荷造・保管料、車両燃料費、販売手数料（小売業の車両費は固定費にあたる）	販売員給料手当、車両修繕費、消耗品費、販売員旅費、交通費、通信費、広告宣伝費、その他販売費、役員給料手当、事務員給料手当、賄費、福利厚生費、減価償却費、交際接待費、土地建物賃借料、保険料、支払利息・手形売却損、租税公課、その他営繕費
サービス業	直接材料（商品）費、光熱・水道・動力費、外注費	従業員給料手当、役員給料手当、福利厚生・賄費、消耗品費、広告・宣伝費、車両燃料・修理費、土地建物賃借料、減価償却費、保険料、支払利息・手形売却損、租税公課、その他営繕費

出典：中小企業庁編「中小企業の原価指標」より加工

からです。

② 損益分岐点分析（参考）

損益分岐点分析で用いる計算式を、図表Ⅱ－37に記載しておきます。必要となったら業種ごとの変動費項目と固定費項目を参考に算出してみてください。

なお、**算出式については覚える必要はありません**。必要な時に何かの参考書を見ながら計算すればいいのです。中学や高等学校や大学入試を受け

ているわけではありません。大学時代に「何を持ち込んでも可」という試験があったと思いますが、それと一緒です。金融機関職員に限らず社会人になると、「持ち込み可」の試験を毎日真剣勝負で受けているのと一緒なのです。

覚えることに時間をかけるよりも、**「何処を見れば解決するか」を知っておく方がよっぽど効率的**なのです。

図表Ⅱ－37

主要算式	備　考
限界利益＝売上高－変動費	■限界利益が「0」の時、損益分岐点を示す。
限界利益率＝$\dfrac{限界利益}{売上高}\times 100$	■限界利益は売上に比例する。
変動費率＝$\dfrac{変動費}{売上高}\times 100$	■変動費率が高いと、売上減少に対するストレス耐性が大きい。逆に固定費率が大きいと僅かな売上減少で赤字に陥り易い。
目標売上高＝$\dfrac{固定費＋目標利益}{1－変動費率}$	■現有の体制で目標利益を達成するために必要な売上高を導く。
損益分岐点売上＝$\dfrac{固定費}{1－変動費率}$ 　　　　　　＝$\dfrac{固定費}{限界利益率}$	■売上高が変化すれば変動費も同じ割合で変化する。売上高から変動費を引いた限界利益も同じ割合で変化する。
経営安全率(%)＝$\dfrac{売上高－損益分岐点売上}{売上高}$	■売上高が何％落ちれば赤字になるかを示している。

第2章 まとめ

① 決算書を作る知識と決算書を読む知識は別物
  ・「P/L と B/S」の構造を理解し、経営者の立場で考えることが肝要
② 信用格付と与信判断は別物。格付に頼った与信判断は危険
③ 財務分析をする上での基本認識
  ・決算書は化粧されている。
  ・不動産は嘘をつかない。
  ・債務者は豹変する。
④ 財務分析と与信判断のキーワード
  ・「原理と原則」「仮説と検証」「常識と見識」 そして「迷ったら原点に帰れ！」（原点とは、決算書諸表明細の原本、現場）
⑤ 財務分析の勘所
  ・B/S と P/L は本来一体のもの。
  ・粉飾は箱で考える。
  ・中小企業の粉飾の80％は在庫で行なわれている。
  ・短期での動きのみならず長期的な変化（10年の財務的な変化）をとらえる。
⑥ B/S 実態のとらえ方には「事業継続ベース」と「企業清算ベース」があり、特徴を理解する。
⑦ 損益分岐点分析で入門レベルで必要なのは次の2点。計算式を覚える必要はない。必要な時に「何処をみれば解決するか」が整理できていればよい。
  ・固定費は売上が下がっても簡単に減らない。
  ・売上が落ちているのに費用（固定費＋変動費）が同じような比率で落ちるわけがない。

第3章

借入申込案件の検討
（資金使途分析）

第1節

本当の資金使途をつかもう！

　実際の融資は、お客様からの借入申込みから始まります。また金融機関は**迅速に対応し適切に融資につなげる**ことを求められます。

　もちろん融資判断を行なうためには、企業の実態を承知しておく必要があります。つまり**「何にお金を必要としているのか」**について十分に認識しなければなりません。

　「お金を必要とする理由」が判明すれば、「返済条件、返済期間、返済方法」は必ずリンクします。たとえば、販売を目的に商品仕入資金を借りたのであれば「商品を売った代金」でその借入を返済すべきです。煎餅を焼く機械を購入するお金を借りたのなら、その機械が支障なく稼働しているうちに生み出すキャッシュで返済すべきです。

　商品仕入で融資した資金を、商品が売れて代金を受取っているにもかかわらず返済せずに、取引先が株式投資に回したとします。その後株式相場が暴落したとしたら取引先は**返済する財源を失い、金融機関は大損害を被る**ことになります。一方、煎餅を焼く機械を、半年後の一括返済の条件で融資したらどうなるでしょう。取引先は返済財源を確保できず、企業の存続面で窮地に立たされることになります。

　この機械が支障なく動く期間を5年と想定して話を続けてみましょう。返済条件を10年の元金分割返済として融資を行なったとします。機械も老朽化します。いずれ買い換える時期が来ます。その限界を5年とします。通常はその期間を**「法定耐用年数」**として示されます。法定耐用年数の範囲の5年分割返済より10年分割返済の方が毎月の返済額は少なくなることから、一見企業には資金繰りの観点から有利のように見えます。しかし、

第3章 借入申込案件の検討（資金使途分析）

当社は5年後に今の機械を破棄し新たな投資を必要とすることになります。すでに破棄した機械の購入資金の返済が残っている上に、新たな機械の購入資金の返済が加わることになります。**取引先は将来大きな負担を負う**ことになり、場合によっては資金繰りを圧迫し、経営破綻という事態に至ることもあるかもしれません。

本章では、「資金必要理由」と「返済条件、返済期間、返済方法」の原則を明らかにしていきます。

ここがポイント！

借入申込案件の検討は、本来の資金必要理由をつかむことから始まる。
- 資金を必要とする理由が判明すれば、「返済財源、返済期間、返済方法」は必ずリンクする。
- 「資金必要理由」と「返済財源、返済方法、返済期間」のミスマッチは、双方（貸し手と借り手）に害をなす！
- 原則に沿った対応は、金融機関のリスクの軽減と、資金繰りの面からも企業にとって望ましい資金調達方法を提示することになる。
- 「本当の資金使途」を把握するということは「企業の実態」を把握することにつながる。

（1）融資案件発生時の流れと留意点

金融機関は同じ融資をするなら感謝される融資にしたいものです。日頃より取引先の状況を把握しておきさえすれば、事前に必要な資金や必要な時期と金額も把握できるものです。

図表Ⅲ－1

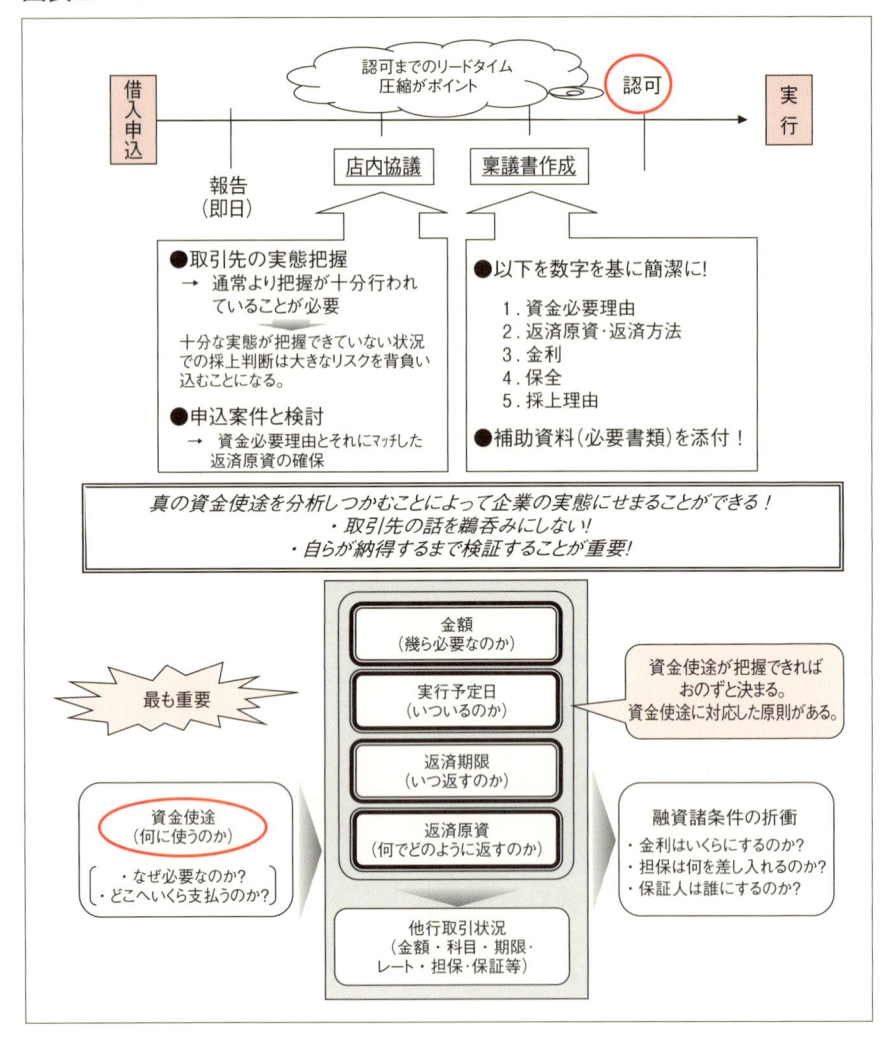

```
借入申込 ────┬──────── 認可までのリードタイム ──── 認可 ──→ 実行
             │              圧縮がポイント
          報告          店内協議      稟議書作成
         （即日）
```

●取引先の実態把握
　→ 通常より把握が十分行われ
　　 ていることが必要

十分な実態が把握できていない状況
での採上判断は大きなリスクを背負い
込むことになる。

●申込案件と検討
　→ 資金必要理由とそれにマッチした
　　 返済原資の確保

●以下を数字を基に簡潔に！
　1．資金必要理由
　2．返済原資・返済方法
　3．金利
　4．保全
　5．採上理由

●補助資料（必要書類）を添付！

真の資金使途を分析しつかむことによって企業の実態にせまることができる！
・取引先の話を鵜呑みにしない！
・自らが納得するまで検証することが重要！

金額
（幾ら必要なのか）

実行予定日
（いついるのか）

返済期限
（いつ返すのか）

返済原資
（何でどのように返すのか）

他行取引状況
（金額・科目・期限・
レート・担保・保証等）

最も重要

資金使途
（何に使うのか）
・なぜ必要なのか？
・どこへいくら支払うのか？

資金使途が把握できれば
おのずと決まる。
資金使途に対応した原則がある。

融資諸条件の折衝
・金利はいくらにするのか？
・担保は何を差し入れるのか？
・保証人は誰にするのか？

（2）お金が必要なケースとは？

　資金使途を分類する場合「長期資金」「短期資金」で分類する場合が多いようですが、ここでは資金用途別に、「資金必要理由」と「返済条件、

第3章 借入申込案件の検討（資金使途分析）

返済期間、返済方法」の相関を整理してみましょう。第1章でも使用した図表ですが、改めて見てみましょう。

図表Ⅲ－2

資金使途（何に使うのか？）確認がもっとも重要

【考え方の基本】
- 資金を必要とする理由が何かある。
  ↓
- すべてが過去と大きく変らない状況（条件）で商売がおこなわれているとすると新しく資金を必要とすることはない。

理由に合理性があるか？

資金を融資するには十分な合理性が必要

- 資金の必要理由（資金使途）によって返済の財源は異なり返済方法は決まる。
- 資金使途の確認資料を徴求することは案件組成には決算書徴求するのと同じ程重要

資金使途の確認および資料徴求は常識
・試算表、月別売上仕入計画、受取支払条件、資金繰表等による運転資金の確認
・建築確認書、工事請負契約書、図面、見積書、売買契約書等

【資金が必要となる理由（例）】
- 店舗を改装する。
- 仕入れを増やす。
- ボーナスを支払う。
- 税金を支払う。
- 赤字が発生し補填資金がいる。
- 取引先（売先）に焦げ付きが発生し、予定の売却代金の入金がない。
- 取引先（売先）から支払いの延長を求められた結果、入金が遅れて支払資金が足りない。
- 売れるとの見込みで仕入れた商品が見込み違いで在庫となり仕入れ資金の決済資金が足りない。
- 仕入先から現金での支払いを求められた。

等

【資金使途の類型】
- 運転資金
  - 経常運転資金
  - 増加運転資金
  - 減産資金
- 一時資金
  - 季節資金
  - つなぎ資金
  - 決算資金
- 滞貨資金
- 赤字資金
- 貿易関連資金
  - 輸出前貸
  - 輸入資金
- 投融資資金
- 設備資金
  - 生産設備資金
  - 販売力拡充設備資金
  - 合理化資金
  - 更新投資資金

等

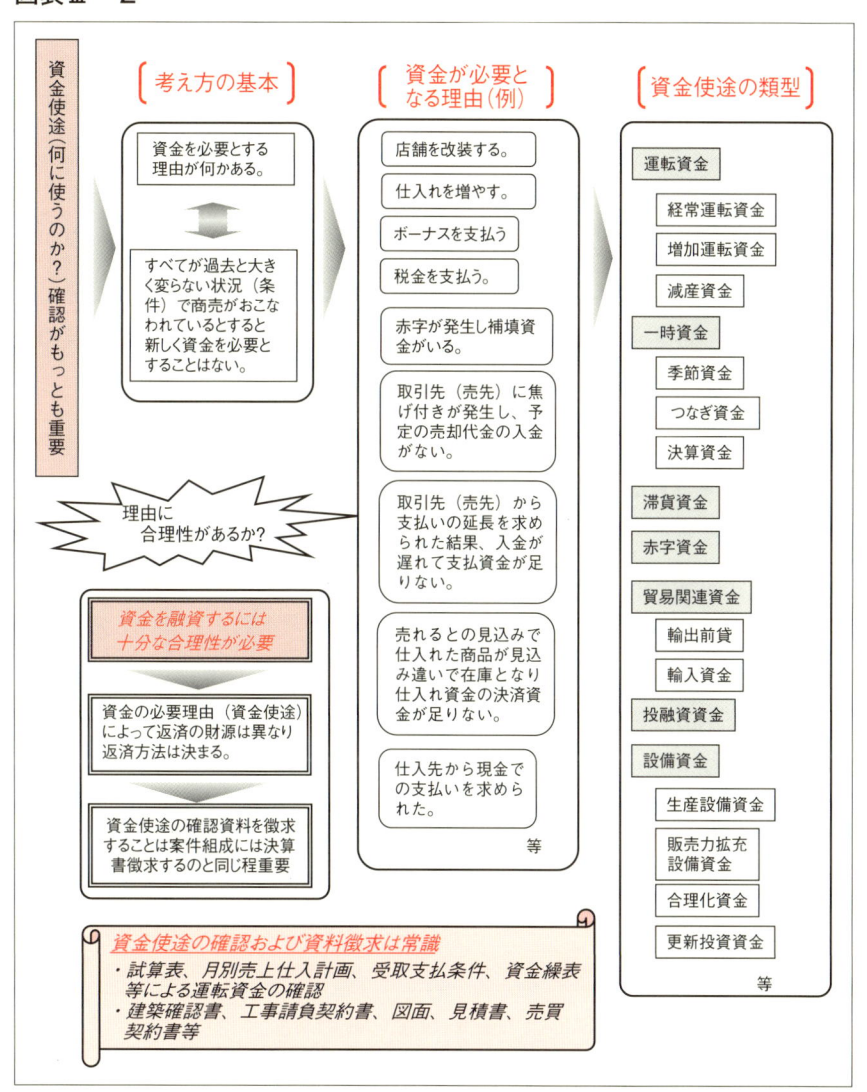

123

第2節

資金使途の類型

（1）運転資金の定義

　金融機関の職員が初めて融資案件に取組む場合、運転資金から入ることが多いようです。前回の経常運転資金の稟議を渡されて「参考にしながら取り組むように……」と言われて取り組むパターンです。会社が巡航速度で運転されている場合は特に問題になるようなことはありません。初めて若い職員が稟議書を作成する場合の最も一般的な風景です。

① 融資は運転資金に始まり運転資金に終わる

　しかし、運転資金は実に奥深いといえます。会社業績が順調に伸びているときに発生する増加運転資金や、逆に売上が大きく減少することから発生する減産資金や在庫調整資金もあります。赤字発生による収入不足を補うための赤字補填資金なども運転資金として取り扱われる場合があります。**実に多様なのが運転資金**です。

　言い換えると、入門編として取り組み易いのですが、**最も難しくて理解に時間がかかるのも運転資金**なのです。たとえば設備資金は設備する目的がはっきりしていることから、資金必要理由の把握は単純です。設備の目的の売買契約書や工事請負契約書で確認できます。しかし**運転資金は取引先企業の実態を正しく把握して初めて「本当の理由」が理解**できるのです。

　融資は「運転資金にはじまり運転資金に終わる」と言われるのはその為なのです。

② 運転資金の定義

運転資金は、流動資産に投下された資金で、現金、預金、一時所有の有価証券、受取債権、棚卸資産、前払費用等を資金概念でとらえ、設備資金と対称にあるものをいいます。

・**経常運転資金**

企業が一定の規模の営業活動を維持していくうえで必要な運転資金。

・**増加運転資金**

売上増などで業容が拡大していく過程で経常運転資金の必要額も増大する。この増加部分が増加運転資金にあたる。

・**減産資金**

生産量減少や売上不振によって発生する運転資金。

（2）資金性格別に資金調達状況を整理してみよう！

下記の運転資金算定表は資金性格（長期固定資金、運転資金、その他資金）別にB/Sを整理したものです。一般的には見かけない整理の仕方ですが、この整理に従ってB/Sを縦に並び替えたものです。最後の区切りである「資金調達」で資金尻があっています。**運転資金と増減と調達した資金の運用を同時に把握できる簡単で優れた見方**です。勉強してみてください。

「固定資金」を「自己資本と長期負債」で賄われていれば債権者からすぐに返済を求められても、ただちに期限の利益を失うわけではないことから経営は比較的安定的といえます。

「受取勘定と棚卸勘定」から「支払勘定」を差引いたものが正味の運転資金です。プラスの場合は短期の運転資金を必要としており、マイナスの場合は逆に運転資金のいらない会社です。

「その他流動資産」から「その他流動負債」を引いたその他資金は、通

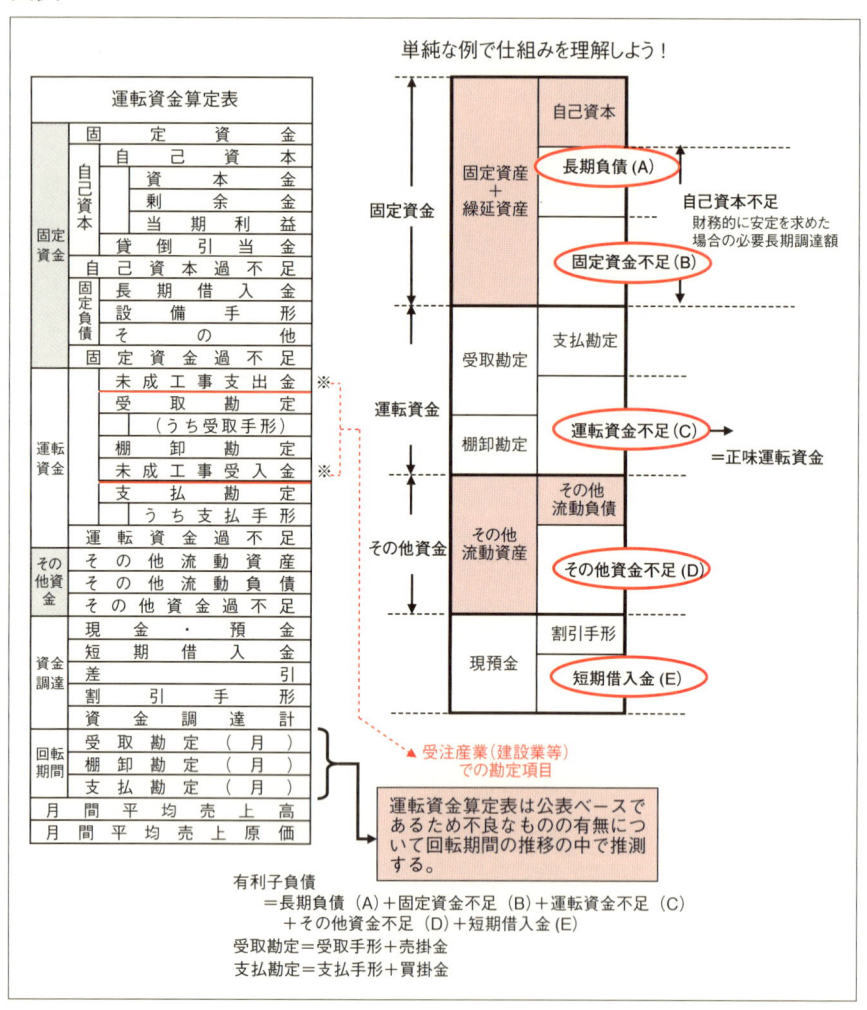

図表Ⅲ－3

運転資金算定表		
固定資金	固定資金	
	自己資本	資本金
		剰余金
		当期利益
		貸倒引当金
		自己資本過不足
	固定負債	長期借入金
		設備手形
		その他
	固定資金過不足	
運転資金	未成工事支出金 ※	
	受取勘定	
	（うち受取手形）	
	棚卸勘定	
	未成工事受入金 ※	
	支払勘定	
	うち支払手形	
	運転資金過不足	
その他資金	その他流動資産	
	その他流動負債	
	その他資金過不足	
資金調達	現金・預金	
	短期借入金	
	差引	
	割引手形	
	資金調達計	
回転期間	受取勘定（　月）	
	棚卸勘定（　月）	
	支払勘定（　月）	
	月間平均売上高	
	月間平均売上原価	

単純な例で仕組みを理解しよう！

固定資金：固定資産＋繰延資産　←→　自己資本／長期負債(A)／固定資金不足(B)
　　　　　　　　　　　　　　　　　　　自己資本不足　財務的に安定を求めた場合の必要長期調達額

運転資金：受取勘定／棚卸勘定　←→　支払勘定／運転資金不足(C)　＝正味運転資金

その他資金：その他流動資産　←→　その他流動負債／その他資金不足(D)

現預金　←→　割引手形／短期借入金(E)

▲ 受注産業（建設業等）での勘定項目

運転資金算定表は公表ベースであるため不良なものの有無について回転期間の推移の中で推測する。

有利子負債
　＝長期負債（A）＋固定資金不足（B）＋運転資金不足（C）
　　＋その他資金不足（D）＋短期借入金（E）
受取勘定＝受取手形＋売掛金
支払勘定＝支払手形＋買掛金

　常は小額なため、あまり議論の対象にはなりません。仮にその他流動資産の額が無視できない程度あるとしたら、不健全な資産運用（株式投資等）がされている可能性があり注意を要することになります。
　回転期間については、過去数年（最低でも三年）程度の動きに留意して

不自然な増減がないかを監視します。合理的な理由がなく受取勘定が増加していれば、売先の倒産などが正しく処理されないまま受取勘定に計上されている可能性等を疑うことになります。棚卸勘定がやはり合理的理由がないのに増加しているようなケースは不良在庫や架空在庫の存在を疑うことになります。

支払勘定が増加しているような場合は、資金繰りが厳しくなっている場合を疑ったり、逆に短くなっている場合は、その状況を通り越して、すでに商品や原材料の仕入が困難な状況に陥っている可能性を検討する必要が生まれます。場合によっては、**循環取引によって売上を水増しするなどして、元気のいい企業に見せかけている**場合もあります。

豆知識

■循環取引とは

　通謀し商品の転売や業務委託などの相互取引を繰り返すことで、売上高を計上する取引手法

・商品やサービスは最終消費者・需要化に販売されず、当事者・業者間で転売が繰り返される。本来の売上は発生しない。
・商社や卸売業者では、商品在庫の多寡を背景に、業者間で在庫を調整しB/Sを適正に維持する商慣習は古くから存在する。よって、商品の転売行為そのものを違法行為として取り締まる法的根拠はない。
※近時では、商品の移転を伴わないまま伝票の上だけで資金貸借（売上伝票で資金を調達、支払伝票で返済）を行なう場合が散見されており注意を要する。
※循環取引が立件・摘発の対象となるケース
・循環取引により企業の成長性が高いように見せかけることが可能となる。いかにも元気な会社と見せかける（実態を隠す）ことにより金融機関の融資を引出したり、起債等を有利に導く目的で行なわれた場合は立件・

摘発の対象となる。

（3）運転資金

① 経常運転資金

　企業が**一定の規模の営業活動を維持していくうえで必要な運転資金**を言います。別の言い方をすれば、貸借対照表の中から経常運転資金に該当する項目を流動資産と流動負債毎に集計し、その合計の差額として算出すると言うことになります。

図表Ⅲ－4

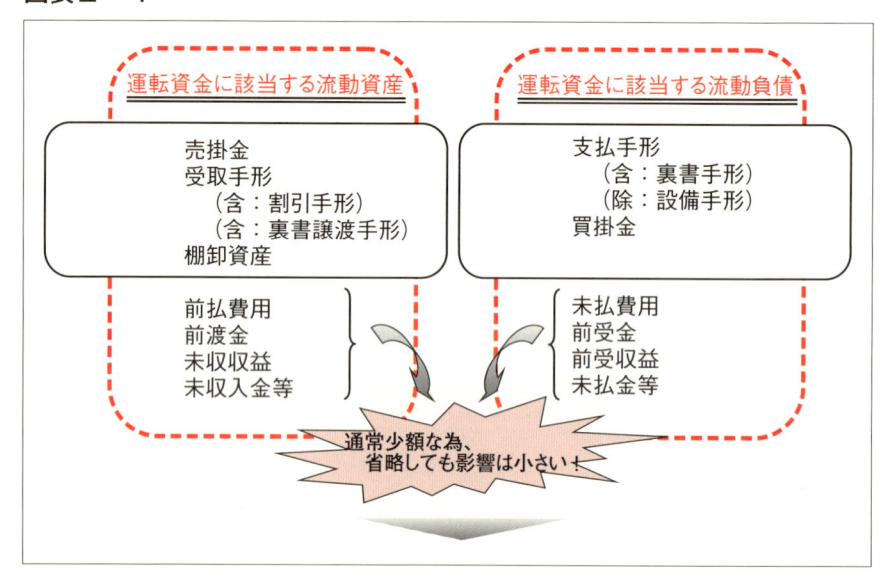

```
運転資金に該当する流動資産              運転資金に該当する流動負債

売掛金                                    支払手形
受取手形                                    （含：裏書手形）
  （含：割引手形）                          （除：設備手形）
  （含：裏書譲渡手形）                    買掛金
棚卸資産

前払費用                                 未払費用
前渡金                                   前受金
未収収益                                 前受収益
未収入金等                               未払金等

           通常少額な為、
        省略しても影響は小さい！
```

■厳密には！

　厳密には図表Ⅲ－4の左側の破線部分が「運転資金に該当する流動資産」であり、右側が「運転資金に該当する流動負債」ということになります。厳密にはこの差額を運転資金ととらえることになります。

第3章　借入申込案件の検討（資金使途分析）

■一般的には！

　一方で「売掛金、受取手形、棚卸資産」「支払手形、買掛金」以外は通常少額な為、省略しても大きな影響はありません。そこで一般的には経常運転資金を下記の算式で示すことになります。

> 経常運転資金の基本算式
> ＝売上債権（売掛金＋受取手形）＋棚卸資産－買入債務（支払手形＋買掛金）

図表Ⅲ－5

勘　定	項　目	計算式
売上債権残高	売掛金残高	月平均売上高×売掛期間（月）
	受取手形残高	月平均受取手形回収高×手形サイト（月）
棚卸資産残高	原材料残	月平均材料費×原材料手持期間
	仕掛品残	｛（月平均材料費＋月平均製造原価）÷2｝×製造期間
	製品残	月平均売上原価（または製造原価）×製商品在庫期間（月）
買入債務残高	買掛金残高	月平均仕入高×買掛期間（月）
	支払手形残高	月平均支払手形発行額×手形サイト（月）

　通常の商取引では、物品小売業を除き現金取引されることは少なく、「売り手」と「買い手」の双方で、商品の受渡しの後の代金決済について約束が行なわれます。これが受取条件であり支払条件といわれるものです。「10日締め、翌月末回収（支払）、現金手形比率4：6、手形サイト3ヶ月」という形で示されます。

　金融機関職員は、**仕入販売計画（実績）と取引条件から必要な運転資金の把握**ができなくてはなりません。理論値と実際の決算書あるいは試算表との数値に乖離があればその原因を解明する必要があります。後に触れる資金繰り（第6章）を理解するためにも大切な事項といえます。慣れればそんなに面倒なことは有りません。練習問題を載せてありますので、是非

図表Ⅲ－6　売掛期間・買掛期間の求め方

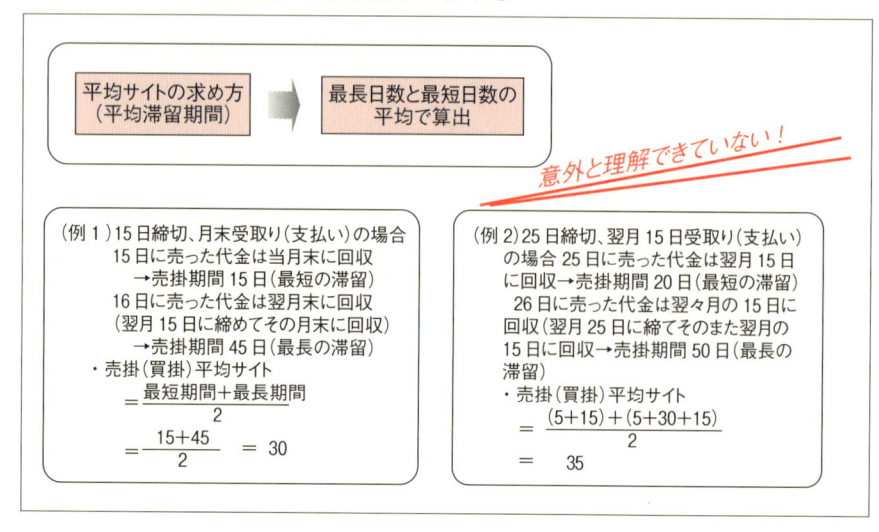

```
平均サイトの求め方        最長日数と最短日数の
（平均滞留期間）     →    平均で算出
```

意外と理解できていない！

（例1）15日締切、月末受取り（支払い）の場合
15日に売った代金は当月末に回収
　→売掛期間15日（最短の滞留）
16日に売った代金は翌月末に回収
（翌月15日に締めてその月末に回収）
　→売掛期間45日（最長の滞留）
・売掛（買掛）平均サイト
$= \dfrac{最短期間＋最長期間}{2}$
$= \dfrac{15＋45}{2} = 30$

（例2）25日締切、翌月15日受取り（支払い）の場合 25日に売った代金は翌月15日に回収→売掛期間20日（最短の滞留）
26日に売った代金は翌々月の15日に回収（翌月25日に締めてそのまた翌月の15日に回収）→売掛期間50日（最長の滞留）
・売掛（買掛）平均サイト
$= \dfrac{(5＋15)＋(5＋30＋15)}{2}$
$= 35$

理解を深めてください。

②　増加運転資金

　増加運転資金発生の原因は、売上増加である場合が一般的です。しかし中小企業では大企業と違い立場が弱いこともあって、**受取回収条件が取引先によってマチマチ**なことがよくあります。仕入先や販売先の取引シェアが変化した等で必要な運転資金が増減することはよくあることです。
　増加運転資金算定の根拠を数字でもって示せるように努力してください。

■増加運転資金の需要に慌てないためには？

　売上増加に伴う**増加運転資金は、企業や市場に活力がある場合に発生**するものです。一方**異常資金が紛れ込み易い**のも事実です。売上が順調に伸びているように見せかけて、増加運転資金の名目で赤字資金を調達する手口に、**金融機関職員は簡単に騙されます**。元気のいい企業に見えてしまい、

第3章 借入申込案件の検討（資金使途分析）

図表Ⅲ－7　増加運転資金の発生原因と貸出形態・課題

増加運転資金発生要因	パターン	借入(貸出)形態	課　題
各回転期間は不変ながら、売上の増加に伴う売上債権や棚卸資産の増加が買入債務の増加を上回る場合	売上債権のうち受取手形が増加	割引手形で対応	異常資金が紛れ込み易い！ ・売上債権増加の中に不渡手形や回収不能の売掛金が混入 ・棚卸資産増加の中に不良在庫（デッド・ストック）または架空在庫が混入 ※10年ヒストリーで指標（回転期間等）の動きを把握。 ※異常資金の混入がある場合はそれを控除して正味運転資金の必要額を算定する。
	売掛金や棚卸資産の増加	単名で対応 （手形貸付・特定当貸）	
売上高は一定ながら、売上債権や棚卸資産の回転期間が延びるか、買入債務の回転期間が短くなる場合	売掛金や棚卸資産の増加もしくは買入債務が減少	単名で対応 （手形貸付・特定当貸）	

図表Ⅲ－8　増加運転資金検討のポイント

ポイント	備　考
①売上計画・利益計画の内容を検討	売上の「実績および今後の見込み（計画）」のヒアリングは渉外の基本
②増加運転資金算定根拠の検証	増加運転資金発生の理由を捉え、変化に合わせた必要額を検証
③全体の資金繰りと資金運用状況の分析	資金繰りへの影響と、調達状況の変化（財務的な安定性の視点）を検討
④割引と単名の割合	ミスマッチは資金使途不明瞭な与信に繋がりかねないことから要注意
⑤恒常化の可能性	業容の拡大に伴うもの？ ■相当な期間安定的に業容拡大が期待できるのか？ ■近々売上げはピークに達し、安定売上げに移行するか？ ■季節的なものか？スポットか？

融資の数字が欲しいという意識が先に立ち、簡単に罠にはまってしまうのです。

　資金の必要理由を根拠をもって判断できるように、日頃より実態把握に努める必要があります。慌てないように図表Ⅲ－9の事項に気を配ってく

図表Ⅲ-9

日頃の渉外活動の中での準備項目	着眼点
「売上・受取」「仕入・支払」の取引条件を十分に把握	平均的取引条件のみならず上位取引先については個別に取引条件を把握する。 ※中小企業は自社の都合で取引条件を決めることが難しいという制限があることを忘れてはならない。
今後の事業計画	下記事項について把握する。 ・月別の売上・仕入計画 ・主要取引先毎の売上・仕入計画 ・利益計画（見通し）
全体の資金運用計画・資金繰り	財務的な事業の安定性との視点での資金運用実態および見通しを把握する。

> ニッパチ（2・8）の理論（ABC分析）
> 上位20%を見れば全体の80%がわかる！

↓

採上げの是非を検討

- 真の資金需要発生要因を把握
- 所要額を判定
- 借入調達計画の妥当性の検討

＋

分担率・保全

主力行からの付替工作を疑ってみる感性が必要！

自行がメインでもないのに全額の資金対応を求められた場合は、「おかしい？」と感じる感性が欲しい。

このようなケース
稟議では次ぎのような記載が多い！
・支店長トップ渉外により全額の申込みに至ったもの（資金需要が本当に旺盛なら、メインの反発を買うようなことはしないはず）

ださい。

　なお、運転資金に関する問題を3題あげてみました。解答・解説も付いていますので、解いてみましょう。

第3章　借入申込案件の検討（資金使途分析）

練習問題 I

運転資金所要額（正味運転資金）を算出しなさい。

平均月商	200
売掛金	500
受取手形	150
棚卸資産	600
買掛金	360
支払手形	300

解答

運転資金所要額
　＝売上債権＋棚卸資産－買入債務
　＝（売掛金＋受取手形）＋棚卸資産
　　－（買掛金＋支払手形）
　＝（500＋150）＋600－（360＋300）
　＝590

解説

運転資金算定表（タイプ I ）
（運転資金部分を抜粋）

運転資金	未成工事支出金		
	売上債権	650	500＋150
	（うち受取手形）		
	棚卸資産	600	600
	未成工事受入金		
	買入債務	660	360＋300
	うち支払手形		
	運転資金過不足	590	

貸借対照表
（運転資金部分を抜粋）

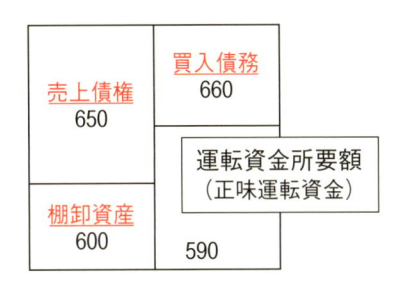

売上債権 650	買入債務 660
棚卸資産 600	運転資金所要額（正味運転資金） 590

133

練習問題 Ⅱ

所要運転資金の増加額を算出しなさい。

	第30期	第31期
平均月商	300	330
売上債権回転期間(月)	2.5	2.8
棚卸資産回転期間(月)	1.5	1.4
仕入債務回転期間(月)	2.0	1.8

解答

運転資金所要額

　＝平均月商×(売上債権回転期間＋棚卸資産回転期間－仕入債務回転期間)

売上債権の増加額

　＝31期平均月商×31期売上債権回転期間－30期平均月商×30期売上債権回転期間

　＝330×2.8 － 300×2.5

　＝924 － 750

　＝174

棚卸資産の増加額

　＝31期平均月商×31期棚卸資産回転期間－30期平均月商×30期棚卸資産回転期間

　＝330×1.4 － 300×1.5

　＝462 － 450

　＝12

仕入債務の増加額

　＝31期平均月商×31期仕入債務回転期間－30期平均月商×30期仕入債務回転期間

　＝330×1.8 － 300×2.0

第3章　借入申込案件の検討（資金使途分析）

　　　＝594 － 600
　　　＝－6

※以上より
　所要運転資金増加額＝売上債権増加額＋棚卸資産増加額－仕入債務増加額
　　　　　　　　　　＝174＋11－（－6）
　　　　　　　　　　＝192

解説

運転資金算定表(タイプⅠ)（運転資金部分を抜粋）

		第30期	第31期	増減
運転資金	未成工事支出金			
	売上債権	750	924	174
	（うち受取手形）			
	棚卸資産	450	462	12
	未成工事受入金			
	買入債務	600	594	－6
	うち支払手形			
	運転資金過不足	600	792	192

練習問題Ⅲ

右の条件の場合の運転資金所要額（正味運転資金）を算出しなさい。

平均月商	300百万円
平均原価率	80％
売上代金の回収条件	20日〆　月末回収
手形現金比率	現金20％　手形80％
手形サイト	3ヶ月
買入債務の支払条件	20日〆　月末支払
手形現金比率	現金20％　手形80％
手形サイト	2ヶ月
商品在庫	1.5ヶ月

解答 **解説**

	勘定残高	算式	解説
受取手形平均残高	720	300×80%×3	受取手形平均残高 ＝平均月商×手形回収割合×手形サイト(月)
売掛金平均残高	250	300×25／30	売掛金平均残高 ＝平均月商×(売掛金の平均滞留期間÷30) ※平均滞留期間(月) ＝{(10＋40)÷2}÷30＝25÷30
売上債権残高(A)	970		
商品平均残高(B)	360	300×80%×1.5	商品平均残高 ＝平均月商×売上原価率 　　　×在庫期間(商品保有期間)
支払手形平均残高	384	300×80%×80%×2	支払手形平均残高 ＝平均月商×売上原価率 　　　×手形支払割合×手形サイト
買掛金平均残高	200	300×80%×25／30	買掛金平均残高 ＝平均月商×売上原価率 　　　×(買掛金の平均滞留期間÷30) ※平均滞留期間(月) ＝{(10＋40)÷2}÷30
買入債務残高(C)	584		
正味運転資金 A＋B－C	746		

出典：銀行業務検定試験過去問題を一部加工

③ 減産資金

　企業は様々な要因（市況の悪化・売上不振）で生産を減少させたり、在庫調整を行なうことがあります。発生要因の性質から、**増加運転資金以上に異常資金が混入し易い**ことから特に慎重な分析が必要となります。

　減産もしくは在庫調整の対象となる製品（商品）の動きに絞った資金の推移に着目して、資金繰りを検討することになります。異常資金の混入が無いなら、調整終了後には全額返済になる性質のものであることから、そ

第3章 借入申込案件の検討（資金使途分析）

の資金繰りは実態の資金繰りと異なり、**変数を絞って作成し返済条件を検討**することになります。

図表Ⅲ－10　減産資金の発生原因・貸出形態・課題

減産資金発生要因	主な必要理由	借入（貸出）形態	課題
生産量減少や売上不振によって発生する運転資金	売上（生産）が下降方向にある時に、下記の資金需要が発生 ・固定費の支払いに充当するキャッシュフローが不足する。 ・在庫の増加により資金繰りがタイトとなる。	単名 ・減産資金は経常運転資金が適正水準に戻るまでの一時的な短期資金需要 ※発生の原因が解消されれば全額返済されるべき性格を持つ	デッド・ストックの存在を疑う。 ・借入申込額が異常に大きい ・長期資金での借入申込み 赤字資金等の発生を疑う。 ・在庫調整が完了したにもかかわらず単名の返済が進まない。 （他資金使途の混入、採算割れ販売による赤字資金の発生が疑われる）

図表Ⅲ－11　減産資金検討のポイント

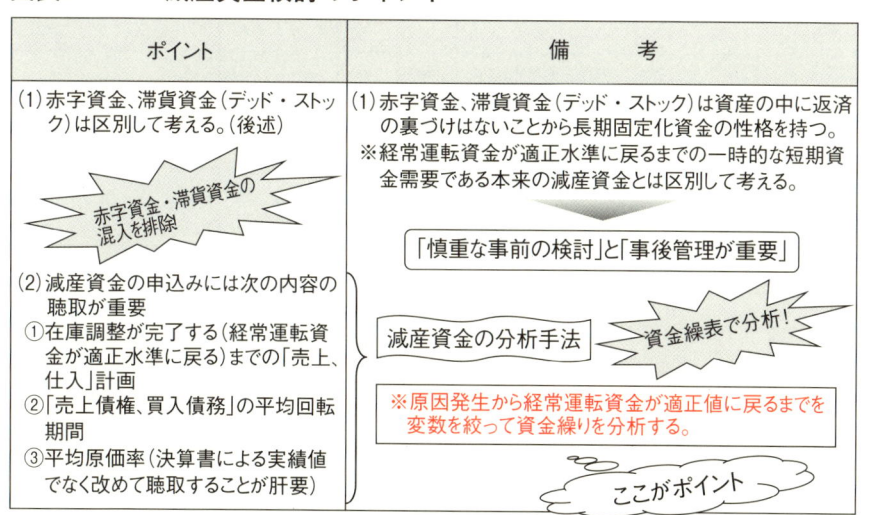

ポイント	備考
(1) 赤字資金、滞貨資金（デッド・ストック）は区別して考える。（後述） 〔赤字資金・滞貨資金の混入を排除〕 (2) 減産資金の申込みには次の内容の聴取が重要 ① 在庫調整が完了する（経常運転資金が適正水準に戻る）までの「売上、仕入」計画 ② 「売上債権、買入債務」の平均回転期間 ③ 平均原価率（決算書による実績値でなく改めて聴取することが肝要）	(1) 赤字資金、滞貨資金（デッド・ストック）は資産の中に返済の裏づけはないことから長期固定化資金の性格を持つ。 ※経常運転資金が適正水準に戻るまでの一時的な短期資金需要である本来の減産資金とは区別して考える。 〔「慎重な事前の検討」と「事後管理が重要」〕 〔減産資金の分析手法〕〔資金繰表で分析！〕 ※原因発生から経常運転資金が適正値に戻るまでを変数を絞って資金繰りを分析する。 〔ここがポイント〕

減産資金を考えてみよう！

練習

今までの状況
- 月商　　：2億円
- 原価率　：80%
- 売上債権：100%手形回収
  - 売掛期間…1ヶ月
  - 受取手形…2ヶ月
- 買入債務：100%現金払
  - 買掛期間…2ヶ月

今後の状況
- 売上　　：5月より半減見込み（月商1億円）
- 仕入　　：5月分の仕入はすでに発注済みであることから6月より仕入調整を実施
- 在庫　　：仕入調整に基づき7月より実質的な在庫調整となる。
- 取引条件：変化なし

上記以外の本ケースでの仮定
資金調達方法
・必要運転資金はまず商手で調達
・不足部分を単名（手貸）で調達
※現預金の残高推移は考慮していない。

※在庫が適正水準に収まるのは9月、売上仕入がバランスするのが10月。しかしながら、経常運転資金が適正水準に戻るのは11月となる。

	4月(実績)	5月(予定)	6月(予定)	7月(予定)	8月(予定)	9月(予定)	10月(予定)	11月(予定)	備考
売上高	200	100	100	100	100	100	100	100	
仕入高	160	160	80	20	20	60	80	80	
（内受取手形残高）	(400)	(400)	(300)	(200)	(200)	(200)	(200)	(200)	当月の前2ヶ月分が受取手形
売上債権	600	500	400	300	300	300	300	300	前2ヶ月売上＋当月売上高
在庫	120	200	200	140	80	60	60	60	残月末残高＋当月仕入高－当月売上高×原価率
小計（A）	720	700	600	440	380	360	360	360	
買入債務（B）	320	320	240	100	40	80	140	160	直前2ヶ月仕入高合計
（A）－（B）	400	380	360	340	340	280	220	200	
借入残 商手	400	380	300	200	200	200	200	200	
借入残 手貸	0	0	60	140	140	80	20	0	

銀行研修社 融資業務180基礎知識 融資業務研究会編

【留意点】
減産資金には赤字資金・滞貨資金が混入しやすい！
（変数を正味運転資金に絞り、理論的に必要な減産資金を把握する）

銀行員は資金繰表が作れてあたりまえ！

（参考）
「資金繰り分析」を参照。
※信保に対し提出するレベルの資金繰表では不十分。
（計画・取引条件から導き出せなければいけない）

（4）一時資金

① 季節資金

　季節性のある製品・商品を扱う企業の場合、季節資金は通常発生する当然のものであり健全であるものです。季節が終われば需要も終わり、全額

図表Ⅲ－12　季節資金の発生原因・貸出形態・課題

季節資金発生要因	主な商製品	借入(貸出)形態	課　題
季節性のある商品・製品の生産・仕入・仕込みに必要な資金が季節資金	冬物のコート酒類の仕込み等	・売上げ代金の回収予定に合わせた分割返済 ・期間内の短期全額返済 ※コロガシはあり得ない！ ※一部回収が残る場合は売残り等がある。	・季節商品の販売が計画どおり行かなかった場合、季節資金の返済が滞る。 ・売残り商品の大量処分（廉価販売）から多額の<u>赤字発生等のリスク</u>を伴う。

　　　　　　　　　　　　　　　　　　　　　　　　　　《季節資金はフォローが重要》

図表Ⅲ－13　季節資金検討のポイント

ポイント	備　考
①前期の季節資金貸出の<u>返済状況</u>	・前期貸出に<u>未回収部分がある場合、実質赤字や資金の流出</u>等が疑われる。
②<u>仕入計画・販売施策の妥当性</u>	・資金繰表を検討し、<u>弁済計画との整合性</u>を確認する。 ・景気や業界動向、消費予測等を検討 ※実勢に逆行する季節商品の取扱は大きなリスクとなる場合が多い。
③前期までの<u>季越在庫の有無</u>	・<u>不良在庫→赤字化</u> ※流行がある製商品である場合、大量の売残りは命とりになる危険がある。
④<u>申込資金の規模</u>	・申込資金の規模を過去の申込実績と比較 ※申込額の中に<u>季節資金以外のものが混入</u>する場合がある。赤字資金、社外流出資金等
⑤仕入・販売の仕組み　取引先の信用状況	・仕入販売のルートが過去と変わってきてはいないか？

「当概季節商品の売れ行きの継続的なチェック」と「資金繰りのフォロー」

が返済される性格であることは言うまでもありません。季節を越えて季節資金が返済されないとしたら、翌年同じ価格で売れるかどうかは甚だ怪しいといえます。赤字に直結する場合もあります。それだけに当該季節商品の売れ行きの継続的なチェックと資金繰りのフォローが重要といえます。

② つなぎ資金

ごく短期間に土地売却代金入金の予定など特定の資金の入金予定があるような場合、この資金を返済財源に融資の申し込みがある場合があります。引き当て財源が入金されない場合、ただちに回収不能となることから、引当財源の確認が最も重要です。他行融資が引当財源ならば、融資予定証明の交付を求めるのは当然です。**引き当て財源の「期日の入金」が不透明な場合は、本来の資金必要理由に応じた検討がなされるべきであると同時に、貸出条件もそれに応じたものとすべきです。**

図表Ⅲ－14　つなぎ資金の発生原因・貸出形態・課題

つなぎ資金発生要因	具体的事例	借入（貸出）形態	課　　題
<u>広い意味でのつなぎ資金</u> ごく短期間に特定の資金の入金予定がある場合、その資金を引当に融資の申込みに至る場合がある。申込みに至る場合がある。 <u>本来のつなぎ資金</u> つなぎ資金の使用目的と引当資金の使用目的が一致するもの。	①増資、社債発行までのつなぎ ②固定資産処分までのつなぎ ③官公庁への納品代金 ・受注工事代金回収までのつなぎ ④各種補償金受領までのつなぎ ⑤政府系金融機関や他行借入までのつなぎ	(1) 引当財源が入金されるまでのごく短期 （通常３ヶ月〜長くとも６ヶ月） (2) **引当財源の入金期日が確定しない場合は本来の資金使途に応じた対応** ※金利等は出来上がりに合わせた条件を適用する。 つなぎ資金が短期だといって短期の金利を適用するのではなく、出来上がりが設備資金等の長期ならば長期金利を適用する。	・<u>引当財源が入金されないと回収不能</u> 保全に対する配慮が重要

140

図表Ⅲ-15　つなぎ資金検討のポイント

ポイント	備　考
(1) 引当財源の入金確実性の検証 (2) 予め本来の資金必要理由・必要額の妥当性を調達計画全体の中で検討し把握する。	(1) 引当財源については「ひも付」とし保全強化を図る。 《回収財源に対する留意点》 ■不動産処分による場合‥‥担保取得により「ひも付」として債権保全を図る。 ■その他財源で直接担保取得困難な場合 　……振込指定、代理受領等により保全の強化を図る。 ※他融資が返済財源の場合は融資予定証明の受領が必要 (2) 引当財源の入金が不確実な場合 ■事業計画の中での回収可能性を検討し、本来の資金使途に合わせた取扱条件を検討する。 やむを得ず保全処置がとれずに対応する場合は、貸出先の信用が十分な場合に限る！

③　決算資金

　一年間の企業の経済活動の結果、決算において発生する納税資金や配当金支払資金をいいます。決算資金の申し込みが行なわれるタイミングでは、通常企業は決算の整理段階にあり、詳細の確認できないケースが多いといえます。しかしながら、**融資実行時には納税令書で必要額を確認**すべきです。**この確認を怠ると、必要な決算資金以上の資金を融資することになり、異常資金が紛れ込む**こととなりかねません。

図表Ⅲ-16　決算資金の発生原因・貸出形態・課題

決算資金発生要因	主な必要理由	借入(貸出)形態	課　題
企業活動の結果として実現した利益に対し、納税義務(地公体・国)と配当(株主)支払の必要性が発生する。	地公体 ：納税資金 株主 ：配当支払資金	・単名 ※6月以内の分割返済 ・融資額は所要額の範囲内	・発生時期が決算翌期となることから他資金(増加運転資金・滞貨資金・設備資金等)が混入する可能性がある。 ・**「ひも」をつけることが重要** 　→税金納付の自行取扱 　→配当金支払の自行取扱

図表Ⅲ-17　決算資金検討のポイント

ポイント	備　考
①所要額の判定	・税金　→　確定申告書の「法人税と法人住民税」の合計 　　　　　　（中間納税がある場合は差引く）
②借入調達額の妥当性	※納税資金申込時は、企業は決算を整理中で詳細を把握できない場合がある。 　試算表を徴求し、下記の確認をすると同時にヒアリングを行なう。 　■当期決算状況の特徴 　■売上・利益の数値およびその増減、特別損益の有無とその内容 　■B/S主要項目の増減とその要因 　■翌期の事業計画 ※融資実行前には 　納税令書で必ず金額を確認する。　　　　　　　ここは重要 ・配当　→　割愛（中小企業の場合、配当を行なっていないケースが大半のため割愛する）
③返済方法と期間 ④貸出形態	上記借入形態の通り 　※手持手形に余裕がある場合は割引対応もありうる。

（5）滞貨（デッド・ストック）資金

　販売不振の結果、在庫が適正水準を超え、容易に解消の見込みが立たない状況で発生するのが滞貨（デッド・ストック）資金です。取扱商品（製

図表Ⅲ-18　滞貨資金の発生原因・貸出形態・課題

滞貨資金発生要因	借入（貸出）形態	課　題
販売不振の結果、在庫が適正水準を超え、容易に解消の見込みが立たない状況で発生	滞貨解消に長期間を要する場合 ・基本スタンス 　増資や親会社よりの資金支援等企業の自助努力で資金を調達 ・対応の原則（やむを得ない場合） 　短期返済可能で十分な担保を取得できる場合に限るのが原則	滞貨資金は赤字資金に転化する恐れが大きい ⇒やむを得ず対応する場合は「適切な企業再建計画の策定」と「その確実な実行」を約束させ、事後の管理に万全を期すことが重要 ※仕入調整・在庫調整の結果、適正水準に回帰することが見込まれる場合 　…減産資金と同様に資金繰りを把握 　滞貨資産が現金化するのに合わせて、短期の分割返済とする。

品）が衰退期に入り商品性を失ってしまったような場合にも発生します。企業は適正な水準を上回る在庫を保有することになり、大きな資金負担が生じると同時に、商品（製品）劣化の結果赤字につながる危険性を秘めています。

図表Ⅲ－19　滞貨資金検討のポイント

ポイント	備考
(1) 製品（商品）そのものに、品質面あるいは構造上の欠陥があるのか？	(1) 根本的な問題を抱える場合、販売は困難と考えるべきであり、滞貨の処分そのものが赤字発生につながる。 ■企業の生み出す収益から返済。5年以内の長期分割返済かつ担保取得が原則
(2) 市況変化から需要が後退したことが原因？	(2) 需給ギャップ解消のタイミングを予測 ①短期的（半年～1年以内）に需要回復が見込める場合 ・需要回復の結果、滞貨品の販売促進により逐次回収可能 ■減産資金同様資金繰りの中で回収を図る（短期分割返済） ②需要回復が不透明な場合、商品（製品）に問題が疑われる場合 ・回収は長期化し、場合によっては実態上赤字に転化する可能性が高い。 ■企業利益が赤字に繋がる。 　・・・5年以内の長期分割返済かつ担保取得が原則
(3) 値崩れ防止のために販売を抑制した結果か？	(3) 採算割れの値引き販売や押込販売が行なわれる場合もある。 ■赤字発生や、売上債権に異常な動きが生まれる。 　・・・5年以内の長期分割返済かつ担保取得が原則

（6）赤字資金

　企業では、「本当の姿（赤字）を見せると警戒されて必要な資金の調達に支障を来たす」といった理由で、**赤字を隠した決算書を作成し金融機関に提出する**例があとを絶ちません。赤字決算の解明は粉飾解明と同義語といってよいほどです。粉飾の手口は実に多種多様ですが、最後は資金フローの面でお金が足りなくなるという現象にあらわれます。**お金周りにかかる異常値に注目して観察すれば、相当の確率で粉飾は発見できる**ものです。なお、中小企業の粉飾の8割は在庫で行なわれていることを改めて確認しておきましょう。

図表Ⅲ-20　赤字資金の発生原因・貸出形態・課題

赤字資金発生要因	借入(貸出)形態	課　　題
・経済情勢の悪化に伴う売上不振 ・取扱商品(製品)やサービスの劣化・陳腐化 ・取引先倒産に伴う不良債権の発生　等	経済活動から発生するキャッシュフローで返済すべきことから、5年以内の分割弁済かつ確実な担保取得が原則	決算書上黒字であっても実態上赤字資金が発生する点に留意 (未償却の不良資産(貸し倒れの売掛金、不渡手形)、不良化した在庫等) 赤字資金の対応 ⇒「適切な企業再建計画の策定」と「その確実な実行を約束」させ「事後の管理に万全を期す」ことが重要

図表Ⅲ-21　赤字資金検討のポイント

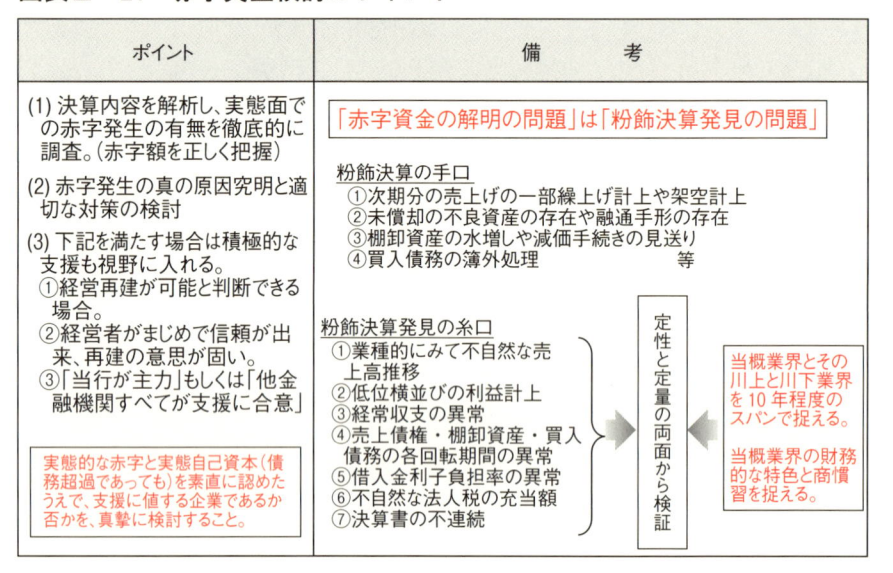

ポイント	備　　考
(1) 決算内容を解析し、実態面での赤字発生の有無を徹底的に調査。(赤字額を正しく把握) (2) 赤字発生の真の原因究明と適切な対策の検討 (3) 下記を満たす場合は積極的な支援も視野に入れる。 　①経営再建が可能と判断できる場合。 　②経営者がまじめで信頼が出来、再建の意思が固い。 　③「当行が主力」もしくは「他金融機関すべてが支援に合意」 実態的な赤字と実態自己資本(債務超過であっても)を素直に認めたうえで、支援に値する企業であるか否かを、真摯に検討すること。	「赤字資金の解明の問題」は「粉飾決算発見の問題」 粉飾決算の手口 ①次期分の売上げの一部繰上げ計上や架空計上 ②未償却の不良資産の存在や融通手形の存在 ③棚卸資産の水増しや減価手続きの見送り ④買入債務の簿外処理　　　　等 粉飾決算発見の糸口 ①業種的にみて不自然な売上高推移 ②低位横並びの利益計上 ③経常収支の異常 ④売上債権・棚卸資産・買入債務の各回転期間の異常 ⑤借入金利子負担率の異常 ⑥不自然な法人税の充当額 ⑦決算書の不連続 定性と定量の両面から検証 当概業界とその川上と川下業界を10年程度のスパンで捉える。 当概業界の財務的な特色と商慣習を捉える。

(7) 貿易関連資金

① 輸出前貸資金

　輸出契約成立後、**商品の生産・加工・集荷のための資金需要**が発生する。これを輸出前貸といいます。「輸入地の信用ある銀行が、支払を確約する書状(荷為替信用状)を発行」しています。国内銀行は安心して輸出手形

第3章 借入申込案件の検討（資金使途分析）

の買取ができることから**比較的安心安全な融資**といえます。

図表Ⅲ－22　輸出前貸資金の発生原因・貸出形態・課題

輸出前貸資金発生要因	借入（貸出）形態	課　題
・輸出契約成立後、商品の生産・加工・集荷のための資金需要が発生する。これを輸出前貸という。 ※返済財源 　輸出手形の買取代金	通常3m以内の短期	コルレスを通じての**代金振込みでは輸出者に次のリスク**がある。 (1) 海外であり、顔の見えない取引であることから、そもそも品物のみ受取り、代金を払ってくれない可能性がある。 (2) 相手先が信用のある先であっても、コルレスを通じての代金送金となることから、銀行に船荷証券を持ち込んだ後、回収まで2週間以上かかってしまう。 ・相手国において信用ある金融機関に荷為替信用状を発行してもらい、船積書類とともに国内金融機関に買取ってもらうことで輸出企業は、早めに安全に資金を受け取ることができる
資金使途・返済財源が明確であり、短期資金であることから、比較的安全な融資！			

図表Ⅲ－23　輸出前貸資金検討のポイント

ポイント	備　考
(1) 輸出契約および国内発注の確認 　　輸出契約書・信用状（L/C）・国内発注書等 (2) 決済は輸出手形買取代金をもって行なう。（信用状は銀行で保管する必要がある） ※買取時必要書類 　荷為替手形・信用状・船荷証券	(1) 輸出契約書や信用状に従って間違いなく船積みされるかが重要なポイント 輸出手形の買取とは？ ・売手である輸出業者が代金回収のために為替手形を振り出し、これを為替銀行で買取ってもらうことをいう。 ※取引の安全性を確保するため、船荷証券（荷物の引換証）により荷物を担保とすると同時に手形遡及権をもって人的担保を付加。 ※輸入地の信用ある銀行に、支払を確約する書状（荷為替信用状）を発行させることで、銀行は安心して買取に応じることができる。

② **輸入資金**

　輸入資金は**入口与信（信用状発行）から売却代金による最終的な資金回収まで相当の期間を要するという特徴**があります。輸入を思い立ってから商品を受け取るまで相当期間を必要とするうえに、それから国内販売にか

145

けて代金を受け取ることになり、決着するまで長期間を要することになります。一方、この間に関連与信が伴うなど複雑なことも大きな特徴です。

図表Ⅲ-24　輸入資金の発生原因・貸出形態・課題

輸入資金発生要因	借入(貸出)形態	課題
一般的な輸入金融の流れ (1) 輸入契約をスムーズに進めるために信用状（L/C）を発行	支払承諾	○輸入資金は入口与信（信用状発行）から売却代金による最終的な資金回収まで相当の期間を要する。 ■取引先の信用状況・国内の景気環境の変化・当該輸入商品の市場性の変動等によるリスクの発生を否定しきれない。 ■一連の貿易取引の中で関連与信が複雑に発生する特徴がある。 　　　　　　　　　　**十分な保全措置が必要**
(2) 対外決済を銀行が立替	輸入ユーザンス	
(3) ユーザンス期日後、商品売却代金を受領し返済を受けるまでの融資	はね返り融資（はね）	**輸入貨物引取保証（L/G）** ・近隣諸国からの輸入では、輸入貨物が短期間で日本に到着するため、船積書類の到着が輸入貨物の到着より遅れるケースが発生する。 ・船会社は船荷証券（B/L）と引き換えでなければ貨物を渡してくれない。 ・輸入業者は「一刻でも早く貨物を受け取って売却し、代金を回収したい」ことから輸入貨物引取保証（L/G）が発生する。 ※L/Gには保証期限の記載はないことから、B/Lを一刻も早く取得し船会社に差入れ、L/Gを回収して保証を終了させることが必要。
(4) 代金回収が商手となった場合の商手割引	輸入貨物引取保証（L/G）	
その他 (5) 船積書類の到着に先駆け貨物が到着		

図表Ⅲ-25　輸入資金検討のポイント

ポイント	備考
(1) 輸入者が確実に該当商品を輸入できるか？	○「ひも付輸入か？」「見込み輸入か？」 ①ひも付輸入（売却先が決まっている輸入） 　・販売先との販売契約の内容・販売先の信用状況をチェック ②見込み輸入（需要を予測する中で売れるとの見込みの元での輸入） 　・国内販売面での確実性の検討 　　市況商品や市場性の乏しい商品は特に注意が必要 ○主務大臣の承認を必要とする場合がある輸入商品 　・農水産物、畜産物、塩、化学薬品、武器などの中の特定品目 　・特定の地域を原産地や船積地域とする特定品目
(2) 該当商品は間違いなく国内販売できるか？	
(3) 販売代金は確実に回収できるか？	
(4) 輸入に制限がないか？ （主務大臣の承認を必要とする場合がある）	

第3章　借入申込案件の検討（資金使途分析）

図表Ⅲ-26　輸入資金の流れ

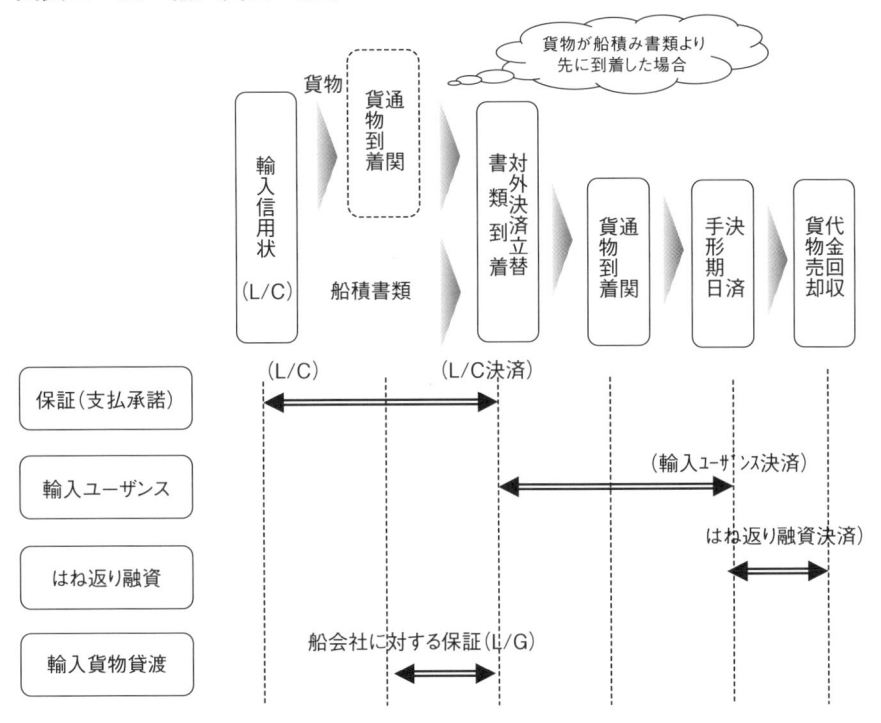

（図：輸入信用状(L/C) → 貨物通関到着／船積書類 → 対外決済立替書類到着（L/C決済）→ 貨物通関到着 → 手形決済期日済 → 貨物売却代金回収。吹き出し「貨物が船積み書類より先に到着した場合」）

- 保証（支払承諾）：(L/C)～(L/C決済)
- 輸入ユーザンス：(輸入ユーザンス決済)
- はね返り融資：(はね返り融資決済)
- 輸入貨物貸渡：船会社に対する保証(L/G)

輸入信用状（L/C）取引：輸入地の銀行が信用状の発行を行い、信用状の条件に合致した輸入書類が送られてきた場合、輸入者の支払を保証するもの。
　※輸出者は信用状通りの船積書類を取引銀行に提示すれば現金化できる。
　※輸入者は銀行が支払を保証してくれることから輸出者の信用が得られるほか、決済は輸入書類が到着したときでよいことから、前払い等におけるリスクを軽減できる。
輸入ユーザンス：輸入貨物代金の支払を繰り延べること。
　・輸入者は輸入貨物到着時点では商品はまだ手元にあり、販売できていないことから一定期間輸入手形の決済を猶予される。
　　その間に輸入貨物を売却し、その代金で輸入手形を決済することができる。
はね返り融資：輸入者は貨物の販売先から代金を回収するまでの間、通常輸入

147

ユーザンスで外貨金融を受けることになるが、ユーザンス期日までに代金回収ができない場合がある。その折の輸入ユーザンス決済のための資金融資をはね返り融資と呼ぶ。輸入信用状開設時に、輸入ユーザンスとはね返り融資の取扱いについて取り決められるのが一般的。

（8）投融資資金

　企業活動の中では、戦略的にM＆A等で投融資を行なう場合があります。弱点の補強のための場合もあれば、積極的に事業を拡大するための場合もあります。一方で、バブル最盛期には、投機的な資産運用のための投融資があったのも事実です。投機的資金はいうまでもなく、**前向きの投融資であっても金額は多額であるうえに期間も長期にわたることから不安定要素が多く、リスクが大きい**ことを理解する必要があります。

図表Ⅲ-27　投融資資金の発生原因・貸出形態・課題

投融資資金発生要因	借入（貸出）形態	課題
企業の本業拡大や事業戦略の中で発生する。	長期分割が基本 通常5年以内 長くて7年	「投機的な資金は排除すべきである」一方、「戦略的で前向きな投融資」であっても「リスク」は大きい。 ・戦略的な投融資…■店舗展開に伴う入居保証金　■M&Aによる買収先の株式取得資金　■経営戦略の中で設立された子会社（国内海外問わず）の株式取得資金や貸付金 ※企業の前向きな事業計画に基づくものであり、その意義と必要性については比較的理解しやすい。 ※一方で、金額は多額となり長期に渡るため不確定要素が多く、リスクは大きい。 「事業計画の検証」のほか「保全への配慮」は欠かせない！

第3章　借入申込案件の検討（資金使途分析）

図表Ⅲ-28　投融資資金検討のポイント

ポイント	備　考
(1) 投融資の目的と意義を明確にし、その必要性を把握する。 ・投融資には必ず何らかの確認し得る資料が存在するもの。〔必ず確認資料を徴求すること〕	(1) 投機的な資金は原則排除する。 ※バブル経済の下で財テクと呼ばれた証券投資が市場価格の変動というリスクを被って大きな損害を招いたことを忘れてはならない。　⇒　短期有価証券投資は企業の手元余剰資金の範囲で行なうべきであり、金融機関がかかわるべきではない。
(2) 投資期間（短期or長期）と投資効果を予測し、「返済財源の特定」と「返済方法と期間」を検討する。	(2) 企業の長期事業計画に基づく利払い能力と収益償還能力を検討。
(3) 保全の確保	(3) 融資対象物に対し担保取得や質権設定により「ひも付き」とすることが重要 ■投融資対象の有価証券が市場性のあるものであれば担保取得 ■質権設定が可能な場合、質権を取得 ■「ひも付き」とすることが難しい場合は、別途担保の提供を求めるのが原則

（9）生産型設備資金

　最も一般的な設備投資資金ですが、投資に見合う販売力があるのか、市

図表Ⅲ-29　生産型設備資金の発生原因・調達計画・課題

生産設備資金発生要因	借入（貸出）形態	課　題
能力増強を目指し設備投資を実施する。	長期分割返済 （設備の耐用年数または償却年数） 企業の調達計画を合わせ検討 ■長期固定的資金を組み合わせ全体計画を作成しているはず。 ・増資による獲得資金 ・現金預金の取崩し（自己資金） ・補助金等	○現在供給不足であっても業界全体が能力増強に走れば、需要減退がただちに生産過剰を招くことになり、操業停止に追い込まれる危険性がある。 《主な検討項目》 ①設備増強による生産品目は？ 　■既存品目…現在の能力と比べどの程度能力アップするのか？ 　■新規品目…他社類似商品と比較した競争優位性は？ ②生産品目の今後の需要見込みは？ 　■成長品目？　■成熟品目？　■衰退品目？ ③能力増強に見合う販売力があるか？ 　■製品自体に競争力はあるか？ 　■販売経路は確保されているか？ 　　（新商品の場合は特に重要） ④工場新設の場合立地は？ ⑤投資規模は妥当か？ 設備資金支払進捗管理の徹底を！

図表Ⅲ-30 生産型設備資金検討のポイント

ポイント	備考
(1) 投資計画と投資効果の検証 ・資料は確実に徴求する! 　投資計画書 　　（収支予想を含む） 　工事見積書 　　（実行時には契約書写し） 　購入設備見積書 等	(1) 投資による経済効果が、適切に長期の事業計画に織り込まれているか？ ■売上および<u>利益計画が過大</u>なものになっていないか？ ■初期投資にかかる<u>費用を過少に見積もって</u>いないか？ ■操業が<u>軌道に乗るまでの期間</u>を適切に見積もっているか？ ■返済期間が設備の<u>耐用年数または償却年数の範囲</u>に収まっているか？ ■本件の投資効果と<u>既存の収益力から返済能力</u>を認めることができるか？ 　　（会社提出の収支予想を検証） 　償還能力の検証 　① 本件実施後の年間返済額＜税引後利益＋減価償却－社外流出 　② $\dfrac{(固定資産等-公表自己資本)+不良化流動資産}{本件投資後の(税引後利益+減価償却-社外流出)} < 10年$
(2) 保全の検討	(2) 担保取得が原則 長期間に渡る与信であり不確定要素が多いことから、<u>不測の事態に備えて担保取得するのが原則</u>。
(3) 事後管理 　　事後管理は特に重要	(3) 主な事後管理 ■融資金が目的通りに使用されたか？ ■投資後の決算状況と投資計画との比較。 　予想売上もしくは計画利益に達していない時は、原因調査と早急な対策が必要。

場の環境はどうかを見極める必要があります。**投資設備が動いている間に返済を終えるべき**ですから、当然対象設備の法定耐用年数の範囲の均等分割返済となります。

(10) 販売力拡充設備資金

　販売力拡充資金には売上高増強を積極的に意図した新規出店費用的なものと、店舗老朽化等で落ちた集客力の回復を狙った再投資的なもの（(12)設備更新投資参照）とがあります。

図表Ⅲ-31 販売力拡充設備資金の発生原因・調達計画・課題

販売力拡充設備資金発生要因	借入(貸出)形態	課題
店舗拡充・新設等により販売力を強化しようとする場合に発生	長期分割返済 通常は5年程度 （長くても7年～10年） 実行方法 　工期が長い場合は支払時期に合わせた分割実行	投資額に見合う必要売上高（損益分岐点を上回る売上）を確保できるか？ ・立地条件、既往の売上実績推移、同業多他社との比較、商圏（後背地）調査等を通じ、取扱商品の今後の需要供給見通しを検討する。

第3章　借入申込案件の検討（資金使途分析）

図表Ⅲ-32　販売力拡充設備資金検討のポイント

ポイント	備　考
1. 投資の目的と計画の妥当性の検証	**(1) 店舗増設の場合** ■ 既存店に改善の余地はないのか？ 　・既存店の規模拡大が限界にあってはじめて多店舗展開が有効となる。 ■ ターゲットを確実に押さえることのできる立地か？ 　（適正な立地は同一業界であっても、ターゲットによって異なる） 　・ターゲットを明確にした投資であるか？ 　・店舗増設の必要があるか？ 　　　→　単位面積あたりの売上高を参考指標として評価する。 　　　　（当社実績・同業他社との比較・業界平均との比較） 〈注意〉　**現地を必ず自ら確認する！** 　　　　**当社のコンセプトとターゲットを絞り込み、自らで調査した結果がマッチングしない場合はやめたほうがよい。！** **(2) 店舗改装の場合** ■ 競合他社に対し競争優位性は確保できるのか？ 　・同一商圏内に競合店がないか？ 　・同業他社との差別化、質の向上が織り込まれているか？ 　・取扱商品が将来に渡って安定して売上可能か？ 　・仕入先は安定しているか？既存の仕入ルートで対応可能か？ 〈注意〉　**会社側は過大な売上げを見込むケースが多いので注意する！**
2. 調達計画	**(1) 所要資金は幾ら必要か？** 　①見積書で必ず確認（建築を伴う場合は建築コストは適正水準か？） 　②工事請負契約書写しを徴求し、実行前には改めて資金使途を確認する。
〈重要〉	**(2) 支払時期はいつか？** 　①工期が長期に渡る場合は支払時期に合わせた分割実行となる。 　※支払時期が比較的短期間に分割されているような場合でやむを得ず一括実行する場合には下記事項に留意する。 　　（優越的地位の濫用になる可能性があることから原則行わない） 　・後日支払分について決して目的外に資金が流出しないように資金管理を徹底する。
〈重要〉	**(3) 資金の調達計画は固まっているか？** 　①取引状況からして申込み額は妥当か？ 　②他の支援状況に変化はないか？ 　※業績が悪化傾向にあるものの、準主力以下の当行に全額の調達を申し込んできたのであれば「おかしい」と感じる感性が必要。
〈重要〉	**(4) 増加運転資金について考慮しているか？また、その見積もりは妥当か？** 　①設備投資にはその設備が巡航速度で稼働するまでの運転資金が必要となる。 　②売上増加を目的とした販売力拡充投資であり、当然に増加運転資金が必要となる。 　※尚、増加運転資金については設備資金の中に含めて考えてはならない。 　　（別途、増加運転資金の項を参照）

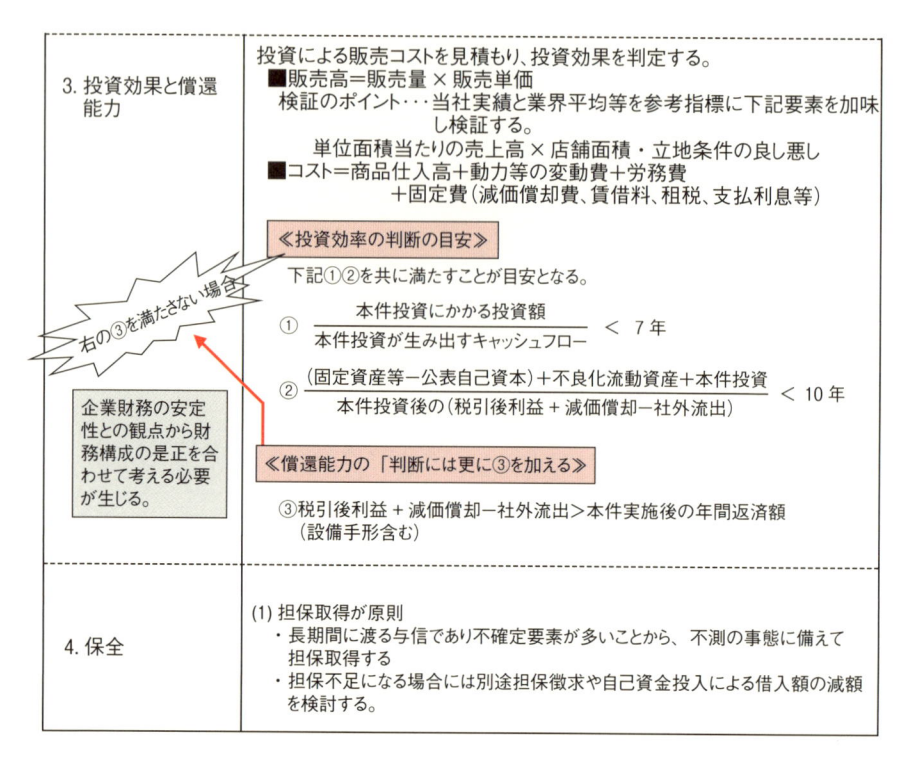

3. 投資効果と償還能力	投資による販売コストを見積もり、投資効果を判定する。 ■販売高＝販売量×販売単価 　検証のポイント‥‥当社実績と業界平均等を参考指標に下記要素を加味し検証する。 　　単位面積当たりの売上高×店舗面積・立地条件の良し悪し ■コスト＝商品仕入高＋動力等の変動費＋労務費 　　　　　＋固定費（減価償却費、賃借料、租税、支払利息等） ≪投資効率の判断の目安≫ 下記①②を共に満たすことが目安となる。 ① $\dfrac{\text{本件投資にかかる投資額}}{\text{本件投資が生み出すキャッシュフロー}}$ ＜ 7年 ② $\dfrac{(\text{固定資産等}-\text{公表自己資本})+\text{不良化流動資産}+\text{本件投資}}{\text{本件投資後の（税引後利益＋減価償却－社外流出）}}$ ＜ 10年 ≪償還能力の「判断には更に③を加える」≫ ③税引後利益＋減価償却－社外流出＞本件実施後の年間返済額 　（設備手形含む）
4. 保全	(1) 担保取得が原則 ・長期間に渡る与信であり不確定要素が多いことから、不測の事態に備えて担保取得する ・担保不足になる場合には別途担保徴求や自己資金投入による借入額の減額を検討する。

※右の③を満たさない場合：企業財務の安定性との観点から財務構成の是正を合わせて考える必要が生じる。

　いずれにしても顧客の嗜好はうつろいやすい上に顧客の動線も変化し易いことから5年程度で返済できる見通しが必要です。長くとも7年～10年が限界と考えてよいでしょう。

(11) 合理化投資資金

　合理化投資はコストの削減を目的に行なわれる投資をさします。省エネ

図表Ⅲ－33　合理化投資資金の発生原因・調達計画・課題

合理化投資資金発生要因	借入(貸出)形態	課　題
コストの削減を目的に投資を行なう。	長期分割返済 （設備の耐用年数の範囲）	削減経費でもって償還財源が賄えるかどうかがポイントであり課題。 ・多くの場合、改善計画の中での合理化投資であり、削減財源で返済原資を賄えない場合、一層の業績悪化を招くことになる。 ・業況が不十分の中での投資となる場合が多く、失敗は許されない。

第3章　借入申込案件の検討（資金使途分析）

図表Ⅲ-34　合理化投資資金検討のポイント

ポイント	備　考
1．投資の目的と計画の妥当性	(1) 問題点解決の為の投資であるべきで、その方法として最善か？ 　①投資規模は過大とならないこと。 　②最小の投資で最大の効果を期待できるものであること。 　※一部門で見れば効率がはかれても全体で見れば非効率となる場合もあるので注意を要する。 　　（生産工程の一部を効率化しても、他の工程と能力差があれば、ボトルネック等でかえって非効率となる様なケース） (2) 人員削減を目的とする場合は次の点を特に留意する。 　①同業他社・業界平均との比較（労働生産性） 　②人員を削減することによって今後の事業計画に支障をきたさないか？ 　③人材の流出につながらないか？ 　④退職金等の支払負担に耐えられるのか？ 　⑤組合（従業員組合がある場合）との調整は？
2．調達計画	(1) 所要資金は幾ら必要か？ 　①見積書で必ず確認（建築を伴う場合は建築コストは適正水準か？） 　②工事請負契約書写しを徴求し実行前には必ず改めて資金使途を確認する。 　③自己資金の投入が可能か？　　　　【設備資金支払進捗管理の徹底を！】 (2) 支払時期はいつか？ 　①工期が長期に渡る場合は支払時期に合わせた分割実行となる。 　※支払時期が比較的短期間に分割されているような場合でやむを得ず一括実行する場合には下記事項に留意する。 　　（優越的地位の濫用になる可能性があることから原則行なわない） 　・後日支払分について、決して目的外に資金が流出しないように資金管理を徹底する。【重要】
3．投資効果	(1) 合理化投資に伴う合理化効果とは 　①人員削減による人件費削減効果 　②工程短縮による製造諸コストおよび仕掛品コストの削減効果 　③新材料使用による材料費削減効果　　　等 【投資効果の判定の考え方】 　耐用年数に見合う期間の投資効果の合計＞同期間の本件投資に伴うコストの合計 　　本件投資に伴うコストとは下記①～④の合計を言う。 　　　①本件投資による減価償却の合計 　　　②本件投資にかかる借入の金利負担合計 　　　③固定資産税等の租税公課・保険料の合計 　　　④人員削減の場合の特別退職金の合計

153

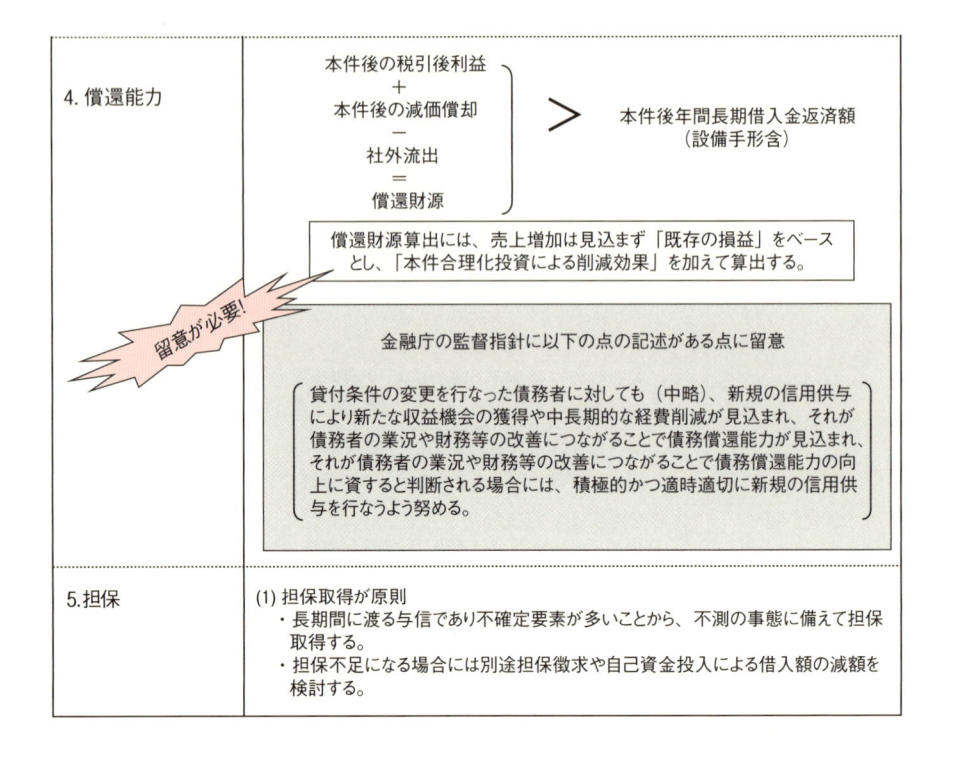

4. 償還能力	本件後の税引後利益 ＋ 本件後の減価償却 － 社外流出 ＝ 償還財源　＞　本件後年間長期借入金返済額（設備手形含）
	償還財源算出には、売上増加は見込まず「既存の損益」をベースとし、「本件合理化投資による削減効果」を加えて算出する。
	留意が必要!
	金融庁の監督指針に以下の点の記述がある点に留意 貸付条件の変更を行なった債務者に対しても（中略）、新規の信用供与により新たな収益機会の獲得や中長期的な経費削減が見込まれ、それが債務者の業況や財務等の改善につながることで債務償還能力が見込まれ、それが債務者の業況や財務等の改善につながることで債務償還能力の向上に資すると判断される場合には、積極的かつ適時適切に新規の信用供与を行なうよう努める。
5. 担保	(1) 担保取得が原則 ・長期間に渡る与信であり不確定要素が多いことから、不測の事態に備えて担保取得する。 ・担保不足になる場合には別途担保徴求や自己資金投入による借入額の減額を検討する。

投資などが代表的なものです。本業での売上と利益増加は検討の範囲外であることから、**経費削減効果で返済が可能かどうか**の判断が重要です。

(12) 設備更新投資

　従来の設備が老朽化したり、機械設備が耐用を超えて稼働状況が悪化し

図表Ⅲ－35　設備更新投資資金の発生原因・調達計画・課題

設備更新投資資金発生要因	借入(貸出)形態	課　　題
従来の設備が老朽化したり、陳腐化した場合に新たな設備に切り替えるために発生	長期分割返済（設備の耐用年数の範囲）	能力増強を本来目的としていないが、技術革新の中で普通いくらかの能力増強を伴うのが通例。 ・更新投資を行なう必要性とタイミングの判断が難しい。 （更新投資を行なった直後に他社から競合する新商品が売り出され、稼動が思うようにあがらないというケースも起こりうる。）

第3章 借入申込案件の検討（資金使途分析）

た場合に行なう投資をいいます。本来は能力増強を狙うものではないことから、(10) 販売力拡充設備資金とは区別して考えます。**技術革新や市況の変化の影響から投資のタイミングを慎重に計る必要**があり、場合によっては一時的にリースの利用が長期的に見た場合有利になることもあります。

図表Ⅲ-36　設備更新投資資金検討のポイント

ポイント	備　考
1.投資の目的と計画の妥当性	(1) 企業活動の維持上不可欠な投資ながら、**今がその投資のタイミングか**どうか？ 　①既存設備の状況 　　・法定耐用年数から見て極端に短いサイクルでの更新となっていないか？ 　　・その原因は？ 　　　■技術革新で既存設備が陳腐化した？ 　　　■故障が多く、稼動状況が悪い？ 　　　■技術革新の早いものであれば 　　　　→新型機械であれば実質的に使用できる期間を何年で見積もるべきか？ 　　　　→今投資すべきか（最新鋭の機械の開発を待つべきではないか）？ 　　　　→リースの方が有利ではないか？ 　　　　　（初期負担の大きい借入よりリースが有利なケースもある） 　　　　　（次回更新時期に廃棄損がでることが見込まれる場合は、特にリースが有利となることがある） (2) 更新完了までに一時的に売上げが減少する場合もあり、資金繰りに見落としはないか？
2.調達計画	(1) 所要資金は幾ら必要か？ 　①見積書で必ず確認 　②従来と比べて投資額は妥当か？　　**設備資金支払進捗管理の徹底を！** (2) 支払時期はいつか？ 　①支払時期に合わせた分割実行となる。 　※支払時期が比較的短期間に分割されているような場合でやむを得ず一括実行する場合には下記事項に留意する。 　・後日支払分について、決して目的外に資金が流出しないように資金管理を徹底する。 　　**優越的地位の濫用になる可能性があることから原則行なわない！**
3.投資効果	(1) 更新投資では新型の設備を行なうと、従前の機械設備より能力の高い設備となり、売上増加の効果や、合理化の効果を伴う場合が多いが更新投資そのものに**投資効果を数値的には織り込まない。** 　⇒売上増に伴う増加運転資金需要および合理化効果については、更新投資とは別途検討を行なう。

(2) 投資効果の判断の基本は投資のタイミングの判断！

	パターン	考え方
①	法定耐用年数を満たすに至っていないが、見合いの借入金がすでに完済となっている場合	・固定資産除却損が発生、バランスは悪化するが、キャッシュフローへの影響は金利負担程度で、金利をカバーできれば特段の問題はない。 ※初期負担の大きい借入れよりリースのほうが効率的な場合もあるので、あわせて検討してみると良い。
②	設備の更新と同時に既存借入金が約定どおり完済となる場合	・新たに下記の負担が発生するので、この負担増を既存のキャッシュフローで吸収できるかがポイント ※新たに発生する負担 　減価償却、租税公課、金利負担
③	法定耐用年数はすでに経過しているにも係わらず従前の借入金が残っている場合	・上記②の上に既存借入金の返済も加わり、資金繰りに悪影響を及ぼす。 ※「投資すべきか」「融資すべきか」慎重さが求められる。

4. 償還能力

(1) 設備更新投資の場合の収益効果は、投資後の数値の把握が困難であるため見込まない。

　※既存の収益力から固定費増加分を差し引いても借入金の返済が可能かどうかを検討する。
　　⇒収益計画を見積もる場合に、増加する経費を見落とさないことが重要

税引後利益＋減価償却－流出後利益＞本件実施後の年間返済額(設備手形含む)

5. 担保

(1) 担保取得が原則

・長期間に渡る与信であり不確定要素が多いことから、不測の事態に備えて担保取得する
・担保不足になる場合には別途担保徴求や自己資金投入による借入額の減額を検討する。

第3章　借入申込案件の検討（資金使途分析）

第3章　まとめ

① お金が必要となる理由を正確につかむことこそが案件組成の第一歩。
② 本当のお金の使い道がわかれば、返済条件・返済期間・返済財源はおのずと原理原則に従って決まる。
③ 「運転資金に始まり、運転資金に終わる」これが融資。
   ・初心者に最も取組み易いのが運転資金であるが、最も奥が深いのも運転資金。
   ・運転資金が理解できれば融資は卒業
④ 資金必要理由の説明は裏づけ資料が必要。
   ・設備資金であれば、工事請負契約書・売買契約書・設備計画書等
   ・運転資金であれば増加運転資金の算出根拠や減産計画資金繰りによる根拠等

第4章

定性分析

第1節

木をみて森を見ず？

　中小企業は大企業とは大きく異なり、一般に**財務基盤が弱く一時的に赤字や債務超過になりやすいという特徴**があります。また、景気が良い時も

図表Ⅳ－1　与信判断とは

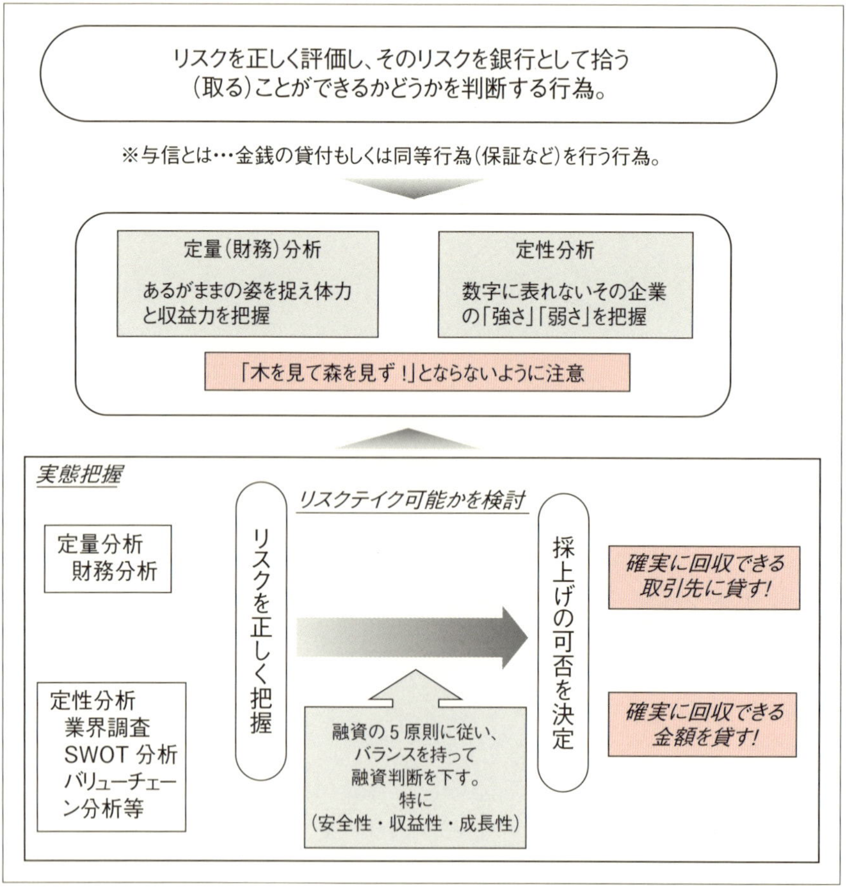

```
リスクを正しく評価し、そのリスクを銀行として拾う
（取る）ことができるかどうかを判断する行為。

※与信とは…金銭の貸付もしくは同等行為（保証など）を行う行為。
```

定量（財務）分析	定性分析
あるがままの姿を捉え体力と収益力を把握	数字に表れないその企業の「強さ」「弱さ」を把握

「木を見て森を見ず！」とならないように注意

実態把握

- 定量分析
  - 財務分析
- 定性分析
  - 業界調査
  - SWOT分析
  - バリューチェーン分析等

リスクを正しく把握 → リスクテイク可能かを検討 → 採上げの可否を決定

融資の5原則に従い、バランスを持って融資判断を下す。
特に（安全性・収益性・成長性）

- 確実に回収できる取引先に貸す！
- 確実に回収できる金額を貸す！

悪い時も不思議と生き延びる企業があるのも中小企業の特徴です。景気がいいといっても大きく利益をあげるわけでもなく、景気が悪くともキャッシュフローは確保し倒産することのない企業です。まさに不思議な企業です。

このような中小企業を大企業と同じく財務力だけで判定していては本当の姿は見えてきません。**数字に表れないその企業の良さ強さを取引を通じて把握し、総合的に判断する**ことが中小企業取引には必要なのです。ここでは定性面を掘り下げます。

（１）定性分析の重要性

融資が面白いのは、**不確実な中で判断をしていくことを求められるから**なのです。決算書による定量分析は、その企業の体力を知る上で重要なのはもちろんですが、一番最近の決算といっても、すでに数ヶ月前のものでしかありません。しかも正確な決算書が提示されていることはまずありません。一方、中小企業の経営者は混沌とした今の時代に様々な不安を抱えているものです。過去経験したことのない人口減少時代を迎えて、その不安は尚更のものとなっています。

今こそ**営業推進のチャンス**です。相手企業のことをよく知り、事業の種となる話を提供でき、更に解りやすく例え話ができる金融機関職員には、**企業経営者は大きな期待**を寄せてくれるはずです。

経営者は相手業界のプロであるという尊敬の念を持って努力すると、きっと大きな成果が得られるでしょう

① 定性分析の手順

よく若い金融機関職員から業種別の研修を受けたいという希望を聞きますが、世の中には数えられない程の業界業種があり、そのすべてに答えて

ゆくのは困難です。仮に出来たとしてもその業界業種の一般的な事象が当社に当てはまるかは疑問です。**業界にプラスと思われる事象でも競争相手との比較優位性を見て見るとそうとは限らない場合もある**からです。

　支店にある身近な業種で結構です。この業種業界は誰よりも自分が詳しいと自信をもって言えるものをひとつ造ってみてください。手順が身に付けばあとは簡単です。思考パターンは同じだからです。

図表Ⅳ－２

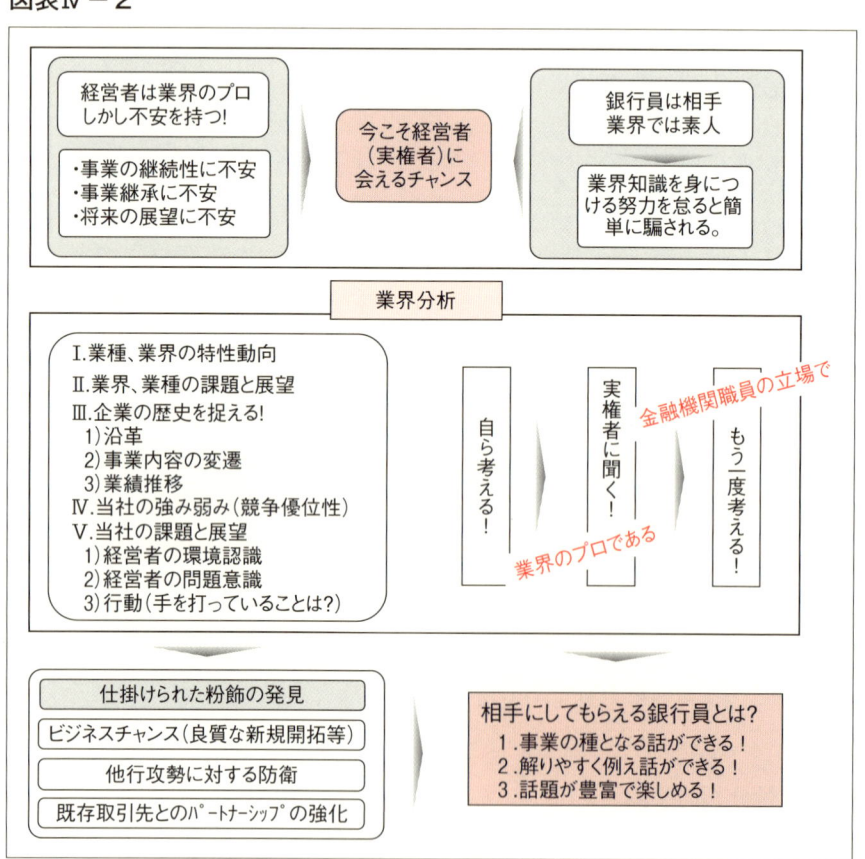

経営者は業界のプロしかし不安を持つ！	→	今こそ経営者（実権者）に会えるチャンス	←	銀行員は相手業界では素人
・事業の継続性に不安 ・事業継承に不安 ・将来の展望に不安				業界知識を身につける努力を怠ると簡単に騙される。

業界分析

Ⅰ.業種、業界の特性動向
Ⅱ.業界、業種の課題と展望
Ⅲ.企業の歴史を捉える！
　1）沿革
　2）事業内容の変遷
　3）業績推移
Ⅳ.当社の強み弱み（競争優位性）
Ⅴ.当社の課題と展望
　1）経営者の環境認識
　2）経営者の問題意識
　3）行動（手を打っていることは？）

自ら考える！　→　実権者に聞く！　→　もう一度考える！

金融機関職員の立場で
業界のプロである

- 仕掛けられた粉飾の発見
- ビジネスチャンス（良質な新規開拓等）
- 他行攻勢に対する防衛
- 既存取引先とのパートナーシップの強化

相手にしてもらえる銀行員とは？
1. 事業の種となる話ができる！
2. 解りやすく例え話ができる！
3. 話題が豊富で楽しめる！

第4章　定性分析

■取引先が何者かを知る！

融資取引を行なう上で相手をよく知っているのは当たり前で、解らない相手には融資すべきではありません。具体的には**「何を提供しているのか」「顧客はだれか」「事業構造はどうなっているのか」等をできるだけ最小単位まで（固有名詞）まで落とし込んでみることが大切です。**

図表Ⅳ－3

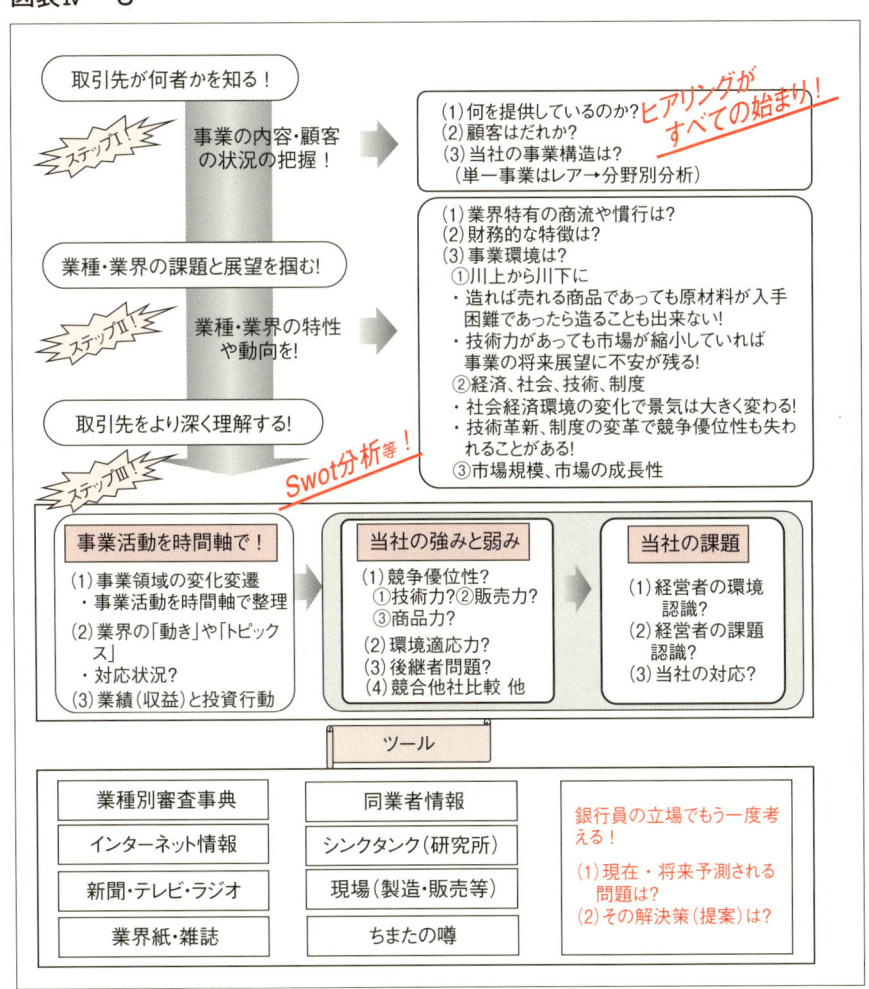

ステップⅠ	事業の内容・顧客の状況の把握！	(1)何を提供しているのか？ ヒアリングがすべての始まり！ (2)顧客はだれか？ (3)当社の事業構造は？ （単一事業はレア→分野別分析）
ステップⅡ	業種・業界の課題と展望を掴む！ 業種・業界の特性や動向を！	(1)業界特有の商流や慣行は？ (2)財務的な特徴は？ (3)事業環境は？ ①川上から川下に ・造れば売れる商品であっても原材料が入手困難であったら造ることも出来ない！ ・技術力があっても市場が縮小していれば事業の将来展望に不安が残る！ ②経済、社会、技術、制度 ・社会経済環境の変化で景気は大きく変わる！ ・技術革新、制度の変革で競争優位性も失われることがある！ ③市場規模、市場の成長性
ステップⅢ	取引先をより深く理解する！	Swot分析等！

事業活動を時間軸で！	当社の強みと弱み	当社の課題
(1)事業領域の変化変遷 ・事業活動を時間軸で整理 (2)業界の「動き」や「トピックス」 ・対応状況？ (3)業績(収益)と投資行動	(1)競争優位性？ ①技術力？②販売力？ ③商品力？ (2)環境適応力？ (3)後継者問題？ (4)競合他社比較 他	(1)経営者の環境認識？ (2)経営者の課題認識？ (3)当社の対応？

ツール

業種別審査事典	同業者情報
インターネット情報	シンクタンク(研究所)
新聞・テレビ・ラジオ	現場(製造・販売等)
業界紙・雑誌	ちまたの噂

銀行員の立場でもう一度考える！
(1)現在・将来予測される問題は？
(2)その解決策(提案)は？

コラム

（1）パチンコ業界は不況に強い業界？

　パチンコ業界は以前、不況時に強い業界といわれていました。事実過去の不況の時代には生産調整による一時帰休が行なわれると、時間を持て余した工場労働者がパチンコに殺到したことから業界は活況を呈したものです。ギャンブル性もあることから、暇を持て余した労働者は100円を数枚握り締めて、パチンコに通いました。わずが数百円で数時間の時間をつぶす事ができる上、ときには数千円数万円をかせぐこともできました。家にいては「粗大ゴミ」といわれて奥様に邪魔者扱いされるところ、たまにはお土産を持って帰ることもできたのです。

　不況に強いはずだったパチンコ業界も今はどうでしょうか。ここ数年の不況の中で活況を呈していたでしょうか。その逆です。かっては30兆円産業といわれたパチンコ業界も今は見る影もありません。一部の巨大チェーンを除き衰退の道をたどっています。廃業したパチンコホールを目にすることもたびたびです。

（2）パチンコ業界のお客様は一般顧客？

　パチンコにくるお客様はどのようなお客様でしょうか。普通に答えれば一般顧客ということになると思います。しかしこれでは良く見えてきません。

　近くにまだパチンコ店があったら覗いてみましょう。パチンコを打っているお客様を観察してみると、第二の職場もリタイアしたようなお年寄りや、夜のお勤めを控えたまだお化粧もすませていないような盛り場につとめるお姉さま方が中心であることに気が付くでしょう。少なくとも若い世代がほとんどいないことに気が付くはずです。本書をお読み頂いた読者の皆様も最近一年間で「一度でもパチンコに行った経験のある人」はほとんどいない筈です。

　もうお解りですね。パチンコのお客様は時間を持て余す年配が中心な

のです。ファミコン世代に育った貴方たちは、時間の潰し方はいくらでも知っているのです。もっと楽しく建設的な時間の使い方を……。

（3）パチンコに来てくれる見込み客は毎年減少している？

過去インターネットの普及を政府が標榜し、様々なインフラの整備が行なわれました。しかしその普及速度はゆっくりでした。ある時、臨界点に達した核分裂のごとくインターネットは爆発的に普及していきました。パチンコ業界ではひょっとしてその逆が起こっている可能性があります。パチンコに頼った時間の使い方しか出来ない世代は毎年亡くなっていきます。

一方、PCやタブレット端末その他に慣れて時間の使い方を知っている世代は毎年生まれているのです。ひょっとしたらブラックホールに一直線かもしれません。

パチンコの顧客を一般顧客としてとらえていては見えない世界です。

■業界・業種の課題を掴む！

取引先が生きている業界には、様々な特徴があり、業界特有の課題があることはいうまでもありません。**業界には特有の商慣習や商流**があり、装置産業と商社では固定資産の意味も大きく違ってくるように、**財務的にも業界特有の特徴**があります。事業環境も取引先が生きている業界だけを見ているわけにはいきません。取引には、かならず仕入先があり販売先があるからです。**仕入先の業界、販売先の業界を俯瞰**して初めて事業環境が見えてくるのです。

■取引先を理解する！

・事業活動を時間軸でとらえる！

事業領域の変化変遷を押さえてみると数字にあらわれない様々なことが見えてきます。たとえば「業界の動き」や「業界で起こったトピックス」

を重ねてみると、**事業環境の変化に対する当社の対応力等**が見えてきます。
・**当社の強みと弱みを掴み、当社の課題を認識する！**

　経営戦略まで落とし込むのが理想ですが、これは一朝一夕でできる話ではありません。しかし、**社外環境と社内環境を整理し、同業他社と比較してみる目線は重要**です。

　同業他社と比較して競争優位性はどこにあるか。それは「技術なのか？販売力なのか？商品力なのか？」を把握する努力をします。もちろん環境適応力も「事業活動を時間軸でとらえる中で把握できた結果と、今の経営者の資質」をあわせ検討することになります。後継者問題も重要なテーマです。

ここがポイント！

　お客様を深く理解するポイントは分析し消化すること
（1）分析とは考えること！
　・環境変化、構造変化を予測？
　・その時、どのような機会が？
　・それをどう捕らえるか？
　・業界業種の潜在的な成長性収益性は？
　・その時のために今何をなすべきか？
　　（自社の強みや独自能力を活用して、どこで戦うか？）
（2）消化とは語ること！
　・戦略的思考で課題と対策を語れるか？
　・新たな領域をイメージできるか？
（3）忘れてはならない鉄則
　・決してプライドを傷つけない対応を心がける！
　・相手業界および経営については相手経営者がプロである！
　・銀行員にどんなに財務知識や業界知識があっても、教えていただくとの姿勢！

第4章　定性分析

② 業界分析まとめ
■ 基　本
ア．その企業の評判を聞き込もう！
イ．実権者に会おう！
ウ．取引先に興味を持とう！
エ．自分の目で見て、頭で考えて、そして検証しよう！

■ 方　法
ア．取引先の業界や取扱商品について予備知識を持とう！
　・業種別審査事典等で事前学習しよう！
　・業界のタイムリーな動きに目を配ろう！
　　（新聞・テレビ・雑誌等で世の中の動きに目を配ろう！）
イ．準備が整ったら、実権者に聞いてみよう！
ウ．生産現場、販売現場、倉庫を見てみよう！
　　（現場を肌で感じることが重要）

■ ヒアリングのポイント
ア．業界動向・業種特性
　・自分で調べた業界動向、特性が正しいかどうか聞いてみよう！
　・自分の認識と違った場合、その理由を探ろう！
イ．沿革・組織・経営理念
　・企業の歴史を知ろう！
　　（歴史の中に経営哲学が見えることがある）
　・組織図をもらうようにしよう！
　　（経営体制をチェックし次世代経営者の有無、会社経営上のキーマンを把握しよう！）
　・今後の事業計画、目指す方向性を聞いてみよう！
　・経営者の考える当社と強み、弱みと、それぞれに対する対処方法を聞いてみよう！
ウ．製品・商品構成
　・取扱商品（製品）を実際に見てみよう！

・商品（製品）の特徴、競合先、市場でのシェアについて聞いてみよう！
　※当社の成長性、将来性、競争力等の把握に努めよう！
エ．販売先・仕入先
・主力販売先の販売額のシェアを追ってみよう！
（競合商品が現れて商品性が劣化しているかもしれない）
（競争力があることを裏付ける可能性もある。）
・回収条件、支払条件の把握に努めよう！
（当社と仕入先や販売先との力関係の変遷がみえることがある）
（不良な在庫や、売上の回収不能の発生が見えることがある）
・販売先部門別の収益状況を聞いてみよう！
（最大の売上を上げている部門（商品）が実は赤字の原因ということもある）
・輸出、輸入の有無とその形態を聞いてみよう！
（思わぬところに商売のネタがあることもある）
オ．その他
・自分の考えと違った場合、「役に立ちたい」との熱意を忘れずに恐れず教えを請おう！

（2）定性分析の主な手法

　定性分析の主な手法は「SWOT分析」「PPM分析」「バリューチェーン分析」「PEST分析」あるいは「ファイブフォース分析」等があります（図表Ⅳ-4参照）。金融機関の職員は「SWOT分析」については十分理解しているかは別として、多少は馴染みがあるようです。

　各分析手法を戦略立案に落とし込めるまで使いこなすのは実は金融機関職員には至難の業だと思っています。使いこなすには知識だけではなく、多くの時間を必要とする上、後に述べますが、それぞれに分析手法には限界があり、限界を理解しないで作成された戦略は大きな落とし穴を内包しているからです。

　しかし、少なくとも経営者が語る経営が、ある程度戦略論的な整合性を

図表Ⅳ-4　定性分析の主な手法

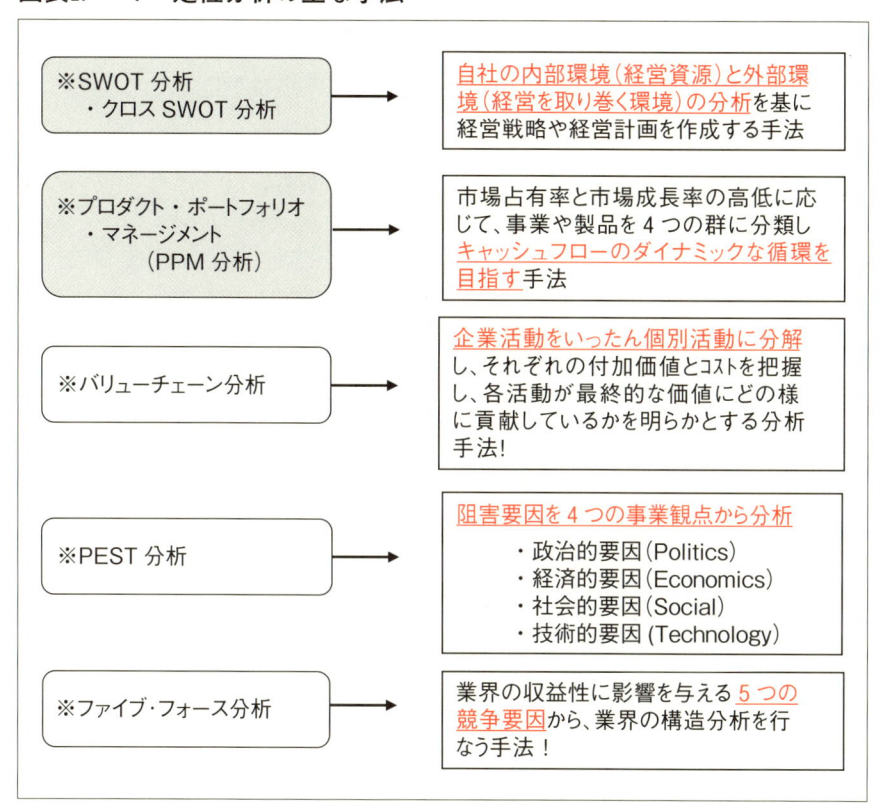

※SWOT分析 ・クロスSWOT分析	<u>自社の内部環境（経営資源）と外部環境（経営を取り巻く環境）の分析</u>を基に経営戦略や経営計画を作成する手法
※プロダクト・ポートフォリオ・マネージメント（PPM分析）	市場占有率と市場成長率の高低に応じて、事業や製品を4つの群に分類し<u>キャッシュフローのダイナミックな循環を目指す</u>手法
※バリューチェーン分析	<u>企業活動をいったん個別活動に分解</u>し、それぞれの付加価値とコストを把握し、各活動が最終的な価値にどの様に貢献しているかを明らかとする分析手法！
※PEST分析	<u>阻害要因を4つの事業観点から分析</u> ・政治的要因（Politics） ・経済的要因（Economics） ・社会的要因（Social） ・技術的要因（Technology）
※ファイブ・フォース分析	業界の収益性に影響を与える<u>5つの競争要因</u>から、業界の構造分析を行なう手法！

備えているかについてはジャッジする力が必要です。経営者の語る戦略が単なる思い付きや蛮勇であっては、企業の進む道を誤ることになります。

　金融機関職員が取引先の経営戦略まで立案できる必要はありませんし、むしろ業界の素人である金融機関職員が踏み込むべきではないかもしれません。しかし、少なくとも「経営者が語る経営が、ある程度戦略論的な整合性を備えているかについてジャッジする力」は身に付けたいものです。

■経営分析手法を学ぶ理由とは？

　経営者は少なからず経営戦略を持っています。しかし一般の中小企業の経営者がMBAなどで経営戦略理論を学んでいるとは思えません。**多くの場合、経験の中から経営戦略が語られる**といっても良いと思います。その戦略が「合理的な整合性を備えたものなのか」あるいは「単なる思いつき

図表Ⅳ-5

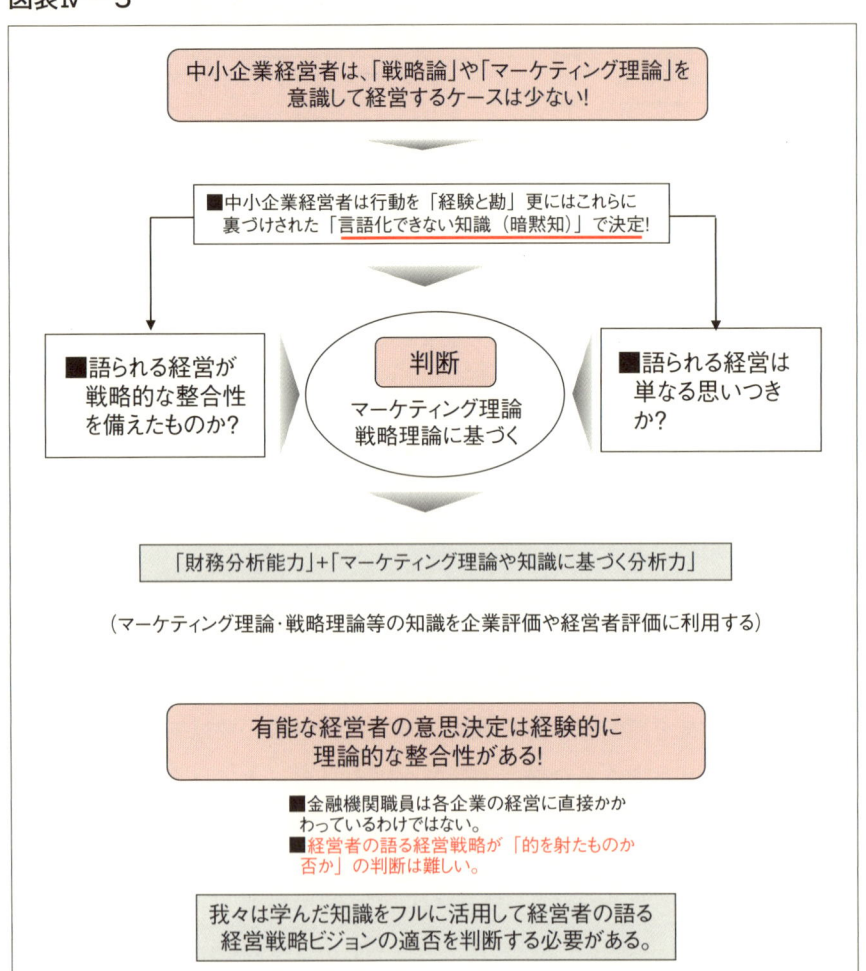

```
┌─────────────────────────────────────────────┐
│  中小企業経営者は、「戦略論」や「マーケティング理論」を    │
│  意識して経営するケースは少ない！                     │
└─────────────────────────────────────────────┘
                      ↓
     ┌─────────────────────────────────────┐
     │ ■中小企業経営者は行動を「経験と勘」更にはこれに  │
     │  裏づけされた「言語化できない知識（暗黙知）」で決定！│
     └─────────────────────────────────────┘
         ↙                              ↘
┌──────────────┐    ┌──────┐    ┌──────────────┐
│■語られる経営が │    │ 判断 │    │■語られる経営は│
│戦略的な整合性  │    │マーケティング理論│ │単なる思いつき │
│を備えたものか？│    │戦略理論に基づく│  │か？          │
└──────────────┘    └──────┘    └──────────────┘
                      ↓
     ┌─────────────────────────────────────┐
     │「財務分析能力」＋「マーケティング理論や知識に基づく分析力」│
     └─────────────────────────────────────┘
  （マーケティング理論・戦略理論等の知識を企業評価や経営者評価に利用する）
                      ↓
         ┌────────────────────────┐
         │ 有能な経営者の意思決定は経験的に │
         │    理論的な整合性がある！      │
         └────────────────────────┘
    ■金融機関職員は各企業の経営に直接かか
     わっているわけではない。
    ■経営者の語る経営戦略が「的を射たものか
     否か」の判断は難しい。
    ┌────────────────────────┐
    │我々は学んだ知識をフルに活用して経営者の語る│
    │経営戦略ビジョンの適否を判断する必要がある。│
    └────────────────────────┘
```

第4章　定性分析

なのか蛮勇なのか」を見極める必要があります。**見極めるために各種戦略論の考え方と限界を知っておく必要があるのです。**

■ SWOT分析、PPM分析の罠

そもそも「SWOT分析」も「PPM分析」もともに、2面と2軸（田の

図表Ⅳ-6

■2×2思考の特徴?

代表的な分析手法
SWOT分析・ポートフォリオ分析

■SWOT分析のマトリックス

		O 機会	T 脅威
S	自社の強み	S×O	S×T
W	自社の弱み	W×O	W×T

自社の強み弱みの2面
外部の機会脅威の2面

相互作用を考えることで戦略を見出す

特徴
・2面と2軸で思考
・物事を2面で区分2軸の連関を考慮
・相互作用を考慮

【SWOT分析の「難しさ」と「限界」】

何を当社の「強み」とみるか「弱み」とみるかは高度な判断
（機会・脅威も同様）

山代温泉ホテル百万石の例
（神戸大学吉原英樹氏がよく使われた事例）

1300年の歴史を持つ
　山代温泉の一角に利権を持つ!

■強みと考えればホテル百万石は生まれなかった。

マイクロバスの送迎から大型観光バスで受け入れる時代

（世の中は静かに変化していた）

■時代の変化を機会と捉え、従前からの旅館規模を弱みとして捉えた結果ホテル百万石が生まれた。
■競争他社と比較して弱みを早く克服すべく手を打つことで強みに転換した。
（同業者はホテル建設現場を見て「ばかな」と思い、大型観光バスが連なる様子を見て「なるほど」と納得した）

その「ホテル百万石もその後のバブル崩壊・高度成長時代の終焉に対応できず2012年9月に閉鎖に追い込まれた!

競争相手との関係も考慮に入れる必要がある!

字）で切り分けて考えようというものです。そして4つの箱を連関させて戦略に生かそうとします。しかし、その軸は誰が決めるのでしょうか。普遍的な切り分け方があるとも思えません。**軸の取り方で結果は大きく違い、連関の基準の置き方で結果は違うのです。**

　戦略は本来主観的な要素が強く、世間が「理」と思い込んでいる通念や慣行慣習に潜む嘘を見抜くことから始まります。**戦略の真髄は見えない環境の変化を見抜く眼**にあり、まさに**経営者ひとりひとりが持つ特殊解**であるといえます。分析手法の限界は理解しておきましょう。

コラム

■ SWOT分析の罠

　1300年の歴史を持つ山代温泉にかつて「ホテル百万石」という有名ホテルがありました。古くからの温泉宿で史跡にも近くて良い立地にあったそうです。

　あるとき突然、若き経営者は田圃の真ん中に巨大ホテルの建設にかかりました。同業旅館の経営者や女将は、「ばかな？」と思ったそうです。

　しかし、完成してみると、大型観光バスを連ねて送り込まれる団体客のながれに驚いたそうです。世の中は大きく変わり高度成長時代を迎えようとするそのタイミングでの決断だったようです。「ばかな？」と思った同業の経営者たちは、その様子をみて「なるほど」といって納得したといいます。

　ホテル百万石の社長がそのとき「歴史のある山代温泉の中心に立地する」ということを当ホテルの強みととらえるとホテル百万石は生まれなかったはずです。時代の変遷を見極めるなかで旧立地ではキャパシティーに限界があり弱みだと判断したから一世を風靡したホテル百万石が生まれたのです。

　2面2軸でとらえるSWOT分析は、分析を行なう個人の主観によると

ころが大きく、万能ではないことに配慮すべきです。人によって答えは違うということです。

一世を風靡したホテル百万石も、平成24年9月にはその歴史を閉じました。後に解説するPPM分析では、「カネのなる木」から「負け犬」に向う過程で、一時でも早く売却によってキャッシュを手にし、新たな「スター」を育てるべきだということになります。

簡単に売却できないような「巨額投資が災い」したのか「チャンスはあったが決断できないまま閉館」に追い込まれたのか詳細はわかりませんが、最後は時代の変遷を的確にとらえられないまま消えていったのは事実のようです。

■ SWOT分析の進め方

限界があるSWOT分析ですが、大きな枠組みや環境の変化をとらえるには有用な手法です。その進め方のポイントを図表Ⅳ-7に示しておきます。

■ PPM（プロダクト・ポートフォリオ・マネージメント）分析のマトリックス

一般にPPM分析を語る時は「縦軸に市場成長性、横軸に市場占有率」を置きますが、市場が限られる中小企業に使う場合は「縦軸に投資の必要性、横軸にコスト優位性」を置くと解りやすくなります（図表Ⅳ-8、Ⅳ-9参照）。PPM分析にも、基本的には**コストに合わない事業は切り捨てることを示唆**することになるため大きな落とし穴があります。

例えば、この自動車販売店は整備他のアフターサービスがいいことから多少他より高くても顧客が付いていたのに、不採算な修理サービス部門を切り捨てることになればたちまち事業の根幹が揺らぐことになります。

図表Ⅳ-7　SWOT分析の進め方

(1) 当社を取り巻く「脅威」と「機会(ビジネスチャンス)」を把握する。
　・取引先企業の業界の「環境や課題」あるいは「今後の動向」を把握することによって、「業界が抱える脅威」や「業界の新たなビジネスチャンス（機会）」を把握できます。

≪着眼点≫
　・自社にプラスと思われる外部環境の変化は競争相手にとっても等しくプラスとなるます。

(2) 当社の強み弱みを把握する。
　・<u>競争相手と比較</u>して「優れている点」「劣っている点」を洗い出すことが、本当の意味でのお取引先企業の「強み」「弱み」をつかむことにつながります。

≪着眼点≫
　・優れている点をより強くすることができるのか？
　・劣っている点を改善して強みに転化することができるのか？

(3) 戦略へ昇華させる。
　・分析結果を経営戦略に落とし込む。

≪着眼点≫
　・「強み」によって「機会」を最大限に活用するために取組むべき課題は何か？
　・「強み」によって「脅威」の悪循環を回避するために取組むべき課題は何か？
　・「弱み」によって「機会」を逃さないために、取組むべき課題は何か？
　・「弱み」と「脅威」により最悪の結果となることを回避するために取組むべき課題は何か？

留意点

何を当社の「強み」とみるか「弱み」とみるかは高度な判断（機会・脅威も同様）
田の字の十字をどの位置で区切るかによって答えは違う！

第4章　定性分析

図表Ⅳ-8

	スター	問題児
市場成長率 高低	カネの成る木	負け犬

市場占有率　高　低

これでは考えにくい！

市場成長率の高低の2面
市場占有率の高低の2面

相互作用を考えることでキャッシュフローの
ダイナミズムを最大限引出す戦略を考える！

基本的考え方

■カネの成る木から搾り出したキャッシュを問題児に投入しスターに育てる！

■スターは現状を維持しながら市場の成熟を待ち、カネの成る木への転嫁を待つ！

■スターになり損ねた負け犬は「売却」なり「清算」なり、なんらかの方法でキャッシュに替える！

PPM分析は使い方によっては危険　危険

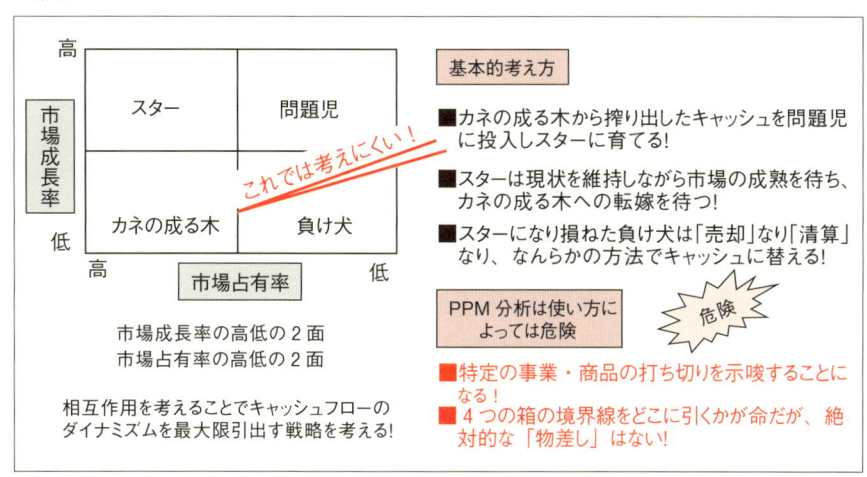

■特定の事業・商品の打ち切りを示唆することになる！
■4つの箱の境界線をどこに引くかが命だが、絶対的な「物差し」はない！

図表Ⅳ-9

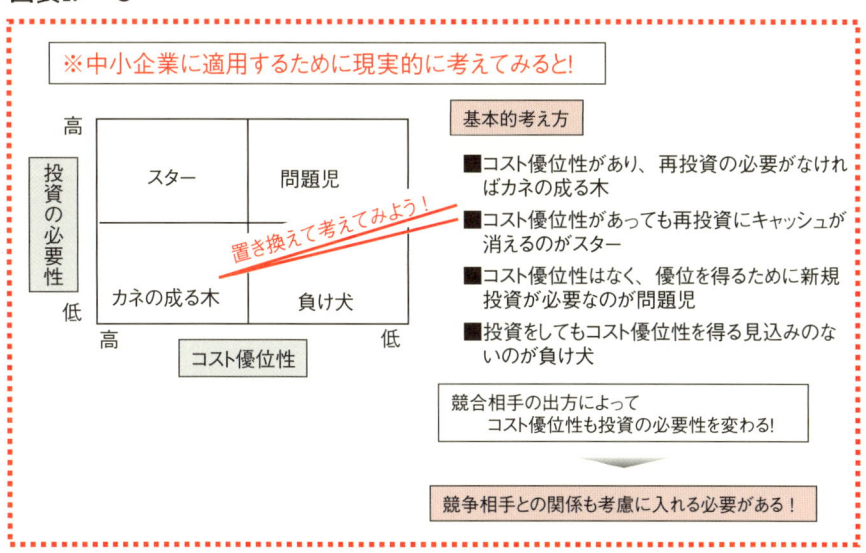

※中小企業に適用するために現実的に考えてみると！

	スター	問題児
投資の必要性 高低	カネの成る木	負け犬

コスト優位性　高　低

置き換えて考えてみよう！

基本的考え方

■コスト優位性があり、再投資の必要がなければカネの成る木
■コスト優位性があっても再投資にキャッシュが消えるのがスター
■コスト優位性はなく、優位を得るために新規投資が必要なのが問題児
■投資をしてもコスト優位性を得る見込みのないのが負け犬

競合相手の出方によって
　コスト優位性も投資の必要性を変わる！

競争相手との関係も考慮に入れる必要がある！

第4章 まとめ

① 定量分析（決算書分析）だけでは企業の実態は見えない。数字に表れない良さ強やみを把握して初めて実態がわかる。
② 事業の内容と顧客の状況をできるだけ最小単位（できれば固有名詞）まで落とし込んでみる。
③ 業界と業種の課題と展望をつかむ。
④ 競合他社と比較して強み弱みを把握する。
⑤ 主要な分析手法の特徴と限界を理解し、経営者から語られる戦略戦術の合理性を判断する。

第 5 章

不動産の基礎知識

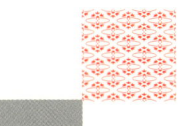

第1節

はじめに

　企業の実態を把握するには、「財務分析を中心とする定量分析」をするだけでなく「数字に表れない強さを把握する定性分析」が必要です。
　一方で財務分析の基礎となる**決算書は様々な理由から化粧（粉飾）**がさ

図表V－1

```
┌─────────────────────┐  ┌──────────────────┐
│  決算書は化粧されている！  │  │ 本章は不動産      │
├─────────────────────┤  │ に特化した内容    │
│  不動産は嘘をつかない！   │  └──────────────────┘
├─────────────────────┤  ┌──────────────────────────┐
│  債務者は豹変する！      │  │「不動産を見る力」は「財務を読 │
└─────────────────────┘  │ む力」と同等に、金融機関職員に │
                           │ 等しく求められる基礎能力      │
                           └──────────────────────────┘
```

┌──┐
│　　　　支店で必要なのは、下記を素早く掴む能力！　　　　│
├──┤
│ (1) <u>価値がある</u>ものか？   │
│ (2) その価値をすばやく<u>精緻でなくとも大よそを把握</u>できるか？ │
│ (3) 複雑な不動産登記の<u>登記事項証明書を正確に読みとる</u>ことができるか？ │
│ 　　（設定順位・共同担保・権利の制限を正確に不動産担保台帳に落としこめるか？） │
│ (4) 把握した価値をベースに担保設定状況に応じて<u>担保価格あるいは担保余力を把握</u> │
│ 　　することができるか？   │
└──┘

　　　　　　　　　　　　　┌───────┐
　　　　　　　　　　　　　│　余　談　│
　　　　　　　　　　　　　└───────┘
┌──┐
│ ■不動産を把握しておけば営業推進の場面でも力を発揮する！ │
│ 　　不動産を調査し担保余力を把握しておくことは営業推進の場面でも有効│
│ 　です。新規開拓先の場合などは、<u>事前に資金調達能力等の大よそを把握</u>│
│ 　<u>しておけば、交渉を自信を持って進めることができます。</u>また既存取引先を│
│ 　考えても、保全を意識した取組みが可能になり、引いては良質な資産（融│
│ 　資）獲得（⇒与信コストの圧縮）つながるきっかけとなる筈です。│
└──┘

れており実態を表していません。在庫が決算書に記載どおりある保証はありませんし、利益が正しく公表されているとはかぎらないのです。

しかし、そんな当てにならない決算書の記載内容でも、金融機関職員から見ると、**不動産は唯一確実に把握できる資産**なのです。決算書の科目明細に記載された場所には必ずその不動産はあります。少しばかりの基礎知識は必要ですが、その価値をつかむことはそんなに難しいことではありません。財務分析は不動産の価値をつかむところから始まるのです。**不動産の価値を見極める力は、財務分析を進める上で、最も基礎**となるものなのです。

精緻な評価である必要はありません。営業店で求められるのは「価値のあるものか?」「その価値がおよそどの程度か?」が把握できれば十分です。「当たらずとも遠からず!」で十分です。

本章では、営業店で必要と思われる「不動産を見極める目とは何か?」「必要な基礎知識は何か?」について整理していきます。

第2節

不動産は嘘をつかない!

不動産だけは、そこに行けば必ず現物を確認できます。なぜなら不動産は動かせないからです。権利関係は不動産の登記事項証明書を見ることで確実に把握できます。ほんの少しの基礎知識さえあれば、その**価値は比較的容易に把握**できるのです。

ここでは、不動産の特徴を整理し、「価値を的確に判断する」ことと「担保取得に失敗しない」ために必要な知識を整理します。

（1）不動産の特徴と書面調査・現地調査

図表Ⅴ－2

不動産の特徴

- (1) その場所に行けば確実にある。
- (2) 権利関係等が容易に確認できる。
- (3) 評価が比較的簡単にできる。

⇔

B/Sに「でたらめな数字」を入れてごまかしたり、「現金をタンスに隠したり」することは出来ても、<u>不動産は確実にその内容を捉えることが出来るためごまかせない。</u>

↓

<u>「担保取得する？しない？」にかかわらず不動産調査は重要</u>
（理由）
・「いざ」という時のために備える！
・与信判断の基礎となる！
　実態 B/S（事業継続ベース）、実資力（清算ベース）に反映！

↓

<u>資産調査を伴わない実態把握は気の抜けたビール</u>のようなもの
（登記事項調査による書面調査と現地調査は非常に重要）

図表Ⅴ－3

・不動産価格（時価）を把握
・担保余力を把握
・資金調達余力を把握

現地を必ず確認せよ！

書面調査

用意するもの	留意点
・不動産登記事項証明書（<u>進入路</u>を含める） ・都市計画図 ・住宅地図　　他	・権利関係の確認 ・物件の位置、地形接面道路状況 ・担保取得すべき物件の確認 ・他行担保設定状況の把握　　他

現地調査

確認事項	ポイント
・使用状況の確認 ・地勢、地形の確認 ・進入路の確認 ・同一性の確認　　他	・使用者（表札は）？ ・用途は（賃貸か・自用か）？ ・担保取得すべき物件が網羅されているか？ ・建築基準法上の道路、使用の権利が確保できるか？ ・登記事項証明書、公図、住宅地図との同一性が確認できるか？　　他

（2）不動産登記の見方

　不動産登記とは、**不動産に関する権利関係を登記簿に記載し公示する制度**です。大切な財産である土地や建物について、その物理的状況と権利関係を、法務局が管理する帳簿（登記簿）に記載し、広く公開（公示）することによって、不動産取引の安全と円滑を図ることを目的としています。

　　　　　※物理的状況…所在や面積、建物であれば更に構造
　　　　　※権利関係……所有者の住所氏名、担保権の有無と内容等

■不動産登記の種類

　法務局（登記所）には、①バインダー方式の帳簿で管理するところと、②コンピュータで管理しているところとがあります。コンピュータ管理されている法務局では、登記簿謄本のことを全部事項証明書と呼びます。

　不動産にかかる登記事項証明書については、下記のふたつの証明書について知っておく必要があります。

　　　①全部事項証明書……登記記録（閉鎖登記記録を除く）に記載されて
　　　　　　　　　　　　　いる事項の全部を証明したもの。
　　　②現在事項証明書……登記事項に記録されている事項のうち現に効力
　　　　　　　　　　　　　を有する部分を証明したもの。

　なお、すでに閉鎖された登記記録について確認することもできます。これは「閉鎖事項証明書」で確認できます。過去に記録はあるものの、すでに効力を失い全部事項証明書等の記載からはずされた事項を証明してくれるものです。

　閉鎖事項証明書を必要とするケースは通常はないと思いますが、素性の悪い不動産（所有権の移転が激しいものや、（根）抵当権の設定抹消の激しいもの）の場合、閉鎖された登記の内容を調べてみる必要がありますの

図表Ⅴ-4

	記載事項		確認事項	留意点
表題部	不動産の表示に関する事項	①	目的物件と証明書に表示された物件との<u>同一性</u>および担保取得すべき不動産のすべてであるかどうか	・顧客の申出物件と同一であるか。特に土地は、合筆・分筆により地番が変わっていないか。
		②	「地目」「種類」で<u>担保不適格物件</u>はないか。	・「地目」に公園・保安林など、「種類」に寺社など<u>処分が社会公共性著しく反する</u>ものはないか。
		③	建物の保存登記の年月日はいつか	・建築後何年を経過しているかを知り建物評価の手がかりとする。
		④	担保提供物件以外に<u>未登記の建物</u>はないか。	・<u>実地調査により確認</u>するのが原則。複雑な場合は固定資産税評価証明と登記事項証明書を突合わせる。
		⑤	<u>証明書綴込み枚数</u>を確認	・登記事項証明書の枚数に綴り込まれた物が一致するかどうかを確認。 ※<u>甲区で脱漏があると「所有権を制限する登記」が漏れて評価に影響を及ぼすことがある。</u> ※<u>乙区で脱漏があると「先順位(根)抵当権を見逃すことに繋がる。</u>
甲区	所有権に関する事項	①	現在の所有者は誰か <u>担保提供者との同一性</u>	・過去から現在までの所有者の変更につき、その原因(売買、相続など)とともに順に記載されている。 ※近時オンライン化により一時期より以前の記録は載せてない場合があるが申請することで調査は可能。
		②	目的物件の移転状況	・<u>移転経路が不自然で移転頻度の高い物件は要注意</u> ※通謀虚偽表示等詐害行為が行なわれている場合がある。
		③	<u>停止条件付所有権移転仮登記など、所有権を制限する登記はないか</u>	・所有権に制限がある場合、担保権者の権利が保全されないこととなり担保としての適格性を欠く。 ※<u>担保取得は回避する。</u>
乙区	所有権以外の権利に関する事項	①	先順位抵当権の有無とその設定額	・担保余力がどれくらいあるかを把握する。
		②	地上権・地役権・賃借権など負担となるその他の権利	・目的物件は減価し、<u>処分が難しくなる</u>ので要注意
その他	<u>共同担保目録</u>		取得担保の範囲の的確性の検証	・<u>登記事項証明書請求時に同時に請求することで取得できる。</u> ・他行が共同担保として取得している物件は原則自行も共同担保で取得する。

第5章　不動産の基礎知識

で、覚えておくとよいでしょう。

（3）不動産登記事項証明書（登記簿謄本）は宝の山

不動産登記の全部事項証明書は、①表題部、②甲区、③乙区、④その他、と分かれて記載されます。その記載内容と確認すべき事項について整理し

図表Ⅴ－5

新規取引時……手がかりとなる不動産（本社・工場・代表者自宅等）を基点に資産の概略をつかむ（共同担保目録）！
既存取引先……定期的に主要な物件（1～2物件）の登記事項証明書を取得し、登記事項の変化に留意することが肝要！特に当社の業況に変化を感じた場合は必須！

得られる情報	着眼点
資産の存在、内容を知る！	○共同担保目録を同時に徴求することによって、資産の全貌を掴む手がかりとなる。 ・会社の借り入れに対して個人の資産が担保提供されている場合がある。
担保設定状況を確認できる！	○銀行の（根）抵当権設定状況によって、金融機関との取引が予想できる。 ・どこの金融機関から、どのくらい借り入れがあるか？ ・その銀行との取引は何時頃からあるのか？ ・銀行遍歴は？ ・当社の金融機関からの信用状況は？ 　相当借入れがある会社なのに、全く抵当権がない。 　　　　　　　⇒信用良好？ 　担保余力があっても相当多数の抵当権が設定されている。 　　　　　　　⇒資金需要が旺盛？ 　　　　　　　⇒相当業績が苦しい？ ・評価額より設定額合計が低い水準にあれば、担保余力、資金調達余力がある。
	○仕入先（問屋・商社）が（根）抵当権を設定している。 　　　　　　　⇒継続的な商取引のため？ 　　　　　　　⇒買入債務が滞っている？ 　　　　　　　（最近設定の場合は特に注意）
	○代物弁済予約、所有権移転仮登記、賃借権設定等は内容によっては高利の借入れがあり、危険な状況にある場合もあり要注意
登記事項の変化で会社の状態を推測できる！	○登記内容を確認し、登記事項の変化に目を配ることが必要！ ・個人名や○△商事等の（根）抵当権設定が新たに確認できた場合は高利の借入れが新たに行なわれ資金繰りの悪化をしのいでいる可能性がある。 ・仮差押 ⇒ 末期症状を呈している可能性がある。

183

たものが図表Ⅴ－5です。

　不動産の登記事項証明書を良く読み解くと、様々な情報が隠されていることがわかります。新規取引開始時であれば、**共同担保目録**を取得してみると会社や個人資産を把握する手助けになる場合があります。既存取引先であれば、定期的に主要物件の登記事項の推移を確認することによって、債務者企業の業況の変化に気が付く場合もあります。

第3節

担保としての不動産

　企業は永遠ではなく生き物です。法人（命ある自然人ではない）であっても、環境の変化等で**不測の事態（破産・倒産等）に陥るケース**もあります。些細なイベント発生の影響を受けるのが中小企業です。

　債権者（金融機関から見て）である預金者を守る意味からも、金融機関は不測の事態発生への備えを行なう必要があります。これを信用補完といいます。信用保証協会の保証は代表的なもので、不動産担保も有力な信用補完手段となります。

　　○企業の信用力（業況）を検討し実態把握を行う。
　　○不測の事態発生への備え（信用補完）を検討する。

（1）人的保証も物的担保も保証であることに変わりはない

　一般的に私たちは、保証のことを人もしくは信用保証協会等の法人や機関が保証する意味で使っていますが、担保も保証の類型にすぎません。これを物的保証とよびます。

　ここでは、信用補完の手段を、物上保証（担保）と人的保証（機関保証・法人保証）にわけて整理します（図表Ⅴ－6参照）。

第5章　不動産の基礎知識

図表Ⅴ－6

信用補完の手段				
保証の種類		必要な要素	留意点	
担保	物上保証（担保）	・速やかに換金できるもの（換金に時間のかからない物ほど担保としての価値がある。価格の変動が少ない物ほど担保としての価値がある。） ・権利が完全な物である必要がある。　等	・担保提供をしていただいた物上保証人は原則的に人的保証人になっていただく。（下記参照） （担保提供者は債務者との関係が近い場合が多く、銀行と債務者の関係がこわれているような場合でも保証人になっていれば交渉場面で協力を得やすいというメリットがある）	
保証	人的保証	・債務者に代わって弁済する能力のある者 ・経営に責任ある立場の者 ・信用力のある親会社等 　（たとえば有配の上場会社）	・第三者保証人を徴求する場合は、原則として保証債務を限った特定保証人として参加いただく。（下記参照） （第三者保証人は会社の経営に責任を負っている訳ではなく与信取引全体におよぶ保証参加は合理性を欠き、後日トラブルに発展する可能性がある）	
	機関保証	・信用力のある法人等 　（例：信用保証協会）		

経営者以外の第三者の個人保証を求めないことを原則とする融資慣行の確立

総合的監督指針（平成23年9月）で新たに示された監督基準

（例外）
1. 実質的に経営権を有しているもの
2. 営業許可名義人
3. 経営者本人の配偶者（但し、当該経営者本人と共に当該事業に従事する配偶者に限る）
4. 経営者本人の健康上の理由により、事業承継予定のもの
5. 当該事業の協力者や支援者から積極的に連帯保証人の申し出があった場合（但し、協力者等が自発的に連帯保証の申し出を行なったことが客観的に認められる場合に限る）

（2）保証（担保）契約の類型

　人的保証（期間保証）でも物上保証（担保）でも当然契約が交わされます。その契約は大きく、①特定された債権を担保（保証）するものか、②金融機関の取引全部について（担保）するのかに区分されます。抵当権・根抵当権、個別保証（特定債務保証）・根保証（包括根保証）の意味を整理しておきましょう（図表Ⅴ－7参照）。

図表Ⅴ－7

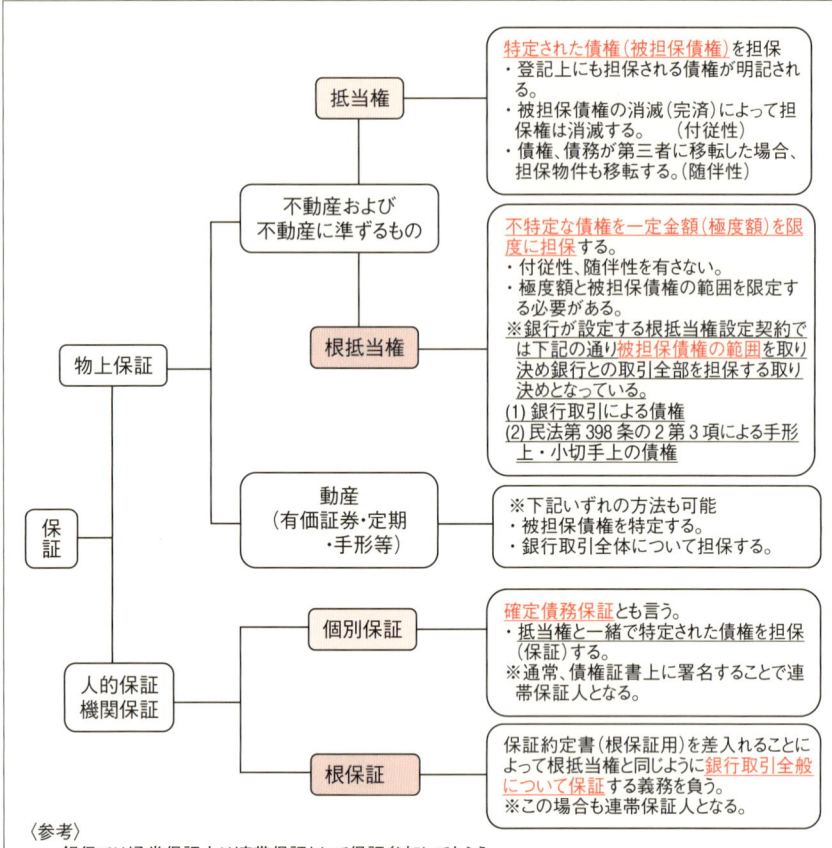

物上保証	不動産および不動産に準ずるもの	抵当権	<u>特定された債権（被担保債権）</u>を担保 ・登記上にも担保される債権が明記される。 ・被担保債権の消滅（完済）によって担保権は消滅する。　（付従性） ・債権、債務が第三者に移転した場合、担保物件も移転する。（随伴性）
		根抵当権	<u>不特定な債権を一定金額（極度額）を限度に担保</u>する。 ・付従性、随伴性を有さない。 ・極度額と被担保債権の範囲を限定する必要がある。 ※銀行が設定する根抵当権設定契約では下記の通り<u>被担保債権の範囲</u>を取り決め銀行との取引全部を担保する取り決めとなっている。 (1) 銀行取引による債権 (2) 民法第398条の2第3項による手形上・小切手上の債権
	動産（有価証券・定期・手形等）		※下記いずれの方法も可能 ・被担保債権を特定する。 ・銀行取引全体について担保する。
保証	人的保証機関保証	個別保証	<u>確定債務保証</u>とも言う。 ・抵当権と一緒で特定された債権を担保（保証）する。 ※通常、債権証書上に署名することで連帯保証人となる。
		根保証	保証約定書（根保証用）を差入れることによって根抵当権と同じように<u>銀行取引全般について保証</u>する義務を負う。 ※この場合も連帯保証人となる。

〈参考〉
　銀行では通常保証人は連帯保証として保証参加してもらう。
・銀行は、債務者が延滞した場合、無条件に保証人に対し、債務者への催告を求めることができる。
・銀行は、債務者が期限の利益を失った場合、債務者の資力の有無にかかわらず連帯保証人に保証債務の履行を求めることができる。

※単純保証の場合、保証人には下記抗弁権がみとめられている。
・催告の抗弁権・・・債権者が保証債務の履行を求めてきた場合、保証人は債権者に対し「まず主たる債務者に催告してくれ」と求めることができる。
・検索の抗弁権・・・債権者が催告の抗弁に従って債務者に催告したあとであっても、債務者に弁済する資力があり、かつ執行が容易であることを証明した時は、債権者はまず主たる債務者の財産について執行しなくてはならない。

第4節

適格な不動産担保

　不動産の価値を決める要素は様々です。その中で金融機関職員が知っておくべきものは、**①権利関係、②公法上の規制、③物件の実態**の三点です。また担保として適格といえるためには、**①換金に時間がかからない、②価値の変動が少ない、③権利が完全である、④管理が容易である、⑤毀損・変質の恐れが少ない**といった要素が必要です。その意味で不動産は比較的その条件を満たす場合が多いことから担保として一般的に利用されます。

　一方で不動産であっても、**流動性のないものは担保として適しません**。具体的には、家を建てることができない物件や公共性の高い物件は簡単には売れません。遠隔地で実地調査が難しい物件も、知らないうちに未登記物件が建てられたり、不法に占拠されたりするケースがあり、**管理が難しい**ことから担保としては適しません。

　以下、①権利関係、②公法上の規制、③物件の実態の3つの要素について解説します。

（1）権利関係

　不動産の所有者が明確でないと担保に取得しようがありません。ここでは所有権にかかる基本を整理します。所有形態にもいくつかあり、それぞれの特徴を理解しておきましょう。

　なお、民法上の特徴を以下に示しておきます。

① 土地上の**建物は土地とは別個の不動産**として扱われる（民法370条）
　・土地を売買契約で譲りうけても、買主は土地の上にある**建物の所有権を当然には取得できない**。

図表Ⅴ-8

```
┌─────────────────────────────────────────────┐
│      不動産を見極めるにはその価値を決める        │
│        3つの要素についての理解が必要！          │
└─────────────────────────────────────────────┘
```

①権利関係
- 所有形態
  ：単独所有・共同所有・区分所有・所有に関する制限（甲区）
  ：所有権移転請求権仮登記・差し押さえ・買戻特約等
- 所有権以外の権利（乙区）
  ：賃借権設定仮登記・地上権・地役権

②公法上の規制
- 都市計画法上の規制
  ：市街化区域・市街化調整区域・線引なし・都市計画区域外
- 農地法上の規制
  ：農地転用受理通知書農地転用許可書
- 建築基準法上の規制
  ：接面道路（公道・既存道路・2項道路・開発道路・位置指定道路・私道・その他）

適格な不動産担保？
- 換金に時間がかからない。
- 価値に変動が少ない。
- 権利が完全である。
- 管理が容易である。
- 毀損・変質の恐れがすくない。　等

担保として不適格
- 家を建てることができない。
- 売却が難しい。
- 管理が難しい。
  （容易に実地調査ができない。⇒遠隔地等）

③物件の実態
- 土地
  ：地勢・形状・道路との関係（巾員・間口・奥行）敷地の範囲（敷地全体・一部）
- 建物
  ：物件の同一性（未登記物件の有無・構造）居住者表示（本人・本人以外）
- 環境
  ：高圧線・鉄道・汚水処理場　変電所・墓地・火葬場等
- 交通
  ：交通利便性（鉄道・バス等の所要時間等）
  生活利便性（商店街までの時間等）
- 市場性、地域特性
  ：売却が容易な地域か（市場人気のある地域か）

・土地に（根）抵当権を設定しても（根）抵当権者は**建物に対する（根）抵当権を当然には取得しない。**

② 所有権を取得しても登記が無ければ第三者に対し、所有権を対抗できない（民法177条）

図表Ⅴ-9　所有権

区分	形態	備考	その他
単独所有	○ひとつの物をひとりで所有する形態	・建物およびその敷地はそれぞれ独立した不動産として別々に登記される。	
共同所有	○ひとつの物を複数のものが共同で所有する形態	・建物およびその敷地はそれぞれ独立した不動産として別々に登記される。 ・共有者は共有物に対し持分権という権利を有し、共有物全体に支配をおよぼすことができる。 ・共有者は持分権を自由に処分することができ、その結果共有関係からの離脱が可能。 ・共有物の分割を請求し共同所有関係の解消も可能。	※持分権：共有者が共有物に対し持つ権利。 (性質)「共有者の数だけ所有権がある」との説と「所有権はひとつであり、持分権はその所有権の量的一部」との説で見解の対立がある。 ※共同所有の形態としては別に「合有、総有」があるが処分が制約されるか、各人に持分が認められてないため、銀行にとって保全の対象とはなりにくい。 ・合有：共同所有者が持分権を有するが、その処分が制約され、財産の分割請求ができない。 →(例)組合の共同所有関係等 ・総有：共同所有ではあるが各人に持分権が認められないため、共有財産の利用はできてもその分割請求や、払い戻し、持分件の処分はできない。 →(例)入会財産や権利能力なき社団の財産
区分所有	○独立した数戸の『住戸、店舗、事務所』などが構造上区分されて存在する一棟の建物で、二人以上の所有者で区分して所有する形態。	・敷地に関する権利(敷地利用権)が一緒に登記され、専有部分と敷地利用権は分離して処分できない。	《例》 分譲マンション：共用の玄関や廊下、機械設備など居住者が共同で使用する共有部分がある。

① 定期借地権とは

　過去の借地借家法では土地を第三者に貸すと借地契約は自動更新され、なかなか借主には返してもらえないという不都合がありました。その結果、土地を貸す人が少なく、土地の有効利用が進まないという弊害がありました。
　そこで、平成4年8月に施行された新しい借地借家法で、「あらかじめ決めた期間が終了すると確実に貸地・借地関係が消滅し、貸主に変換される」という法整備が行なわれました。これが「定期借地権」と呼ばれるも

図表Ⅴ-10　定期借地権の種類

	一般定期借地権	建物譲渡特約付借地権	事業用借地権
利用者	一般人	同左	事業者
目的	マイホーム・別荘等の取得	同左	短期間で収益をあげて撤退を考えるロードサイドビジネス等
期間	50年以上（更新による期間の延長はなし）	30年以上　地主が建物を時価で買い取ることで契約が終了	10年以上20年未満
特徴	・借主は更地にして返却（借主は建物の買取を請求できない） ・存続期間中に建物を再建しても期間の延長はない。	地主が買取った後も借地人が建物の継続使用を請求すれば期間の定めのない建物賃貸借が設定されたと看做される。	・借主は更地にして返却（借主は建物の買取を請求できない）
契約	書面での契約が要件であり公正証書とすると良い。	口頭で契約は成立するが後日のトラブルが予測できることから書面とし公正証書とするのが望ましい	契約は必ず公正証書

のです。定期借地権には「一般定期借地権」「建物譲渡特約付借地権」「事業用借地権」があります。

② 定期借地権の問題点

　譲渡したり担保権を設定することは可能ながら、定期借地権では期間が経過すれば価値が下がる性質のものであることから**評価は難しい**ため、担保価値を算定しない取扱いが一般的です。事業用借地権の場合は、収益を生む優良物件である場合が多く、期間も比較的短いことから土地所有者側に担保価値を見る場合もあります。

（2）公法上の規制

　わが国に限らず、行政では、「国民の財産・健康・住環境を守る」といった理由で様々な公法上の規制があります。狭い国土に多数の国民を有するわが国では、食料の安定供給も重要な政策のひとつです。こうした規制は不動産の利用の幅に制限を課す事から、その価値に大きな影響を与えます。

　公法上の規制は多岐に渡りますが、代表的な「都市計画法」「農地法」「建築基準法」が評価に与える影響について整理しておきましょう。精緻な鑑定評価にはコマゴマした規制を考慮する必要がありますが、当たらずとも遠からずの評価には、この程度が理解できていれば十分です。

① 都市計画法

都市計画法の目的・概要と評価に与える影響については、図表Ⅴ-11のとおりです。

図表Ⅴ-11

| 目　的 | ○都市の健全な発展と秩序ある整備を図り、国土の均衡ある発展と公共の福祉の増進に寄与する。(都市計画法第1条) |

・市街化区域：都市計画法に基づき指定されたすでに市街地を形成している区域及び概ね10年以内に優先的に市街化を図るべき区域
　　（目的）
　　　<u>用途地域の指定</u>を行い土地利用を規制することによって、良好な都市環境の市街地の形成を行う。
・市街化調整区域：市街化を抑制すべき区域と規定
　　（目的）
　　　市街化を抑制し、優れた自然環境等を守る。
・線引外：都市計画区域外の区域であり、都市的な活動が展開される可能性がない区域

《原則行わない行為》
　開発行為や都市施設の整備

つまり

新たに建物を建てたり増築することができない。

※開発許可制度

《制度趣旨》
・市街化区域及び市街化調整区域の区域区分（いわゆる「線引き制度」）を担保し、良好かつ安全な市街地の形成と無秩序な市街化の防止を目的とする。

《開発行為の定義》
・開発行為とは主として下記の建設を目的とした「土地の区画形成の変更」をいう。
　(1) 建築物の建築
　(2) 第一種特定工作物（コンクリートプラント等）の建設
　(3) 第二種特定工作物（ゴルフコース・1ha以上の墓苑等）

《規制対象規模》

都市計画区域	線引き都市計画区域	市街化区域	1000㎡（三大都市圏の既成市街地、近郊整備地域等は500㎡）以上 ※開発許可者が条例で300㎡まで引き下げ可
		市街化調整区域	原則としてすべての開発行為
	非線引き都市計画区域（線引き外）		3000㎡以上 ※開発許可者が条例で300㎡まで引き下げ可

第5章　不動産の基礎知識

コラム

用途地域とは
　都市計画の将来像を想定した上で、都市内における住居、商業、工業その他の用途、密度、形態等に関する制限を設定するもの。
　用途地域は12種類あり、そのイメージは下記の通り。

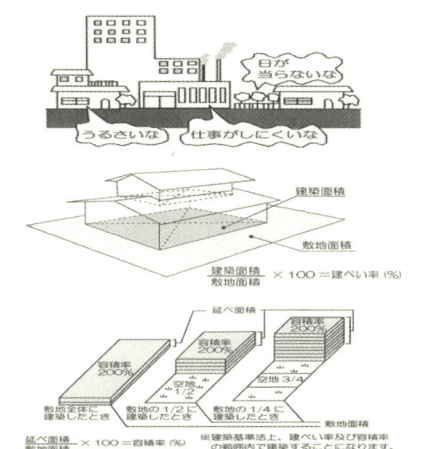

建ぺい率とは
　建ぺい率とは、建築物の建築面積の敷地面積に対する割合のことで、敷地内に一定の空地を確保するための制度です。

容積率とは
　容積率とは、建築物の延べ床面積の敷地面積に対する割合のことで、建築物の密度を規制するための制度です。

12種類の用途地域のイメージ図

第一種低層住居専用地域
低層住宅の良好な環境を守るための地域です。小規模なお店や事務所をかねた住宅や小中学校などが建てられます。

第二種低層住居専用地域
主に低層住宅の良好な環境を守るための地域です。小中学校などのほか、150㎡までの一定のお店などが建てられます。（流山市域での指定はありません。）

第一種中高層住居専用地域
中高層住宅の良好な環境を守るための地域です。病院、大学、500㎡までの一定のお店などが建てられます。

第二種中高層住居専用地域
主に中高層住宅の良好な環境を守るための地域です。病院、大学などのほか、1,500㎡までの一定のお店や事務所などが建てられます。

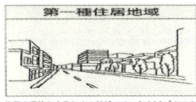

第一種住居地域
住居の環境を守るための地域です。3,000㎡までの店舗、事務所、ホテルなどは建てられます。

第二種住居地域
主に住居の環境を守るための地域です。事務所、ホテル、ぱちんこ屋、カラオケボックスなどは建てられます。

準住居地域
道路の沿道において、自動車関連施設などの立地と、これと調和した住居の環境を保護するための地域です。

近隣商業地域
近隣の住民が日用品の買物をする店舗等の業務の利便の増進を図る地域です。住宅や店舗のほかに小規模の工場も建てられます。

商業地域
銀行、映画館、飲食店、百貨店、事務所などの商業等の業務の利便の増進を図る地域です。住宅や小規模の工場も建てられます。

準工業地域
主に軽工業の工場等の環境悪化の恐れのない工業の業務の利便性を図る地域です。危険性、環境悪化が大きい工場のほかは、ほとんど建てられます。

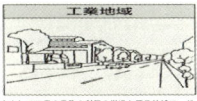

工業地域
主として工業の業務の利便の増進を図る地域で、どんな工場でも建てられますが、学校、病院、ホテルなどは建てられません。

工業専用地域
専ら工業の業務の利便の増進を図る地域です。どんな工場でも建てられますが、住宅、お店、学校、病院、ホテルなどは建てられません。（流山市域での指定はありません。）

出典：流山市ホームページより

図表V-12　用途地域による建築物の用途制限の概要(例)

用途地域内の建築物の用途制限 ○建てられる用途 ×建てられない用途 ①、②、③、④、△ 面積、階数等の制限あり			第一種低層住居専用地域	第二種低層住居専用地域	第一種中高層住居専用地域	第二種中高層住居専用地域	第一種住居地域	第二種住居地域	準住居地域	近隣商業地域	商業地域	準工業地域	工業地域	工業専用地域	備　考
住宅、共同住宅、長屋、寄宿舎、下宿			○	○	○	○	○	○	○	○	○	○	○	×	
兼用住宅で、非住宅部分の床面積が、50m²以下かつ建築物の延べ面積の2分の1未満のもの			○	○	○	○	○	○	○	○	○	○	○	×	非住宅部分の用途制限あり
店舗等	店舗等の床面積が 150m²以下のもの		×	①	②	③	○	○	○	○	○	○	○	④	①日用品販売店舗、喫茶店、理髪店及び建具屋等のサービス業用店舗のみ。2階以下 ②①に加えて、物品販売店舗、飲食店、損保代理店・銀行の支店・宅地建物取引業等のサービス業用店舗のみ。2階以下。 ③2階以下 ④物品販売店舗、飲食店
	店舗等の床面積が 150m²を超え、500m²以下のもの		×	×	②	③	○	○	○	○	○	○	○	④	
	店舗等の床面積が 500m²を超え、1,500m²以下のもの		×	×	×	③	○	○	○	○	○	○	○	④	
	店舗等の床面積が1,500m²を超え、3,000m²以下のもの		×	×	×	×	○	○	○	○	○	○	○	④	
	店舗等の床面積が3,000m²を超えるもの		×	×	×	×	×	×	×	○	○	○	○	④	

〜〜〜〜〜〜〜〜〜〜〜〜〜〜〜〜〜〜〜〜〜〜〜〜〜〜〜〜〜〜〜〜〜〜〜〜〜〜

			第一種低層住居専用地域	第二種低層住居専用地域	第一種中高層住居専用地域	第二種中高層住居専用地域	第一種住居地域	第二種住居地域	準住居地域	近隣商業地域	商業地域	準工業地域	工業地域	工業専用地域	備　考
畜舎(15m²を超えるもの)			×	×	×	×	△	○	○	○	○	○	○	○	△3,000m²以下
工場・倉庫等	パン屋、米屋、豆腐屋、菓子屋、洋服店、畳屋、建具屋、自転車店等で作業場の床面積が50m²以下		×	△	△	△	○	○	○	○	○	○	○	○	原動機の制限あり、△2階以下
	危険性や環境を悪化させるおそれが非常に少ない工場		×	×	×	①	①	②	②	○	○	○	○	○	原動機・作業内容の制限あり
	危険性や環境を悪化させるおそれが少ない工場		×	×	×	×	×	②	②	○	○	○	○	○	作業場の床面積 ① 50m²以下　② 150m²以下
	危険性や環境を悪化させるおそれがやや多い工場		×	×	×	×	×	×	×	○	○	○	○	○	
	危険性が大きいか又は著しく環境を悪化させるおそれがある工場		×	×	×	×	×	×	×	×	×	○	○	○	
	自動車修理工場			×	×	×	①	①	②	③	③	○	○	○	作業場の床面積 ① 50m²以下　② 150m²以下 ③ 300m²以下 原動機の制限あり
	火薬、石油類、ガスなどの危険物の貯蔵・処理の量	量が非常に少ない施設	×	×	×	①	②	○	○	○	○	○	○	○	① 1,500m²以下　2階以下 ② 3,000m²以下
		量が少ない施設	×	×	×	×	×	○	○	○	○	○	○	○	
		量がやや多い施設	×	×	×	×	×	×	×	○	○	○	○	○	
		量が多い施設	×	×	×	×	×	×	×	×	×	○	○	○	
卸売市場、火葬場、と畜場、汚物処理場、ごみ焼却場等							都市計画区域内においては都市計画決定が必要							

出典:流山市ホームページより

第5章　不動産の基礎知識

② 農地法

農地法の目的・概要と評価に与える影響については、図表Ⅴ-13のとおりです。

figure図表Ⅴ-13

```
┌──────────────────┐                    ┌──────────────────┐
│      目 的       │                    │      背 景       │
└──────────────────┘                    └──────────────────┘
○耕作者の地位の安定と農          ・農地は人の生存に欠かせない
 業生産力の増進とを図る。          食料の生産基盤。
(1)耕作者みずからが所有する。     ・食料自給率の低いわが国では
(2)耕作者の農地取得を促進する。    優良な農地は大切に守って行
(3)土地の効率的な利用を図るた     くことが必要
  め利用関係を調整する。

         権利移動および
         転用の制限
         (農地法第3条
          ～第5条)
              ↓

農地法第3条：所有権の移転・使用賃借権の設定・賃貸借権の設定
          「農地を農地として売買、貸し借りを行う場合」
      ※農地を購入するには一定の農業実績があることが条件であり
        農業以外の利用は認められないことから、担保としては不適格。
農地法第4条：農地の転用
          「自分の農地を自分で農地以外のものにする場合」
農地法第5条：農地の転用・所有権の移転等
          「所有権の移転に伴う農地の転用」

    ┌──────────┐      ┌──────────┐
    │農業委員会の│ ←──→ │許可なしで行われ│
    │ 許可が必要 │      │た移動転用は無効│
    └──────────┘      └──────────┘

※農地転用とは?
    農地を農地でなくすこと。すなわち農地に区画形質の変更を加えて
    住宅用地や工業用地、道路、山林などの用地に転換することを言う。
```

③ 建築基準法

建築基準法の目的・概要と評価に与える影響については、図表Ⅴ-14のとおりです。

図表Ⅴ-14

| 目 的 | ○建築物の敷地・構造・設備・用途に関する最低基準を定めて、国民の生命、健康および財産の保護を図り、もって公共の福祉に資する。 |

(1) 良好な集団的建築環境の確保
(2) 構造上・<u>防火上</u>・衛生上等の安全性の確保

　　　　　　　　　　　　消防車が入れる幅員(4m)があるか?

○建築物の規制
　建築基準法ですべて決まるわけではないことに注意を要する。
(例)
・都市計画法で用途地域が決まった場合、建築可能な建物の用途、大きさ等制限を受ける。
(建築基準法第三章:都市計画区域等における建築物の敷地、構造、建築設備および用途)

○建築基準法の道路と道路法上の道路の違いに留意。
　<u>建築基準法上の道路であってもその道路が私道</u>である場合、<u>公道(道路法上の道路)に出るまでの権利関係が問題となる場合</u>がある。
　(自分の権利の及ぶ土地を踏んで公道に出ることができるか?)

また、「道路」について整理したものが図表Ⅴ-15です。建築基準法上の「道路」と道路法上の「道路」を区別し、どのような点に注意して見ていくかを示しています。

また、特に建築基準法で定められる「5号道路」(いわゆる「位置指定道路」)について解説したものが図表Ⅴ-16です。同様に、建築基準法で定められる、いわゆる「2項道路」について解説したものが図表Ⅴ-17です。参考にしてみて下さい。

第5章 不動産の基礎知識

図表V－15

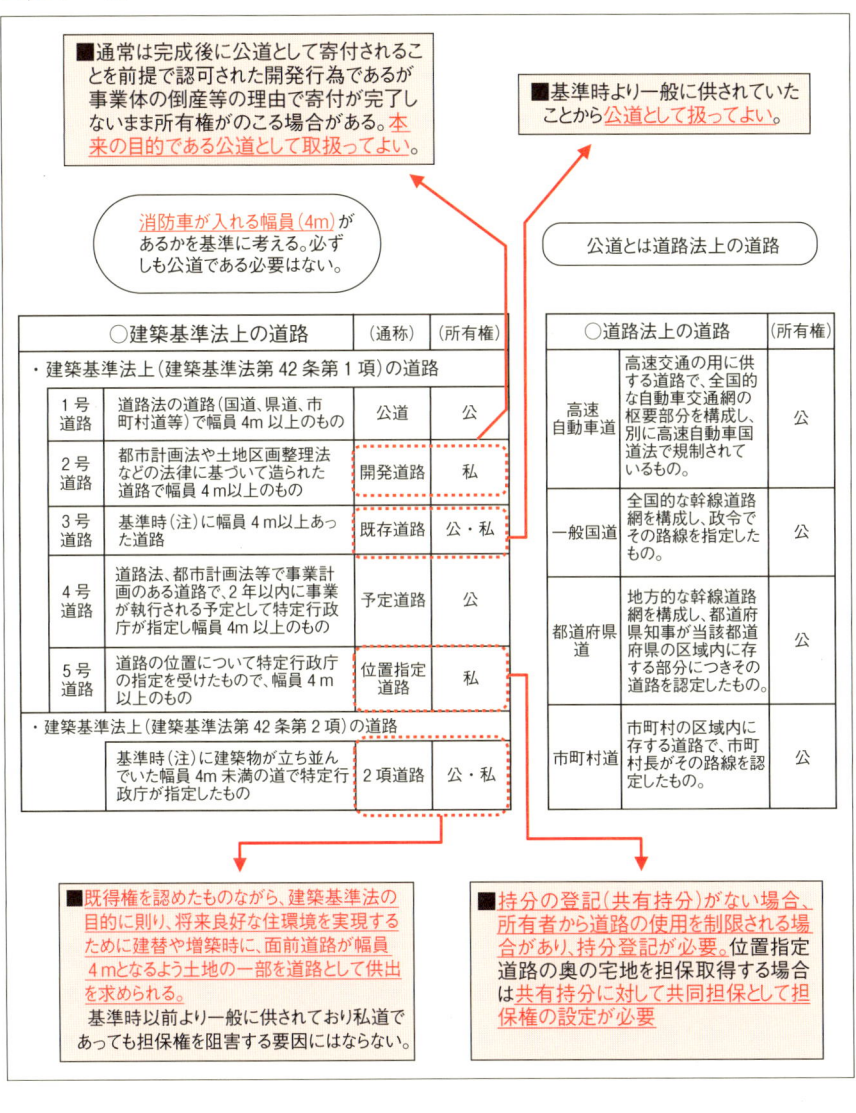

■通常は完成後に公道として寄付されることを前提で認可された開発行為であるが事業体の倒産等の理由で寄付が完了しないまま所有権がのこる場合がある。本来の目的である公道として取扱ってよい。

■基準時より一般に供されていたことから公道として扱ってよい。

消防車が入れる幅員(4m)があるかを基準に考える。必ずしも公道である必要はない。

公道とは道路法上の道路

○建築基準法上の道路

・建築基準法上（建築基準法第42条第1項）の道路

		(通称)	(所有権)
1号道路	道路法の道路(国道、県道、市町村道等)で幅員4m以上のもの	公道	公
2号道路	都市計画法や土地区画整理法などの法律に基づいて造られた道路で幅員4m以上のもの	開発道路	私
3号道路	基準時(注)に幅員4m以上あった道路	既存道路	公・私
4号道路	道路法、都市計画法等で事業計画のある道路で、2年以内に事業が執行される予定として特定行政庁が指定し幅員4m以上のもの	予定道路	公
5号道路	道路の位置について特定行政庁の指定を受けたもので、幅員4m以上のもの	位置指定道路	私

・建築基準法上（建築基準法第42条第2項）の道路

		(通称)	(所有権)
	基準時(注)に建築物が立ち並んでいた幅員4m未満の道で特定行政庁が指定したもの	2項道路	公・私

○道路法上の道路

		(所有権)
高速自動車道	高速交通の用に供する道路で、全国的な自動車交通網の枢要部分を構成し、別に高速自動車国道法で規制されているもの。	公
一般国道	全国的な幹線道路網を構成し、政令でその路線を指定したもの。	公
都道府県道	地方的な幹線道路網を構成し、都道府県知事が当該都道府県の区域内に存する部分につきその道路を認定したもの。	公
市町村道	市町村の区域内に存する道路で、市町村長がその路線を認定したもの。	公

■既得権を認めたものながら、建築基準法の目的に則り、将来良好な住環境を実現するために建替や増築時に、面前道路が幅員4mとなるよう土地の一部を道路として供出を求められる。
基準時以前より一般に供されており私道であっても担保権を阻害する要因にはならない。

■持分の登記(共有持分)がない場合、所有者から道路の使用を制限される場合があり、持分登記が必要。位置指定道路の奥の宅地を担保取得する場合は共有持分に対して共同担保として担保権の設定が必要

197

図表Ⅴ-16　位置指定道路

建築基準法第42条第1項に定められた5号道路
道路の位置について特定行政庁の指定を受けたもので
幅員4m以上のもの

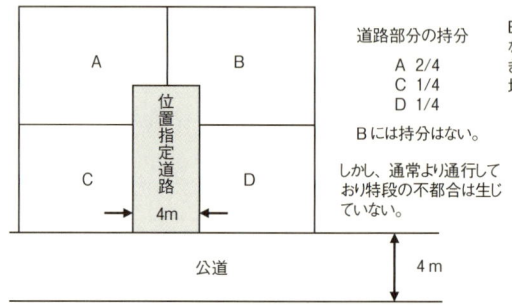

道路部分の持分
A 2/4
C 1/4
D 1/4

Bには持分はない。

しかし、通常より通行しており特段の不都合は生じていない。

A,C,Dについては自分の土地を踏んで公道にでることが出来ることから、問題はない。

Bについては建築基準法上接面道路に問題はなく家を立てることは可能（建築確認は取得できる）。しかし、道路部分に持分がなく自分の土地を通って公道にでることはできない。

従って（居住する）権利は完全なものではなく担保としては不適切。

仮にBの持分があったとしても、道路部分の持分に対し担保取得時に共同担保として取得を失念した場合、金融機関の担保権は不完全なものとなる。結果、債権保全上重大な瑕疵を負うことになる。

図表Ⅴ-17　2項道路

建築基準法第42条第2項
基準時に建物が立ち並んでいた幅員4m未満の道路で特定行政庁が指定したもの。

※基準時とは：その地域が都市計画区域に指定された時もしくは建築基準法が制定された時

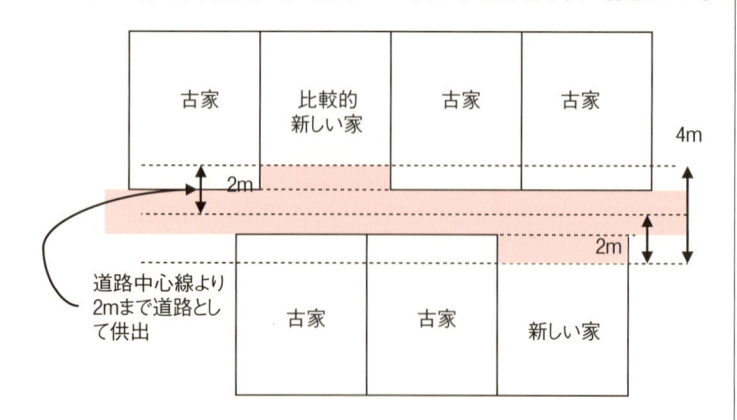

道路中心線より2mまで道路として供出

古家を増築、立替時、将来幅員4mの建築基準法に沿った道路となるようにセットバックを条件に建築確認がなされる。

評価は将来道路として供出する面積を減価させる必要がある。

（3）物件の実態

　書面調査に精を出しても、実際に行ってみると傾斜地や崖地であるということがよくあります。不動産は最後は実地臨検で一般的にみて魅力のある土地かどうかという目線で判断することになります。

　土地の地勢・形状・接面道路の状況・評価対象範囲の他、建物の同一性や周囲の環境、あるいは交通利便性や市場性（人気がある土地か？）をくまなく観察し評価することになります。今後開発が予定されている地域か

図表Ⅴ－18　評価物件の実地検分のポイント

土地	地勢	平坦地・高台地・傾斜地・崖地	
	形状	正方形・長方形・不整形（具体的に観察）	
	道路との関係	幅員	側　　　m（舗装・未舗装）
			側　　　m（舗装・未舗装）
		間口・奥行	間口　　m・奥行　　m
	対象物件の範囲	敷地全体・敷地の一部	
建物	同一性の確認	未登記物件なし・あり（具体的に観察）	
		構造面は登記面と一致・不一致	
	居住者表札・看板	本人・本人以外（具体的に）・なし	
環境	周囲の施設等	高圧線・鉄道・汚水処理場・変電所・墓地・火葬場・その他・なし	
交通	手段	鉄道・バス　　線　　駅　　方　　m 徒歩　　分	
	商店街までの所要時間	徒歩　　分　　バス等　　分	
市場性	市場性	高　・　普通　・　低	
	地域特性		
その他 （特記事項）			

どうか等の特記事項も評価の参考となります。

実地検分のポイントを図表Ⅴ-18のように整理してみるのもひとつの工夫でしょう。

■物件の実態（事例）

いくつかの事例をあげてみましょう。

（事例１）

これは、筆者が営業店の融資課長時代に渉外課長と争ったものです。渉外課長は基準値と評価対象地の評価が同じだと主張しました。線路に近くうるさい上、買い物は駅近くまで出て陸橋を歩いて渡って表にでる必要があります。病院も学校も表にあります（図表Ⅴ-19）。

騒音は距離の２乗に反比例します。同じわけがありません。同じと主張する根拠は、「住宅販売会社の支店長の評価であって専門家の意見だから正しい」というものでした。でも彼は評価対象地に建物を建築する施主様だったのです。業推無罪の渉外課長なのでしょう。自己資金が無かったのでしょうね。

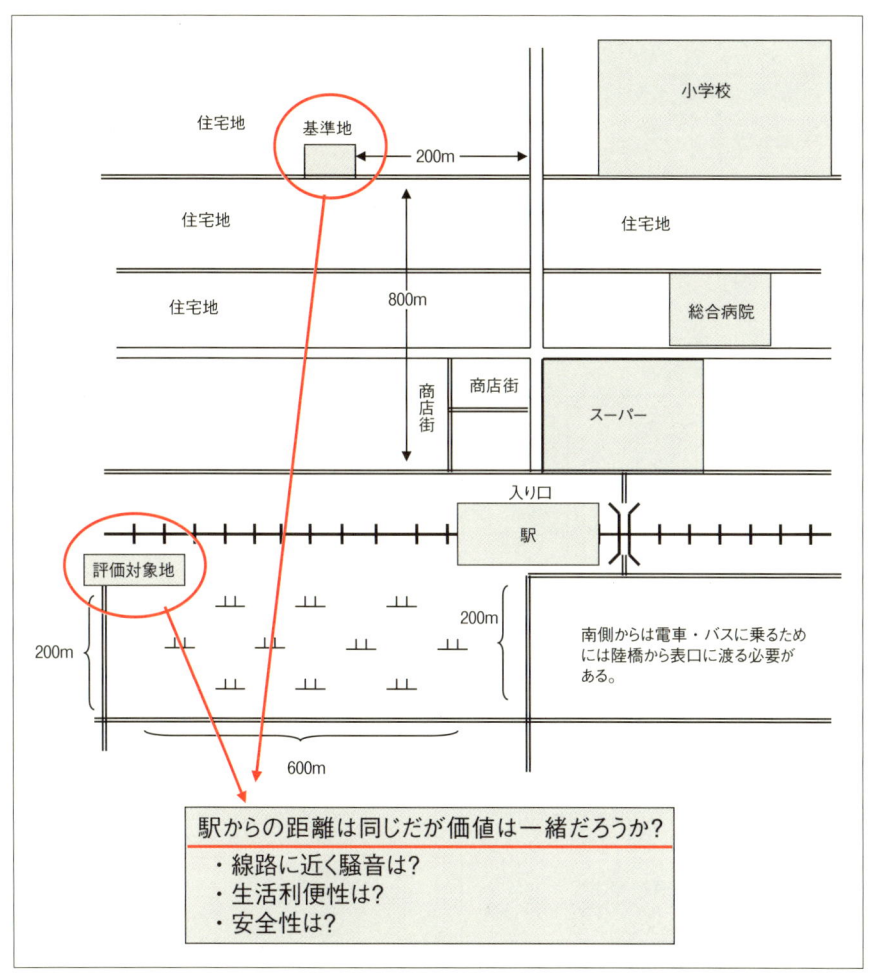

図表Ⅴ-19　用途地域・接面道路等の条件は同一と仮定する！

（図中テキスト）
- 住宅地　基準地　200m
- 小学校
- 住宅地　住宅地
- 住宅地　800m　総合病院
- 商店街　商店街　スーパー
- 入り口　駅
- 評価対象地　200m
- 200m　600m
- 南側からは電車・バスに乗るためには陸橋から表口に渡る必要がある。

駅からの距離は同じだが価値は一緒だろうか？
・線路に近く騒音は？
・生活利便性は？
・安全性は？

（事例２）

　この事例も実際に経験したものです。現場に行くと市内を見下ろす場所で、きっと夜景が美しいところです。護岸は大きな花崗岩で組まれ、電柱は地中に埋没された団地です。写真の取り方によってはとても高級な団地に見えます。しかし、実は極めて高電圧の高圧線（発電所から送り出され

図表Ⅴ-20

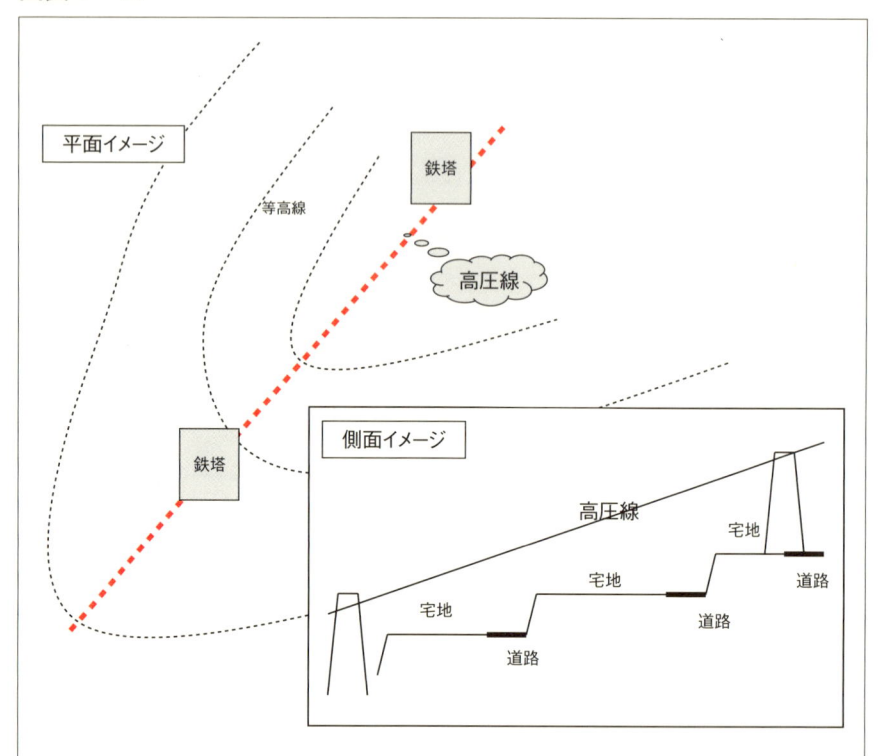

```
平面イメージ
等高線
鉄塔
高圧線
鉄塔

側面イメージ
高圧線
宅地
宅地    宅地
       道路
道路            道路
```

高圧線の下？
・万が一台風で高圧線が切れたら？
（過去台風では、高圧線が切れるのみならず鉄塔が軒並み途中で折れたという事実もある）
・電磁波による健康被害は？
（学問的に立証されているかどうか？は別にして、不安に思う人もいる）
・テレビ、ラジオ、インターネットへの影響は？

※出来上がりの販売可能見込み価格合計から、造成費用等を差引いたものが、時価評価額となる。
・本件の場合、「景色が気に入った」「上記不安を割り引いても価格が安い」等の理由がなければ一般に積極的にこの場所に住みたいとは思わない。

て間もない高圧線）が頭上を横断しているのでした（図表Ⅴ-20）。

　造成が終了し売却に入って7年、250区画のうち売れたのは20区画足らずです。売れませんよね。

第 5 章　不動産の基礎知識

（事例 3）

接面道路と評価対象土地の関係で評価が変わる例を示しています（図表 V-21）。建築基準法上で道路条件を満たしていても、正方形の土地と長方形の土地では価値が違います。長方形の土地に建物を建てるとなると建物も長方形となり、側面の壁の面積がどうしても増えてしまいます。壁が

図表 V-21

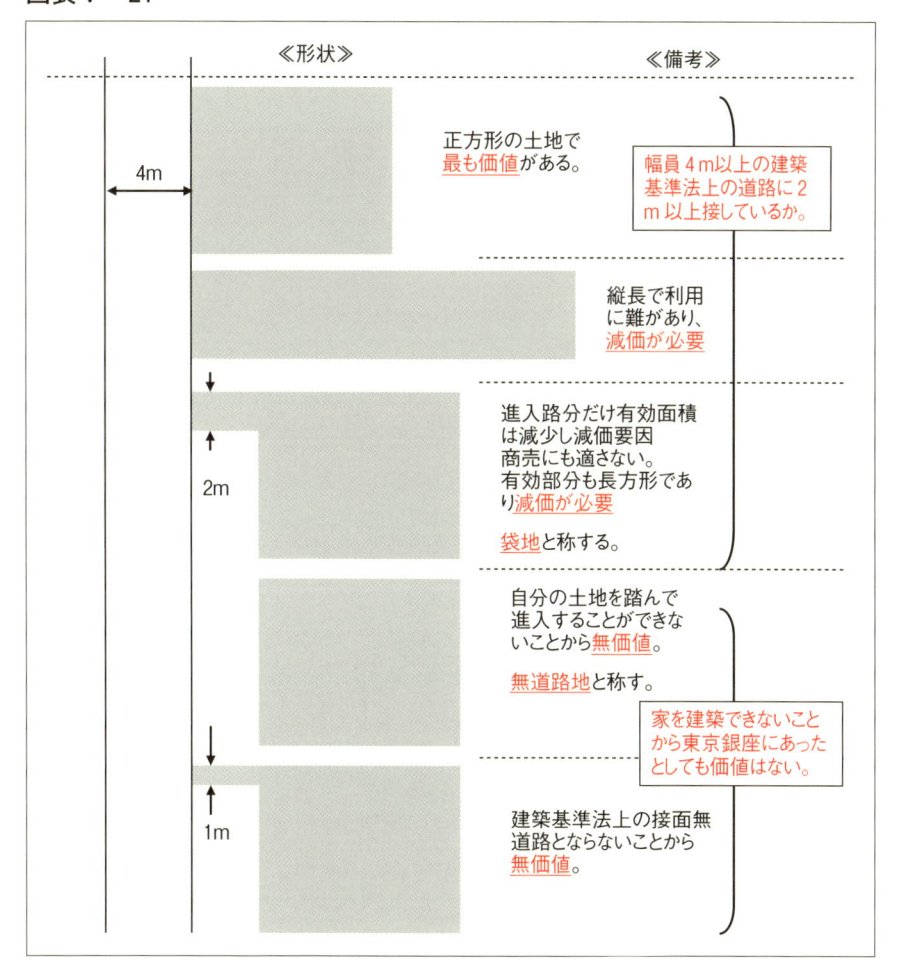

《形状》	《備考》
4m、正方形	正方形の土地で最も価値がある。／幅員 4 m 以上の建築基準法上の道路に 2 m 以上接しているか。
横長長方形	縦長で利用に難があり、減価が必要
2m、路地状敷地	進入路分だけ有効面積は減少し減価要因　商売にも適さない。有効部分も長方形であり減価が必要／袋地と称する。
道路に接しない土地	自分の土地を踏んで進入することができないことから無価値。／無道路地と称する。／家を建築できないことから東京銀座にあったとしても価値はない。
1m 接道	建築基準法上の接面無道路とならないことから無価値。

203

多いと建築コストが増えることから土地の価値はそれだけ下がるのです。

もちろん建築基準法の接面道路に適さないものは、建物を建築することが出来ませんので価値はありません。

(事例4)

土地は、近隣の利用状況に合わせて最も売り易い方法で売る必要があり

図表Ⅴ-22

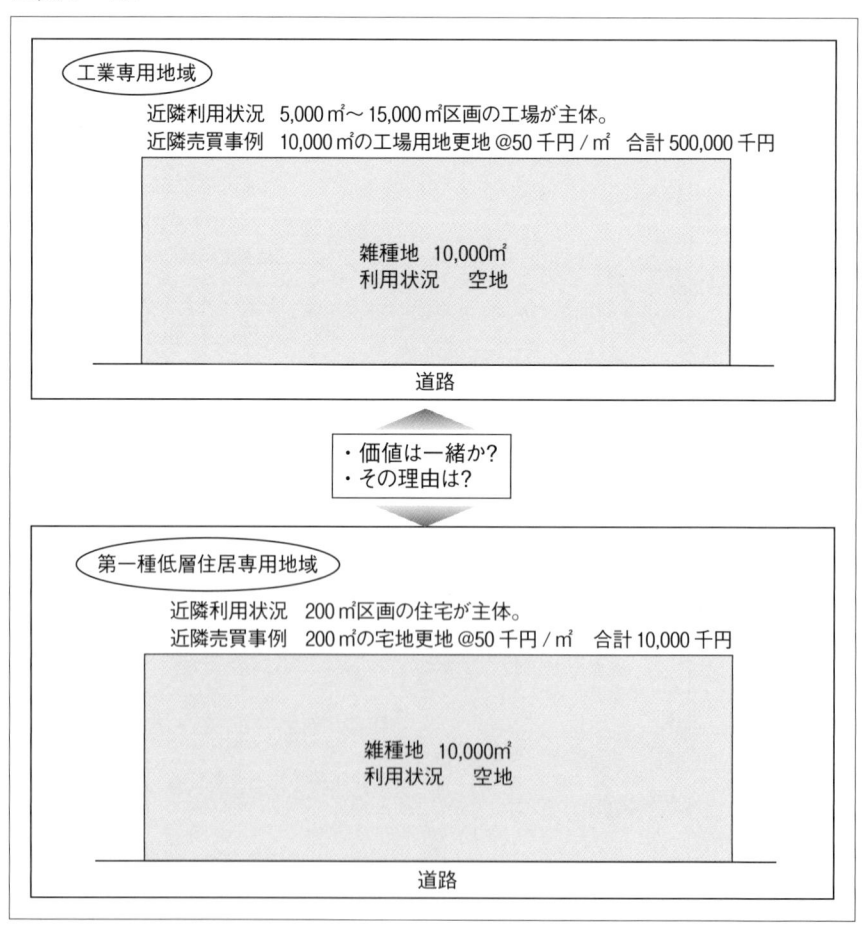

工業専用地域

近隣利用状況　5,000㎡～15,000㎡区画の工場が主体。
近隣売買事例　10,000㎡の工場用地更地 @50千円/㎡　合計500,000千円

雑種地　10,000㎡
利用状況　空地

道路

・価値は一緒か?
・その理由は?

第一種低層住居専用地域

近隣利用状況　200㎡区画の住宅が主体。
近隣売買事例　200㎡の宅地更地 @50千円/㎡　合計10,000千円

雑種地　10,000㎡
利用状況　空地

道路

ます（図表Ⅴ-22）。第一種低層住宅専用地域に10,000㎡の土地があっても、そのまま買って大邸宅を建てる人はまず居ません。簡単にはお金には換わらないのです。すばやく換金するにはやはり買い手が買い易い状況にして売るのが良いでしょう。一般的には、道路を付けて売り易い区画に整理した後に売り出します。道路や公共空地に土地が食われることになります。購入するときは、有効面積をベースに、売り出し価格および造成費用他を配慮した価格決定が必要です。

　工業専用地域では住宅を建てることができません。近隣が5,000㎡～10,000㎡の工場が主体に利用されているのなら、そのまま売却を考えるほうが有効です。細かく区分してしまう方がかえって売り難いでしょう（解説を図表Ⅴ-23）。

図表Ⅴ-23 解説

工業専用地域

近隣利用状況　5,000㎡～15,000㎡　区画の工場が主体。
近隣売買事例　10,000㎡の工場用地　更地　@50千円/㎡　合計500,000千円

近隣で最も一般的な区画は　5,000㎡～15,000㎡
本件は最も売り易い面積にあると言えることから　　@50千円×10,000㎡＝500,000千円

雑種地　10,000㎡
利用状況　工場

近隣の一般的な用途は工場

道路

第一種低層住居専用地域

近隣利用状況　200㎡区画の住宅が主体。
近隣売買事例　200㎡の宅地　更地　@50千円/㎡　合計10,000千円

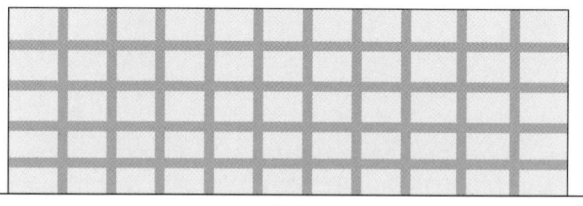

道路

価値の目安のつけ方

・本地域の一般的な利用状況は200㎡区画の宅地
・用途制限から工場は建てられない。
・10,000㎡の住宅地としても需要は普通考えられない。
∴200㎡区画に切って販売するのが最も現実的。

道路をつける必要があり、実際に価値を生む面積は減少する。

道路のつけ方、土地形状等にも左右されるが一般的には4割は道路部分、公共用地（公園等）に必要となる。

@50千円×10,000㎡×(1－0.4)＝300,000千円

尚、区画整理費用等必要経費の全額が更に必要（必要な経費の目安は埋め立て、護岸の必要性等により変わることから専門家に確認すると良い）

第5章 不動産の基礎知識

第5節

評価方法

　不動産の評価には、収益物件以外（居宅等）を評価する場合に用いられる取引事例比較法と収益物件（賃貸ビル・賃貸マンション等）を評価する場合に用いられる収益還元法が一般的によく用いられます。

（1）評価の基本

① 収益物件以外

　基本的には多数の取引事例を参考に、比較するのに適切な事例を選択し、様々な事情の補正や時点修正（事例の売買時期による時価変動の補正）、さらには地域要因や個別要因の比較を行なって価格を決める取引事例比較法が用いられます。

　しかしこれは不動産鑑定理論でのこと。一般的には公表されている基準値、公示地等を基本に形状等の歪みを常識を働かせて判断できれば十分です。相続税路線価が示されている場所であれば、公示地・基準値等と路線価の乖離を見てゆくのが有効です（図表Ⅴ－24）。

② 収益物件の場合（アパートローン・その他賃貸物件等）

　収益を生んでいる物件について、その不動産の収益性に着目して評価する手法を、収益還元法と呼んでいます。その不動産から将来得られる価値を、現在価値に割引いて評価します。収益還元法には永久還元法と呼ばれる簡便法と、ディスカウント・キャッシュフローを計算する有期還元法（DCF法）と呼ばれる方法があります。一般には永久還元法（簡便法）が理解できていれば十分です。営業店では「当たらずとも遠からず」の評価

図表Ⅴ-24

```
┌──────┐
│ 土地 │   比　較　法…類似した基準地、公示地、売買事例等を基
└──────┘                 に形状等を加味し比較して評価する。
   ↑
   │              参考となる指標
   │                 ①基準地価各
   │                 ②公示地価格
┌──────────┐       ③相続税路線価
│土地建物を│           ・通常0.8で割り戻すが、これだけでは不十分
│別々に評価する│         ・必ず、別の指標を用いて比較する。
└──────────┘      ※上記指標がない場合
   │                  ・近隣売買事例
   │              ※近隣売買事例がない場合
   │                  ・業者呼値（利害の絡まない第三者の複数の
   │                    業者から聴取する。）
   │
   │              ┌────────────────────────────┐
   │              │評価の基本は2種類以上の方法で評価│
   │              │し、もっとも低い評価がその物件の評価│
   │              └────────────────────────────┘
   ↓
┌──────┐
│ 建物 │   再調達価格を基準とする経年減価法を用いる。
└──────┘     ※施工業者・使用部材の程度・使用実態(メンテナンス状況)等考慮する。
              ※建物の再調達価格と経年減価と、その建物の程度で算定する。
                再調達価格と経年減価率は、自行庫の不動産評価部署で容
                易に把握できる。
```

で十分だからです（永久還元法（簡便法）については図表Ⅴ-25、有期還元法（DCF法）については図表Ⅴ-26参照）。

■永久還元法（簡便法）

　一般的に用いられる方法で、簡易におおよその評価を把握できます。計算も簡単なので簡便法として理解し、利用するとよいでしょう。この収益物件から得られる収益に対する投資利回りを計算し、同物件の投資価値（＝物件の評価）を把握することになります。計算式は下記の通りです。

$$V = \frac{ネットインカム（NI）}{期待利回り}$$

図表Ⅴ-25 永久還元法（簡便法）

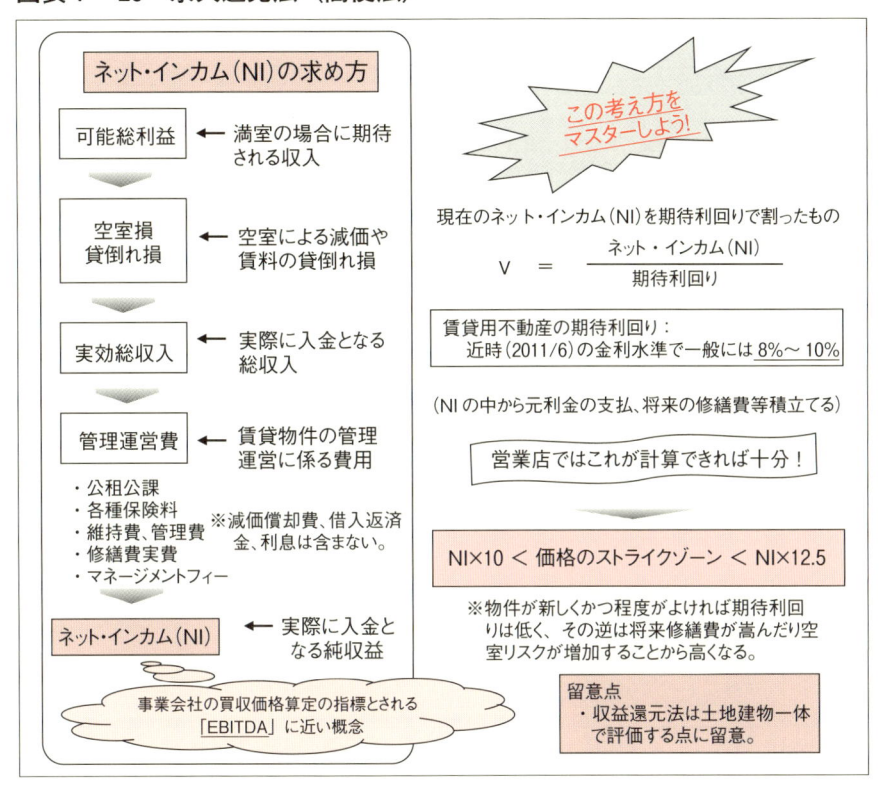

ネット・インカム(NI)の求め方

可能総利益 ← 満室の場合に期待される収入

↓

空室損 貸倒れ損 ← 空室による減価や賃料の貸倒れ損

↓

実効総収入 ← 実際に入金となる総収入

↓

管理運営費 ← 賃貸物件の管理運営に係る費用
・公租公課
・各種保険料
・維持費、管理費
・修繕費実費
・マネージメントフィー
※減価償却費、借入返済金、利息は含まない。

↓

ネット・インカム(NI) ← 実際に入金となる純収益

事業会社の買収価格算定の指標とされる「EBITDA」に近い概念

この考え方をマスターしよう！

現在のネット・インカム(NI)を期待利回りで割ったもの

$$V = \frac{ネット・インカム(NI)}{期待利回り}$$

賃貸用不動産の期待利回り：
近時(2011/6)の金利水準で一般には 8%〜10%

(NIの中から元利金の支払、将来の修繕費等積立てる)

営業店ではこれが計算できれば十分！

NI×10 < 価格のストライクゾーン < NI×12.5

※物件が新しくかつ程度がよければ期待利回りは低く、その逆は将来修繕費が嵩んだり空室リスクが増加することから高くなる。

留意点
・収益還元法は土地建物一体で評価する点に留意。

なお、賃貸用不動産の期待利回りは、近時（H25.10）の金利水準で「8%〜10%」がストライクゾーンとなります。つまり、ネットインカムの「10倍〜12.5倍」が評価ということになります。当然ながら収益物件であることから土地建物は同時にまとめて評価することになります。

> **永久還元法は「ネット・インカム（NI）」を把握することから始まる！**

　ネット・インカム……純営業収益をいう。賃料等の年間収益から管理費などの支払を差引いた利益のことで借入金利や減価償却費は含めない。

図表Ⅴ-26　有期還元法（DCF法）

きっちりと収益還元法で計算するなら有期還元法

参考程度でよい!

初年度、2年度、3年度と保有期間における1年ごとの純収益を査定し現在価値に置き換えた上で合計し、更に保有期間終了時の転売価格を同様に現在価値に置き換えてその総和を評価とする方法。

《計算式》

$$V = \sum_{k=1}^{n} \frac{a^k}{(1+r)^k} + \frac{\text{Net Resale Price}}{(1+r)^n}$$

$a_k =$ 　各期のネット・インカム

$r =$ 　割引率 ←
- ※国債等安全資産の利回りに不動産リスク率を加算して求める等複数の求め方がある。
- ※実際には複雑な要素を加味することから営業店で導き出すのは事実上困難!

$n =$ 保有期間 ←
- ※老朽化すると思わぬ予定外のコストが発生するリスクが高まる。
- ※よって価値が残っている10年後に売却して利益を確定したいとの考え方が加わり、通常10年後に売却することを前提とする。
- ※一般的にはn＝1～10となる。

永久還元法による評価額

$$X = \frac{\text{ネット・インカム}}{\text{期待利回り}} = \frac{5,000}{0.08} = 62,500$$

仮定
- ・新築
- ・計画値による「ネット・インカム」：5,000千円
- ・期待利回り：下記理由から8％を採用
  - ①新築であること、
  - ②近隣物件と比較して家賃設定が適切であること
- ・割引率：8％（算定は専門家の世界）
- ・保有期間を10年で試算

	各期のネット・インカム(a) （現在価値に引直したもの）	$(1+r)^k$	簡便法による売買価格 （現在価値に引きなおしたもの）	$(1+r)^n$
	5,000		X　62,500	
1	4,630	$(1.00+0.08)^1$	57,870	$(1.00+0.08)^1$
2	4,287	$(1.00+0.08)^2$	53,584	$(1.00+0.08)^2$
3	3,969	$(1.00+0.08)^3$	49,614	$(1.00+0.08)^3$
4	3,675	$(1.00+0.08)^4$	45,939	$(1.00+0.08)^4$
5	3,403	$(1.00+0.08)^5$	42,536	$(1.00+0.08)^5$
6	3,151	$(1.00+0.08)^6$	39,385	$(1.00+0.08)^6$
7	2,917	$(1.00+0.08)^7$	36,468	$(1.00+0.08)^7$
8	2,701	$(1.00+0.08)^8$	33,769	$(1.00+0.08)^8$
9	2,501	$(1.00+0.08)^9$	31,266	$(1.00+0.08)^9$
10	2,316	$(1.00+0.08)^{10}$	28,950	$(1.00+0.08)^{10}$
$\sum_{k=1}^{n}\frac{a_k}{(1+r)^k}$	A　38,550		$\frac{\text{Net Resale Price}}{(1+r)^n}$ B　28,950	

V ＝ A ＋ B ＝ 38,550＋28,950　67,500

Net Resale Price ＝ 転売純利益　※簡便法で求め得る売却価格を用いるケースが一般的

豆知識

（1）ネット・インカム（NI）は事業会社の EBITDA に近い概念

　M&A で企業を売買する場合や事業譲渡を行なう場合は、該当の企業や事業の価値を算定します。その折に簡便法としてよく用いられるのが EBITDA 倍率という考え方です。収益還元法でのネット・インカム（NI）は事業会社の価値算定の基礎となる EBITDA に実によく似た概念です。

　一般的に「EBITDA ＝償却前営業利益＋支払利息－受取利息」で表されます。普通「支払利息－受取利息」は些少なため無視して、「EBITDA ≒償却前営業利益」で表すこともあります。本業が生み出すキャッシュフローと言い換えることができます。投資利回りは下記の算式で表します。

$$投資利回り = \frac{EBITDA}{事業価値（投資価値）} \times 100$$

　近時（H25.10）の金利水準で投資利回りのストライクゾーンは「12.5%～16.5%」程度です。逆算すると、事業価値（投資価値）のストライクゾーンは EBITDA の「6倍～8倍」ということになります。

　「ネット・インカム」では価格のストライクゾーンは10倍～12.5倍に対し、EBITDA では6倍～8倍であり大きな差があります。この理由は賃貸物件等は基本的には不動産が担保提供されていることから事業会社の売買に比べてリスクが低いことと、事業会社の収益（EBITDA）は不安定であることに理由があります。

（2）事業価値算定の簡便法

　　手がかりとなる指標は「EBITDA」

　　　EBITDA ≒償却前営業利益≒本業が生み出すキャッシュフロー

　　　期待利回りは近時（2013/2）の金利水準で「12.5%～16.5%」

$$12.5\% < \frac{\text{EBITDA}}{\text{事業価値}} \times 100 < 16.5\%$$

$$(\text{EBITDA} \times 6) < \text{事業価値のストライクゾーン} < (\text{EBITDA} \times 8)$$

※ EBITDA＝Earnings Before Interest, Taxes Depreciation and Amortization（利払い前・税引き前・償却前利益）

※ワールド・コム事件
　　……販売管理費に計上すべき費用を設備投資として計上し、EBITDAを「かさ上げ」
　　　　──→恣意的な算出が可能なため検証が必要

第5章　まとめ

① 化粧された決算書でも、唯一確実に把握できる資産が不動産（不動産は嘘をつかない）
② 適切な不動産評価は的確な与信判断につながる。
③ 複雑な登記事項を正確に読み取る力を身につける。
④ 営業店で必要なのは、不動産鑑定理論に従った精緻な鑑定評価ではない。当たらずとも遠からずの評価を速やかに導き出せること。まずは、価値のあるものかどうかの判断力を身につける。

第6章

資金繰表

第1節

資金繰表の作り方

　資金繰表を作れる金融機関の職員がどのくらいいるでしょうか。資金繰表は取引先に提出していただくものとの認識が多いのではないでしょうか。
　中小企業の経営者は本来とても忙しいはずです。資金繰表を作る時間があったら営業活動や、場合によっては集金で現金をかき集めることに集中すべきです。そもそも資金繰表の作り方さえ解らない場合も多いはずです。
　資金繰表は金融機関の職員が作るべきです。必要な情報をヒアリングし作ってみせてあげて下さい。そのうちに経営者も取り組めるようになるはずです。

① 資金繰りの重要性が増している

　高度成長時代、企業はそこそこのビジネスモデルがあれば、売上増加に合わせて現金は増加し、さほど資金繰りに注意を払う必要はありませんでした。
　しかし、現在では人口減少社会が現実のものとなりつつあり、合わせて長引く不況の中で売上を増加させることが困難な時代となっています。一方で中小企業の75％が赤字だといわれます。新規起業した企業が10年生き延びる確率は25％程度だともいわれます。言い換えるとこれからの企業経営はこれまで以上に資金繰りの安定に意を払う必要が生まれているのです。
　企業経営者はすべからく**「利益を上げる」「資金繰りを安定させる」**という目標を持って経営しているはずです。**利益が出ても資金繰りがつかなければ企業は倒れます**。過去の倒産事例を見ても、黒字倒産は想像以上に多いのです。

② 中小企業の経営者は忙しい

　中小企業では、**重要な仕事は社長がほとんど行なっているというのが実情**でしょう。環境の変化の中、売上も利益も獲得が難しくなっています。社長は営業活動にその大半を費やし、売掛金の回収に最大の労力を割いているはずです。資金繰りについて無頓着であったというのではありません。大きな資金の流れは頭の中で押さえられていたはずです。しかしながら資金繰表というような書式に落とし込んだ経験の無い場合が普通なのです。

　資金繰表を検討する必要が生じている状況は、売上不振等の理由でなにがしか経営が苦しくなっています。経営者は資金繰表を検討する必要性を理解していても「売上を獲得すること」と「売掛金を回収すること」に全力をあげざるをえません。そんな時経営者に対し、資金繰表の作成提出を求めるのでしょうか。とても酷なことです。そもそも作り方さえわからないというのがほとんどの場合です。**資金繰表は金融機関職員が、手元の資料とヒアリングで作成し、検討するべきです。**

③ 保証協会に提出するレベルの資金繰表では検討すらできないのが実情

　資金繰表というと地域金融機関の職員は信用保証協会に提出を求められる簡易な資金繰表をイメージします。**前期繰越金から次期繰越金までの作成を求められる簡易なもの**です。これでは**不十分**です。月別売上仕入計画、受取条件・回収条件から資金繰りをつかむ必要があります。取引量の多い仕入先（販売先）については個別に条件を把握し、売上仕入計画を把握し積上げる必要があります。条件の違う取引先のシェアが変わるだけで中小企業の資金繰りは大きく変動します。

　ABC理論というものがあります。別名ニッパチの理論とも呼ばれます。上位20％を見れば全体の80％を把握できるというものです。資金繰りが行き詰れば会社は倒産するという事実からも、上位取引先の個別の取引条件

図表Ⅵ-1

- 1. 現金・預金出納帳から作成
- 2. 総勘定元帳から作成

} 適用ごとに区分した詳細な資金繰りが作製できる一方、作業が膨大

- 3. 月次残高試算表から作成
  → 銀行員は素早く作れなくてはいけない！

- お客様の資金ショートを未然に防ぐためにも迅速な資金繰り把握が必要！
- 日頃から入手しているはずの下記情報に基づいて迅速に我々銀行で分析することが重要
- 月中の資金繰りも考慮した必要月末手持残高を誤らないこと！

※資金ショートを防止し、資金が不足する時点および不足額を把握するにはこれで十分

※リスケの検討時…より踏込んだ開示が必要
・受取、支払条件については上位10社程度は個別の情報開示が必要！
  リスケと経営改善は企業と銀行の共同作業
  （企業の協力と経営者の強い改善意欲が不可欠）

図表Ⅵ-2　資金繰表作成に必要な情報とは

	《必要な情報》	《備考》	《その他》
1.	月次試算表	○出来れば過去3年分（最低でも直近期の試算表は必要！） ・費用が支出されるパターンを月次で把握する。 ○入手できないか間に合わない場合 ・ヒアリング等で把握に努める。 ※最悪の場合、前年度の決算書から月次の費用支出パターンと額を推計することも可能。	○直近期試算表すら作成されていないか提出を得られないような先との取引はそれ自体で不安
2.	売上、仕入の実績ならびに見込み（予定）	○過去の売り上げ仕入れのパターンと比較して予定の妥当性を検証 ○入手できない場合 ・ヒアリング等によりその根拠を把握	○経済情勢、市場動向を踏まえ保守的に予測 ※実績は「売(買)掛期間＋手形平均サイト」以上遡る必要がある。
3.	平均受取条件 平均回収条件 （〆日　支払日　回収日　現金・手形比率　手形サイト）	○*最も重要* ・これが把握できていないと「現金が入る時期受取手形が現金に変わる時期」、「支払いで現金がいる時期、支払手形を決済する時期」が把握できない。	○条件が大きく異なる先が多い場合は実態にあわせて細分化して考える。 ・当然それにあわせて月別売上・仕入を予測し実績を把握する必要がある。

- 巡航速度で経営が行なわれている場合この程度で十分。
- リスク先等は、取引量の多い先から上位20％を個別に把握することが必要。

から資金繰表を起こす力が地域金融機関職員には求められます。

(1) 資金繰表には3通りの作り方

資金繰表の作成には3つの方法があります。①現金・預金出納帳から作成する方法と、②総勘定元帳から作成する方法は、適用ごとに区分した詳細な資金繰りが作成できる一方で、作業が膨大になります。これに対して、③月次残高試算表から作成する方法は、手早く作成することが可能で、資金ショートを防止して、資金が不足する時点および不足額を把握するには、これで十分です（図表Ⅵ-1）。

なお、資金繰表作成には、①月次試算表、②売上、仕入の実績ならびに見込み（予定）、③平均受取条件・平均回収条件、といった情報が必要となってきます（図表Ⅵ-2）。

ここがポイント！

(1) 資金繰表をつくれる力が必要

　金融機関職員は資金繰表を経営者に代わって作ることができる必要があります。

・中小企業の経営者はとても忙しい。資金繰りを任せることのできる社員もいない。

・中小企業の75%が赤字と言われる状況では、経営者は営業活動に追われデスクワークする時間がない。

(2) 保証協会が求める（前月繰越から次月繰越までの）簡易資金繰表では不十分！

・月別売上仕入計画、受取条件・回収条件から資金繰りをつかむ力が必要です。

・取引量の多い仕入先（販売先）については個別に条件を把握し、売上

仕入計画を把握し積上げる必要があります。条件の違う取引先のシェアが変わるだけで中小企業の資金繰りは大きく変動します。

> 大企業の場合、取引先との条件は大企業の力が一般的には強いことから、自社の都合で決められることが多いのですが、総じて中小企業は相対的に力が弱いため、取引先毎に条件が異なるのが一般的です。

（3）必要な情報取得はヒアリングが基本

- 取引先の立場で考えてみましょう。これまで開示したことのない細かい情報をペーパーで提出を求められたらどう思うでしょう。金融機関の融資スタンスが変化したと受け取るはずです。審査から求められたからと言って、いきなりペーパーでの提出を求めるのは愚の骨頂です。ペーパーでの取得は必要最小限に止めるべきです。

（2）基本情報（日頃から把握しておくべきもの）

　必要な情報は日頃から収集しておくべきです。これは"ヤバイ"と思って慌てて聞きにいってもかえって不信感を与えてしまい、正しい情報は出てこないことが多いのです。金融機関が「融資態度を変えた」「警戒を始めた」と受け取られてもしかたがないのです。

　資金繰表作成に必要な情報は日頃から整理しておくとよいでしょう。例えば月別売上仕入高推移については図表Ⅵ-4の表に記録します。過去3年分は情報として蓄積したいものです。

　法人事業概況説明書を決算書と一緒に頂くことで、決算終了年度の状況は把握できます。進行中の今期については、前年度の実績を頭にいれてヒアリングで概略をつかみます。取引先企業が自主的に開示してくれるまではヒアリングでつかむのが基本です。前年との環境の違いを頭にいれて、

第6章　資金繰表

図表Ⅵ－3　素早く資金繰りを把握するには

通常時の基本情報	資金繰り検討時に最低限追加して把握すべき情報	リスケ検討時に追加すべき情報
①月別売上げ、仕入れ ②平均的受取条件および回収条件 　〆日 　回収（支払）日 　現金手形比率 　手形サイト	③今後の事業計画 　月別売上（仕入）の見込み 　経費計画	④上位取引先別月別売上（仕入）見込み ⑤上位取引先の個別受取（支払）条件

少し高めに具体的数字を上げて質問してみるといいでしょう。少なく聞いてしまうと相手のプライドを傷つけることになる場合があります。

　支援と呼べるレベルまで資金繰りが切迫すれば、遠慮なく個社別についても開示を求めるべきです。

　販売先、仕入先の取引条件についても日頃から把握しておくべきです。会社が巡航速度で航海しているときは平均的な取引条件をつかむ助けとなります。平均的な取引条件が把握できていれば今後の売上仕入計画が把握できれば、大まかに資金繰りを把握できます。普通はこれで十分です。

　取引先の業況が厳しくて資金繰りをより厳しく把握する必要がある時は、主要取引先毎の売上仕入計画をヒアリングし、個別に入金支払を計算した上で合算します（図表Ⅵ－5）。

　いずれにしても日頃から主要取引先の取引条件については情報を集めておくべきです。条件の違う取引先のシェアが変わったり、取引先の取引条件が変わるだけで資金繰りは大きく変化するのが中小企業の特徴です。取引条件の変化は当社の信用状況の変化を示している場合もあります。

図表Ⅵ-4　月別売上仕入高推移

月	期　売上高	仕入高	期　売上高	仕入高	期　売上高	仕入高
月						
月						
月						
月						
月						
月						
月						
月						
月						
月						
月						
月						
合計						

　売上仕入はヒアリングで聞き出すのが基本

(1) ペーパーで情報開示してくれる先は「まれ」であると覚悟しよう！
(2) いままでの担当者が聞いていないのに、いきなり審査に指摘されたからといってペーパーで提出を求めたら、取引先は「銀行が警戒を始めた？」と受け止める。

　リスケ先等業況不芳先については
　正確な情報を提供頂くのは当たり前！

図表Ⅵ-5

販売先情報

会社名	決済方法			
	〆日	回収月日	現金%	手形%	手形サイト
会社名					
会社名					
会社名					
会社名					
会社名					

仕入先情報

会社名	決済方法			
	〆日	支払月日	現金%	手形%	手形サイト
会社名					
会社名					
会社名					
会社名					
会社名					

※平均的受取(回収)条件は比較的簡単な会話で引き出せる！

日頃の渉外活動での創意工夫が重要！

第2節

資金繰表作成前の基礎知識

　資金繰りを把握するのに重要な要素が〆日と支払日（回収日）の関係です。意外と理解できていません。小売業を除き一般に商売は「掛け」で行なわれます。商品を販売（仕入）するたびに請求し、適当に回収（支払）しているわけではありません。ある一定期間の売上（仕入）の請求（支払）は特定の日にまとめて計算され、それぞれ条件に従って回収（(支払）するのが普通です。

　これを受取条件（回収条件）と呼びます。この関係が理解できないと月々の売上に振幅がある場合に、資金繰りを見誤ることになります。後述の練習問題（Ⅰ）（Ⅱ）を参考にして理解を深めてください。

　売上と代金回収の関係、及び仕入と代金支払の関係をまとめてみましたので、よく理解しておいてください（図表Ⅵ-6、Ⅵ-7）。

　また、平均サイトの求め方（図表Ⅵ-8）、資金繰表作成例（図表Ⅵ-9）、月末勘定残高の見方（図表Ⅵ-10）もそれぞれまとめてみましたので、参考にして下さい。

第6章　資金繰表

図表Ⅵ-6　売上と代金回収の関係

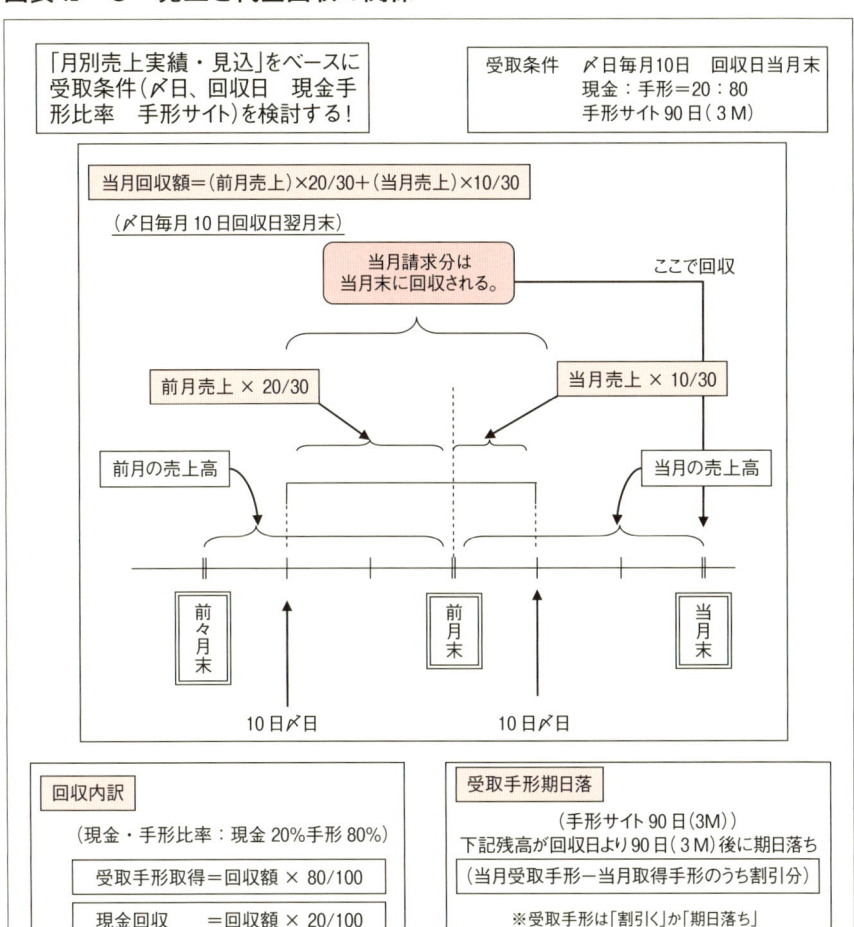

「月別売上実績・見込」をベースに受取条件(〆日、回収日　現金手形比率　手形サイト)を検討する！

受取条件　〆日毎月10日　回収日当月末
現金：手形＝20：80
手形サイト90日(3M)

当月回収額＝(前月売上)×20/30＋(当月売上)×10/30

(〆日毎月10日回収日翌月末)

当月請求分は当月末に回収される。

ここで回収

前月売上 × 20/30　　当月売上 × 10/30

前月の売上高　　当月の売上高

前々月末　　前月末　　当月末

10日〆日　　10日〆日

回収内訳

(現金・手形比率：現金20%手形80%)

| 受取手形取得＝回収額 × 80/100 |
| 現金回収　　＝回収額 × 20/100 |

受取手形期日落

(手形サイト90日(3M))
下記残高が回収日より90日(3M)後に期日落ち

(当月受取手形－当月取得手形のうち割引分)

※受取手形は「割引く」か「期日落ち」して初めて現金となる！

223

図表Ⅵ-7　仕入と代金支払の関係（念のために）

「月別仕入実績・見込」をベースに支払条件（〆日、支払日　現金手形比率　手形サイト）を検討する！

支払条件：〆日毎月20日　翌月末支払
　　　　　現金：手形＝40：60
　　　　　手形サイト90日（3M）

当月支払＝（前々月仕入）×10/30＋（前月仕入）×20/30

翌月支払＝（前月仕入）×10/30＋（当月仕入）×20/30

（〆日毎月20日支払日翌月末）

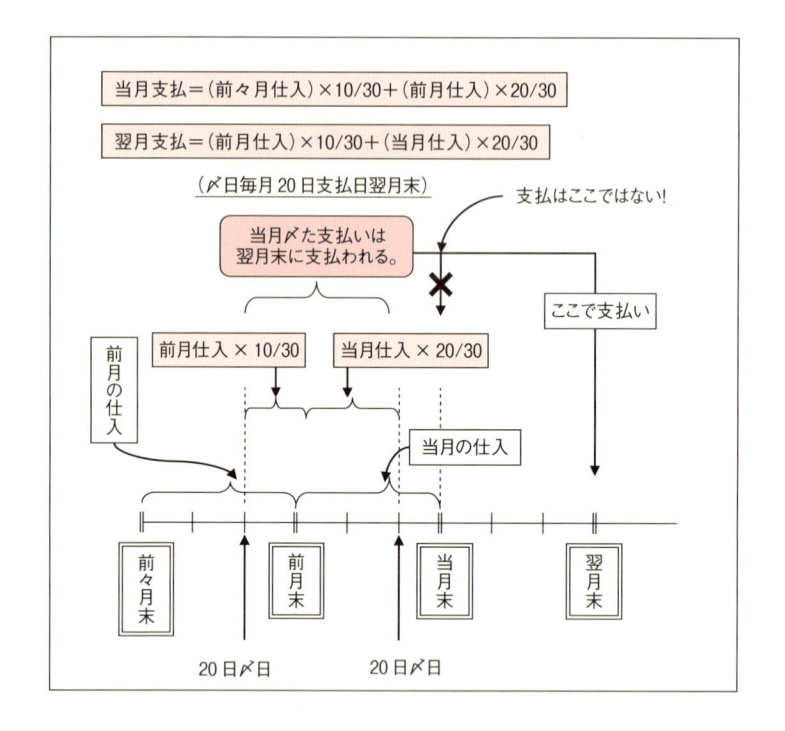

当月〆た支払いは翌月末に支払われる。

支払はここではない！

ここで支払い

前月の仕入

前月仕入×10/30　　当月仕入×20/30

当月の仕入

前々月末　前月末　当月末　翌月末

20日〆日　　20日〆日

支払内訳

（現金・手形比率：現金40%手形60%）

現金支払＝支払額×40/100

支払手形＝支払額×60/100

支払手形決済

（手形サイト90日（3M））

振り出されてから3ケ月後に決済
当月末から数えれば4ケ月後の月末になる。

※手形で支払われたものは手形期日に支払い現金を必要とする！

図表Ⅵ-8　平均サイトの求め方（参考）

```
平均サイトの求め方          最長日数と最短日数の
（平均滞留期間）            平均で算出
```

（例1）
15日締切、月末受取り（支払い）の場合
15日に売った代金は当月末に回収
　→売掛期間15日（最短の滞留）
16日に売った代金は翌月末に回収
（翌月15日に締めてその月末に回収）
　→売掛期間45日（最長の滞留）

・売掛（買掛）平均サイト

$$= \frac{最短期間 + 最長期間}{2}$$
$$= \frac{15+45}{2} = 30$$

（例2）
25日締切、翌月15日受取り（支払い）の場合 25日に売った代金は翌月15日に回収→売掛期間20日（最短の滞留）
26日に売った代金は翌々月の15日に回収（翌月25日に締てそのまた翌月の15日に回収→売掛期間50日（最長の滞留）

・売掛（買掛）平均サイト

$$= \frac{(5+15)+(5+30+15)}{2}$$
$$= 35$$

《練習問題》 ※解答はp.229に

練習問題（Ⅰ）

売上　2月120百万円　3月110百万円　4月140百万円

当社の平均回収条件
　15日〆　翌末回収　現金40％　手形60％
　手形サイト2M

（問Ⅰ）
　5月の回収額を現金、手形別に答えなさい。
（問Ⅱ）

図表Ⅵ-9 資金繰表作成例

1. 6月に賞与10百万円支給。租税公課2百万円見込む。（その他経費は横這い）
2. 9月に積立満期分12百万円を解約
3. 原価率75%
4. 当月の割引は当月の受取手形の中で行なう。（現実的ではないが、単純化するため）
5. 借入金はすべて短期借入とする。

		実績	4	5	6	7	8	9	6M合計	
営業状況	売上 140	150	120	120	150	180	150	150	870	20〆当月末回収 現金50% 手形サイト3M
	仕入 110	90	90	112	135	112	112	90	651	20〆当月末支払 手形100% 手形サイト2M
(A) 前月繰越（現金・当座預金）		60	39	36	26	61	78	58	298	
収入	売上代金回収 (受取手形取得)	73	65	60	70	85	80	75	435	(前月売上×10/30 +今月売上×20/30)×50%
	1. 現金	74	65	60	70	85	80	75	435	(前月売上×10/30 +今月売上×20/30)×50%
	2. 受取手形期日落	5	15	20	13	0	5	10	63	
	3. 営業外収入	0	0	0	0	0	0	0	0	
	4. その他収入（損益外）	0	0	0	0	0	0	12	12	
	5. 関連会社からの調達	0	0	0	0	0	0	0	0	
	(B) 1〜5合計	79	80	80	83	85	85	97	510	
支出	仕入代金支払 (支払手形振出)	97	90	105	127	120	112	97	651	(前月仕入×10/30 +当月仕入×20/30)×100%
	1. 支払手形決済	110	100	97	90	105	127	120	639	
	2. 現金払	0	0	0	0	0	0	0	0	
	3. 人件費支払	10	10	10	20	10	10	10	70	
	4. 租税公課	2	0	0	0	0	0	2	2	
	5. その他販管費	15	15	15	15	15	15	15	90	
	6. その他支出（損益外）	0	0	0	0	0	0	0	0	
	7. 関連会社への流出	0	0	0	0	0	0	0	0	
	8. 定期性預金預入	2	2	2	2	2	2	2	12	
	9. 支払利息	1	1	1	1	1	1	1	6	
	(C) 1〜14合計	140	128	125	128	133	155	150	819	
(D) 収支差引B-C		▲61	▲48	▲45	▲45	▲48	▲70	▲53	▲309	
(E) 当月不足A+D		▲1	▲9	▲9	▲19	13	8	5	▲11	
資金調達	(F) 手形割引	60	65	55	60	85	70	50	385	
	(割引手形期日落ち)	70	60	70	60	65	55	60	370	
	借入金	0	0	0	80	0	0	20	100	
	借入金返済	20	20	20	60	20	20	20	160	
	(G) 差引	▲20	▲20	▲20	20	▲20	▲20	0	▲60	
(H) 次月繰越E+F+G		39	36	26	61	78	58	55	16	
月末勘定残高	定期性預金	20	22	24	26	28	30	20	0	(前月末残高)-（その他収入「損益外」の中の当月定期解約)+（当月定期性預金預入）
	受取手形	50	35	20	17	17	22	37	▲13	(前月末残高)+（当月受取手形取得)-（当月受取手形期日落)-（当月割引手形）
	売掛金	120	110	110	120	130	120	120	0	(前月末残高)+（当月売上高)-（当月受取手形取得)-（当月現金取得）
	棚卸資産	360	360	382	405	382	382	360	0	(前月末残高)+（当月仕入高)-（当月売上高×原価率）
	支払手形	200	190	198	235	250	235	212	12	(前月末残高)+（当月支払手形振出)-（当月支払手形決済）
	買掛金	85	85	92	100	92	92	85	0	(前月末残高)+（当月仕入高)-（当月支払手形振出)-（当月現金支払）
	割引手形残高	190	195	180	180	200	215	205	15	(当月末残高)+（当月割引高)-（当月割引手形期日落）

※保証協会に求められるのは通常ここまでながら不十分

※資金繰りは現金ベースに考えることから減価償却は含まない点に留意
過去の実績とヒアリングにより埋めてゆく。

※把握できていれば試算表徴末段階で異常を発見し易い。

226

5月の受取手形の内50百万円を割引したとすると、5月受取手形のうち金額幾らがいつ期日落ちすることになるか答えなさい。

練習問題（Ⅱ）

仕入額が次の場合に下記設問に答えなさい。

　　2月　　90百万円　　　〆日　20日　当月末支払い
　　3月　120百万円　　　現金40％、手形60％
　　4月　　75百万円　　　手形サイト　90日（3Ｍ）
　　5月　　90百万円

（問Ⅰ）

4月および5月の支払いを現金手形別に答えなさい。

図表Ⅵ－10　月末勘定残高の見方

下記勘定の月末残高の仕組みを理解しよう！

1.	定期性預金＝(前月末残高)－(その他収入「損益外」の中の当月定期解約)＋当月定期性預金預入
2.	受取手形＝(前月末残高)＋(当月受取手形取得額)－(当月受取手形期日落)－(当月割引手形)
3.	売掛金＝(前月末残高)＋(当月売上高)－(当月受取手形取得額)－(当月現金取得額)
4.	棚卸資産＝(前月末残高)＋(当月仕入高)－(当月売上高)×(原価率)
5.	支払手形＝(前月末残高)＋(当月支払手形振出)－(当月支払手形決済)
6.	買掛金＝(前月末残高)＋(当月仕入高)－(当月支払手形振出)－(当月現金支払)
7.	割引手形＝(残月末残高)＋(当月割引高)－(当月割引手形期日落)

第6章 まとめ

① 資金繰表の作成を中小企業の経営者に求めるのは酷！窮境に陥った中小企業の経営者は、目の前の手形決済のための資金集めに奔走するもの。そもそも資金繰表の作り方を知らないケースも多い。必要な情報の提供を受けて金融機関職員が作成検討し指導することが肝要。
② 一般に用いる前月繰越から次月繰越までの資金繰表では不十分。受取・回収条件と仕入販売計画に基づいて算出する。
③ 窮境に陥った中小企業では主要取引先毎の検討が必要。
④ 月中の支払日と回収日に配慮した月末資金の確保を失念しない。

第6章　資金繰表

解答

練習問題（Ⅰ）

(条件)15日締め　翌月末回収　現金40%　手形60%　手形サイト2M　現金40%　手形60%　手形サイト2M

売上高		計算期間	〆日	計算式	回収額			
					3月	4月	5月	6月
2月	120	2/1～2/15	2/15〆	120×15/28	64			
		2/16～2/28	3/15〆	120×(28-15)/28		56		
3月	110	3/1～3/15	3/15〆	110×15/31		53		
		3/16～3/31	4/15〆	110×(31-15)/31			57	
4月	140	4/1～4/15	4/15〆	140×15/30			70	
		4/16～4/30	5/15〆	140×(30-15)/30				70
回収額						109	127	
現金比率40%						44	51	
手形比率60%						65	76	

内、50百万円を割引する。
∴手持ち手形となるのは26百万円（=76-50）
サイト2Mであることから期日落ちするのは7月末

練習問題（Ⅱ）

(条件) 20日締め　当月払い　現金40%　手形60%　手形サイト90日(3M)

仕入高		計算期間	〆日	計算式	支払額			
					3月	4月	5月	6月
2月	90	2/1～2/20	2/20〆	90×20/28				
		2/21～2/28	3/20〆	90×(28-20)/28	26			
3月	120	3/1～3/20	3/20〆	120×20/31	77			
		3/21～3/31	4/20〆	120×(31-20)/31		43		
4月	75	4/1～4/20	4/20〆	75×20/30		50		
		4/21～4/30	5/20〆	75×(30-20)/30			25	
5月	90	5/1～5/20	5/20〆	90×20/31			58	
		5/21～5/31	6/20〆	90×(31-20)/31				32
回収額						93	83	
現金比率40%						37	33	
手形比率60%						53	50	

229

第7章

キャッシュフロー分析

第1節

はじめに

■**中小企業の財務分析は資産性分析と収益力分析**

　中小企業との取引を太宗とする**地域金融機関は、資産性（本当に価値があるか）の分析と収益力（特殊なものを除いた正味の収益力）分析**を主に行ないます。なぜなら、中小企業は財務体質が脆弱であり、**①一時的な収益の悪化から赤字債務超過に陥りやすく、②リストラの余地も小さいことから黒字化や債務超過解消までに相当な時間がかかるという特徴がある**からです。言い換えると財務の信頼性が低く、些細な経済イベントの影響を受け易い一方で、資産規模は小さいことから個別の資産の換金可能性を把握し易いという特徴があります。

■**経営の目的は「中期的には黒字を維持し、安定的にキャッシュフローを獲得すること**

　大企業は少し事情が異なります。資産規模は大きく、個別に換金可能性を検討することが事実上難しいのが大企業です。しかし、財務については会計監査で財務の的確性について厳しく監視されています。また、会計監査そのものも証券取引等監視委員会等で厳しく監視される時代です。大企業の決算については一定の信頼性があると言えます。また大企業の場合その規模事態が一定のサスティナビリティー（継続可能性）を担保している側面もあります。

　一方で、景気の動きに眼を向けてみましょう。情報伝達手段の発達は経済のグローバル化を促進し、地球の裏で起こったことが間髪をいれず日本国内の経済に影響を与えるという時代がすでに始まっています。リーマン

ショックは一過性のものではなく、単なる経済イベントにすぎません。景気に影響を及ぼす経済イベントは実は頻繁に起こっているのです。リーマンショックは最悪のシナリオを描いたにすぎないのです。

　大企業を分析する場合、単年度の損益に重点を置くことが実は危険であることが見えてきます。企業の行動とは「調達した資金（負債と自己資金）で準備した資産を運用して利益をだす行動」を言い、企業の利益とは「用意した資産を運用して得た収入から費用を差し引いたもの」を指します。実は上記の特徴を考えると、もうひとつ重要な視点が見えてきます。経営の目的です。経営者は利益を上げるために経営を行ないますが、キャッシュが生み出されないと資金繰りに行き詰まり最後は倒産します。別の言い方をすると、**経営の目的とは「中期的には黒字を維持した上で、安定的にキャッシュフローを獲得すること」** と言えるのです。

■**大企業の財務分析はキャッシュフロー分析**

　財務に一定の信頼性があり、規模が一定のサスティナビリティーを担保する大企業の場合は、**ビジネスモデルに合わせた一定期間（中期）での損益とキャッシュフローを検討**してみます。**通常で3年程度のくくりで「営業利益の合計と営業キャッシュフローの合計」** を比較してみます。単年度では経済イベント等の影響で赤字となっても、中期的に営業利益と営業キャッシュフローが確保できていれば健全との考え方ができるのです。

ここがポイント！

《大企業の場合》
キャッシュフロー分析
　・会計監査で的確性が厳しく監視されており、決算内容には一定の信頼

性がある。
・資産規模は大きく、個別資産の価値の確認は現実的ではない。

《中小企業の場合》

資産負債分析

・中小企業は財務的に脆弱。些細なイベントで経営はおおきな影響を受ける！
・公表決算書の信頼性が薄い。
・資産規模は小さく、個別資産の価値の確認が容易。

※中小企業でキャッシュフロー分析を試みる場合、実態バランスベースおよび実態収益力を正しく把握した上で行なう必要がある。

コラム

《企業活動の基礎知識》

企業の行動とは！：調達した資金（負債＋自己資本）で準備した資産を運用して利益を出す行動

企業の利益とは！：準備した資産を運用して得た収入からかかった費用を差し引いたもの

企業の目的とは！：中期的には黒字を維持したうえで、安定的にキャッシュフローを獲得すること

《キャッシュフロー分析が有効であるには！》

前提条件：企業の情報開示が正確であること。
　　　　（会計監査の的確性が厳しく監視される時代にある。）
　例）某太陽電池関連の工作機械メーカーは証券取引等監視委員会の強制捜査の結果、上場時の有価証券届出書の虚偽記載が発覚。取引金融機関の短期資金の借り換え拒否により経営破綻。

第7章　キャッシュフロー分析

第2節

上場会社倒産の実態（2009年3月期を例にみると）

　会計監査で財務の的確性について厳しく監視されているうえに、会計監査そのものも証券取引等監視委員会等で厳しく監視されるはずの大企業においても、実は多くの倒産が過去から発生しています。しかし倒産のパターンは過去と現在では大きく異なります。

　過去では多額の赤字の果てに倒産というケースが圧倒的でした。主力金融機関が人も金もつぎ込んだあげく赤字から脱却できずに倒産というパタ

図表Ⅶ－1　黒字倒産

```
黒字倒産とは
　↓
営業利益や純利益を計上し
ながら、経営破綻すること！

近時大型倒産のパターンに変化
《過去》多額の赤字の果てに倒産！　→　《近時》黒字でも倒産する。

　　↓
粉飾がなくとも
黒字倒産はありうる！

20／44

　↑
2009年3月期
上場会社の黒字倒産は20社（上場会社の破綻は全44件）
```

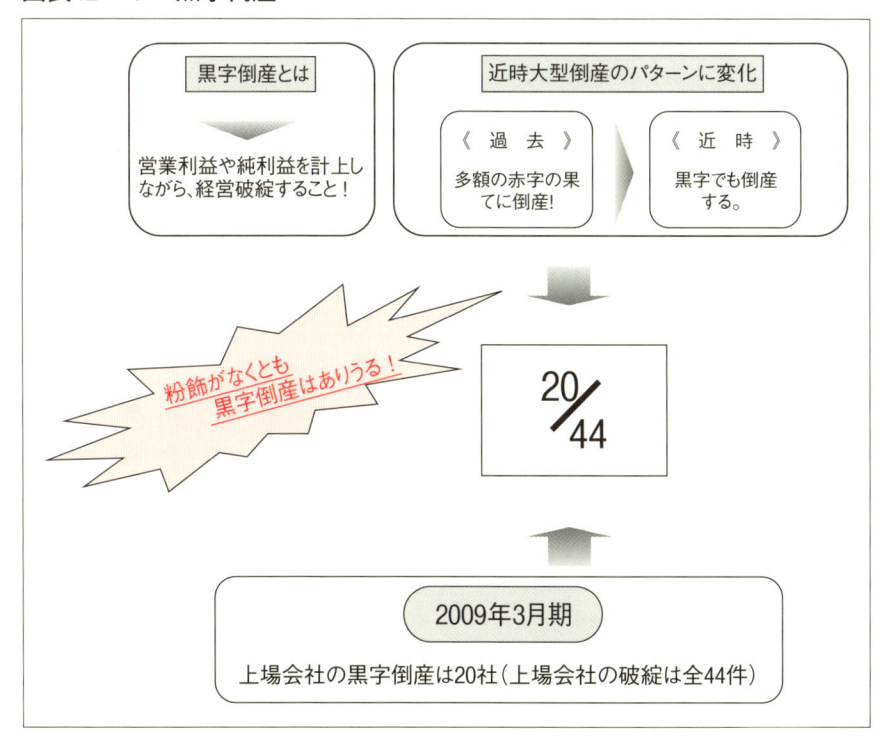

235

ーンです。しかし最近では、黒字倒産するケースが増えています。黒字倒産とは「営業利益や純利益を計上しているのに経営破綻するケースをいいます。すこしデータは古いのですが、2009年3月期で上場会社の破綻が44件だったのに対し、黒字倒産は実に半分近い20件を数えています。

　自己責任原則への金融行政の変化や経済環境の悪化という事情もありますが、大きく倒産事情も変わってきたのです。

第3節

黒字倒産を理解するために！

　黒字倒産を理解できない金融機関職員が増えてきたようです。決算書をいただいても公表決算書の利益だけ見て安心してしまう金融機関職員があまりに多すぎます。**資金繰りがつかなければ企業は破綻する**ということすら理解できていないようです。

　簡単な例で考えてみましょう。まず前提は「利益とキャッシュフローは違う」ということの理解が必要です。80円で仕入れたものを100円で売る商売を考えてみるとわかり易いはずです。現金で仕入れて現金で売った場合を考えてみましょう。仕入も売却も同時であったとすると損益計算も収支計算も同じです。

　一方、現金で仕入れて掛けで売る場合では、損益では80円で仕入れて100円で売る訳ですから、差し引き20円の利益が出ています。一方で収支計算を見てみると、売った時点では掛けのため売上収入はありませんが、商品は現金を払う必要があることから仕入支出は80円となり、収支は－80円です。売掛金回収時点を見てみましょう。商品仕入は現金ですでに支払われているため今までの収支は－80円です。この時点で売掛金が回収され現金にかわります。最終的には現金収支も20円のプラスで利益は出ている

第7章　キャッシュフロー分析

図表Ⅶ-2　利益とキャッシュフローは違う！

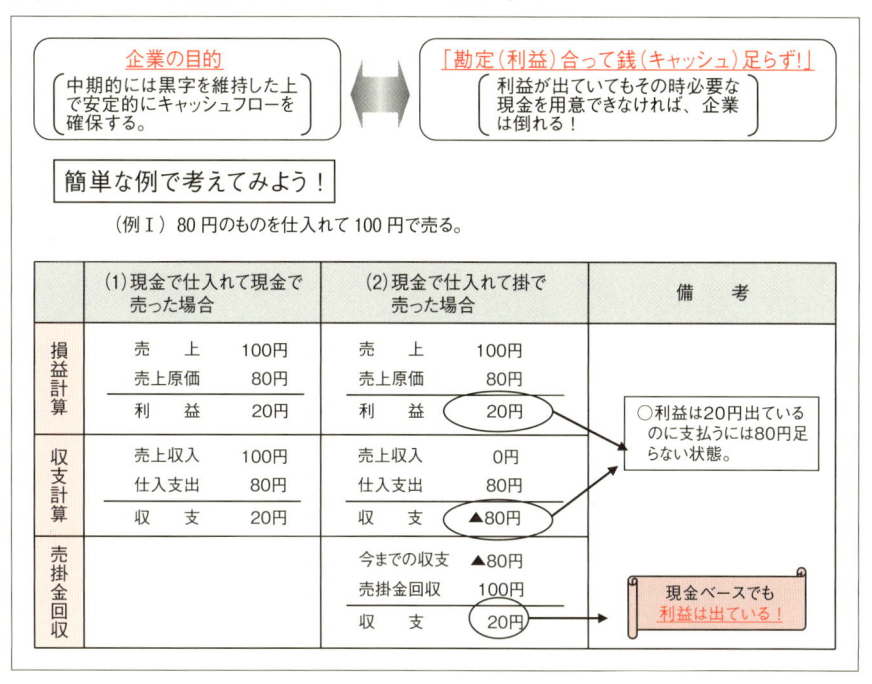

```
┌─ 企業の目的 ──────────┐        ┌─ 「勘定（利益）合って銭（キャッシュ）足らず！」──┐
│ 中期的には黒字を維持した上  │  ⇔   │ 利益が出ていてもその時必要な             │
│ で安定的にキャッシュフローを │        │ 現金を用意できなければ、企業             │
│ 確保する。               │        │ は倒れる！                         │
└─────────────────┘        └──────────────────────────┘
```

簡単な例で考えてみよう！

（例Ⅰ）80円のものを仕入れて100円で売る。

	(1)現金で仕入れて現金で売った場合	(2)現金で仕入れて掛で売った場合	備　考
損益計算	売　上　　100円 売上原価　　80円 利　益　　 20円	売　上　　100円 売上原価　　80円 利　益　　（20円）	○利益は20円出ているのに支払うには80円足らない状態。
収支計算	売上収入　100円 仕入支出　 80円 収　支　　 20円	売上収入　　 0円 仕入支出　 80円 収　支　（▲80円）	
売掛金回収		今までの収支　▲80円 売掛金回収　　100円 収　支　　　（20円）	現金ベースでも利益は出ている！

ことになります。

損益計算上の利益と実際の現金の動きが違うことに気が付くと思います。

（1）黒字倒産のメカニズム

　多くの企業は、**仕入販売の取引を現金で行なうわけではありません**。掛取引といわれる取引形態をとります。、掛取引とは、取引ごとに現金の受け渡しをするのではなく、後日の定める日まで支払（または請求）を待つ取引をいいます。

　黒字倒産を理解するために簡単な取引を例に考えて見ましょう。
①H社が4月に次の取引を行なったとします。
　（月次の損益計算と現金収支は表の通り）

237

取引条件は次のように仮定します。
　　売上：月末〆　翌々月末回収
　　仕入：月末〆　翌月末支払
　なお、4月1日の現金残高を2百万円
4月仕入6百万円（5月末支払）
4月売上10百万円（6月末回収）

（単位：百万円）

4月損益計算		4月現金収支	
売上高	10	月初現金残高	2
売上原価	6	当月現金収入	0
当月利益	4	当月現金支出	0
		月末現金残高	2

② H社が5月に次の取引を行なったとします。
（月次の損益計算と現金収支は表の通り）
　5月仕入10百万円（6月末支払）
　5月売上16百万円（7月末回収）

（単位：百万円）

5月損益計算		5月現金収支	
売上高	16	月初現金残高	2
売上原価	10	当月現金収入	0
当月利益	6	当月現金支出	6
		月末現金残高	−4

　5月の損益計算では、売上16百万円に対し売上原価10百万円なので6百万円の利益があることになります。しかし現金収入は5月にはありません。4月の売上は6月末、5月の売上は7月末に入金となるため5月の入金はないのです。遡ること3月に4百万円を上回る売上があったのならばこの

時点での倒産は免れますが、もし無かったとしたら４百万円の現金が不足し倒産という事態に至るのです。

第4節

キャッシュフロー分析

（1）財務分析の基本は個別の資産内容の精査

中小企業では、企業規模が小さいことから資産規模も小さく、資産の換金可能性を検討することはそれほど困難なことではありません。しかし財務基盤は脆弱であり、些細な経済イベントであっても大きな影響をうけて

図表Ⅶ−3

企業規模	資産規模	資産内容把握の難易	財務の信頼度	分析手法
小	小	易	薄い	個別の資産について資産性を分析
大	大	難	会計監査等で信頼度は高い。	別の視点が必要！ キャッシュフロー分析

企業規模が大きいと個別に資産を調査することは困難 ⇒ 中小零細企業とは別の分析手法が必要

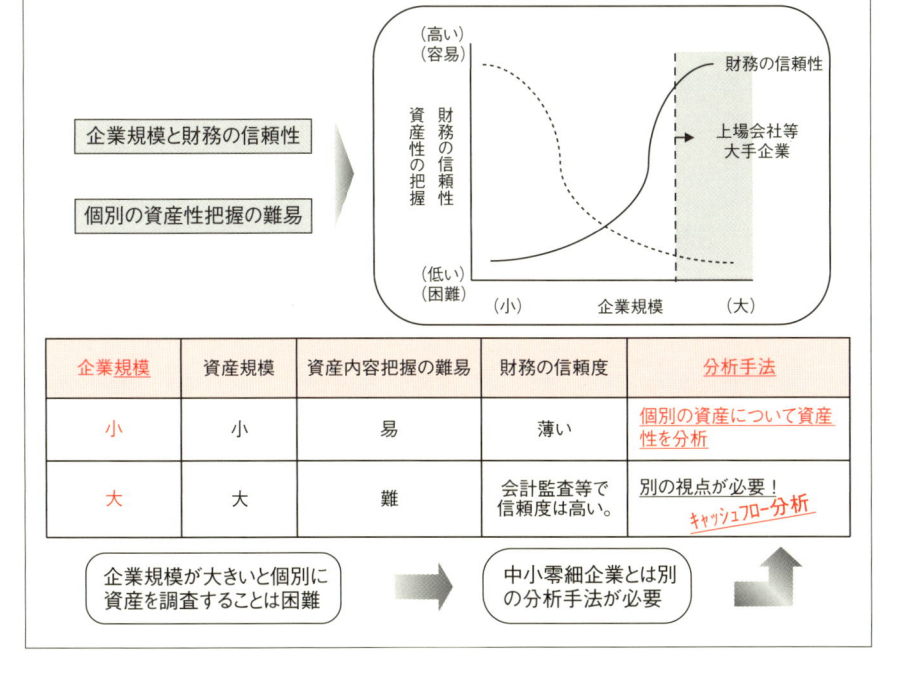

しまいます。

　一方、大企業では企業規模が大きく資産も多岐に及びます。資産についてひとつひとつ個別に換金可能性を議論するなど現実的ではありません。しかし財務諸表については会計監査で厳しく的確性を監視されているうえに、会計監査そのものも証券取引等監視委員会で厳しく監視されています。中小企業の財務諸表と違い一定の信頼性を備えているといえます。

　キャッシュフロー分析は一定規模以上の会社を分析する上で有効な手法といえます。ただし**財務に信頼性（会計規則に則って的確なもの）があることが必要**です。

（2）利益の質と流動資産の質に注目

　企業は、利益を上げるための経営をし、破綻しないために資金繰りの安定を求めます。一方で社会環境等の変化が頻繁に企業業績に影響を与える時代となっています。リーマンショックは確かに最悪のシナリオを描きましたが、景気に影響を及ぼす経済イベントは頻繁に起こっているのも事実です。

① 中長期（3年～5年）での利益の質に注目する

　リーマンショックは一過性ではないのです。つまり、頻繁に起こる環境の変化に耐えられる企業経営が求められると同時に、**「中期的に黒字を確保し、安定的にキャッシュフローを獲得する経営」**を求められる時代なのです。当然金融機関においても中期的な視点での分析が求められます。「仕入れから回収まで3年を超えるようなビジネス」はまれです。**3年～5年程度の営業利益の合計と営業キャッシュフローの合計**を比較してみるのがよいでしょう。**安定的に経営されている企業は、中期的にはともに黒字となっているはず**です。

② 流動資産の質にも注目する

　仕入れから回収まで**長期（１年超）を要するビジネスモデルでは、流動資産の質にも着目**しましょう。短期に現金化する資産に裏づけされた財務構造か否かを見る必要があります。一般に流動比率が200％を超えている場合は短期の支払能力に問題ないといわれますが、仕入れから回収まで長期を要するビジネスの場合、棚卸資産であっても仕掛期間等が長く短期に現金化できない場合があり注意する必要があります。**当座比率を合わせて検討**する必要が生まれます。

図表Ⅶ－4

社会環境等の変化
社会環境等の変化による企業業績への影響は一過性ではない。環境変化にも耐えられる企業経営が求められる。

企業の目的
中期的には黒字を確保し、安定的にキャッシュフローを獲得する。

中長期での分析が必要（3年～5年）

ビジネスの実態
仕入れから回収まで3年超を要するビジネスはまれ
・5期程度の累計（利益とキャッシュフロー）に大きな差がでるとは考えにくい。

利益の質に着目
『営業利益累計と営業キャッシュフロー累計』
（5期程度の累計に着目）

「大きな乖離」
「黒字赤字の逆転」

「極端に負債依存の体質」
「不適正な会計処理」

《金融機関の融資姿勢の変化で簡単に行き詰る！》

流動資産の質に注目
・現金の裏づけのある財務構造か否かに着目
・当座比率、流動比率分析も合わせて行なう。

仕入れから回収まで長期を要するビジネスの場合、特に棚卸資産の換金可能性に着目する必要がある。

流動比率が十分な水準にあっても安心できない！

棚卸を短期に換金できなければ資金繰りに行き詰まる。

図表Ⅶ-5①

区 分	意 味	考え方
営業キャッシュフロー	事業に関連してキャッシュが増えたか減ったかを示す。	マイナスの場合危険水域を疑う必要がある！ ・借入金の返済も、設備投資も、配当金支払もままならない状況に陥っている可能性がある。
投資キャッシュフロー	設備や有価証券の売買によってキャッシュが増えたか減ったかを示す。	事業活動を維持（成長）するためには投資は必要であることから通常はマイナス！ ・本業に必要な投資かどうかを見極めることが必要であり重要。（本業に不可欠でない投資を行なっている場合がある）
フリーキャッシュフロー	「営業キャッシュフロー」＋「投資キャッシュフロー」	企業が自由に使えるお金を示す。プラスが良いかマイナスが良いかは一概には言えない！ ・プラスの場合、投資効率が極めてよい場合もあれば、将来に必要な投資を行なっていない場合もある。 ・マイナスの場合、将来に備えた投資の結果である場合もあれば、投資運用等不健全な資産調達の結果もありうる。
財務キャッシュフロー	営業活動・投資活動を維持するために、どれだけの資金調達が行なわれたかを示す！	資金調達の結果でありプラスが良いかマイナスが良いかは一概には言えない！ ・資金調達が行なわれている場合、その理由（資金必要理由）を掴むことが必要。 ・返済が行なわれている場合は、資金が不要となった理由を掴むことが必要。

（3）キャッシュフローの見方・考え方（Ⅰ）

　キャッシュフロー計算書を自分で作成できるに越したことはありませんが、一般には必要ありません。キャッシュフロー計算書を構成する「営業キャッシュフロー」「投資キャッシュフロー」「フリーキャッシュフロー」「財務キャッシュフロー」の意味と考え方が整理できていれば十分です（図表Ⅶ-5）。

図表Ⅶ-5②　キャッシュフロー計算書（例）

Ⅰ．営業活動によるキャッシュフロー		Ⅱ．投資活動によるキャッシュフロー	
1	税金等調整前当期純利益	1	定期預金預入による支出
2	減価償却費	2	定期預金の払戻による収入
3	暖簾代	3	定期預金の収入純増（▲）減額
4	減損損失	4	有形固定資産取得による支出
5	賞与引当金等の増減（▲）額	5	有形固定資産売却による収入
6	役員賞与引当金の増減（▲）額	6	投資有価証券の取得による支出
7	貸倒引当金の増減（▲）額	7	投資有価証券の売却による収入
8	受取利息及び受取配当金	8	貸付けによる支出
9	支払利息	9	貸付金の回収による収入
10	棚卸資産評価損	10	新規連結会社取得による支出
11	共同事業出資金評価損	11	連結子会社株式の追加取得による支出
12	有形固定資産除売却損益（▲）	12	連結子会社株式の売却による収入
13	投資有価証券評価損	13	その他
14	投資有価証券売却損益（▲）		投資活動によるキャッシュフロー計
15	売上債権の増（▲）減額		フリーキャッシュフロー計
16	棚卸資産の増（▲）減額	Ⅲ．財務活動によるキャッシュフロー	
17	未収入金の増（▲）減額	1	短期借入金増減（▲）額
18	預け金の増（▲）減額	2	長期借入金による収入
19	仕入債務の増（▲）減額	3	長期借入金の返済による支出
20	未払金の増減（▲）額	4	社債の発行による収入
21	未払消費税等の増減（▲）額	5	社債の償還による支出
22	預り敷金の増減（▲）額	6	新株予約権付社債発行による収入
23	預り金の増減（▲）額	7	転換社債償還による支出
24	役員賞与の支払額	8	自己株式の取得による支出
25	その他	9	配当金の支払額
	小計	10	コマーシャルペーパーの純増減（▲）額
26	利息及び配当金の受取額	11	その他
27	利息の支払額		財務活動によるキャッシュフロー計
28	法人税当の支払額	Ⅳ	現金及び現金同等物にかかる換算差額
29	事業和解金	Ⅴ	現金及び現金同等物の増減（▲）額
	営業活動によるキャッシュフロー計	Ⅵ	現金及び現金同等物の期首残高
		Ⅶ	新規連結に伴う現金及び現金同等物の増加額
		Ⅷ	現金及び現金同等物の期末残高

（4）キャッシュフローの見方・考え方（Ⅱ）

　キャッシュフロー計算書を構成する四つのキャッシュフローのうち、フリーキャッシュフローについては「営業キャッシュフローに投資キャッシュフローを加えたもの」であり、プラスがよいかマイナスがよいかは一概にはいえません。しかし、フリーキャッシュフローを除く「営業キャッシュフロー」「投資キャッシュフロー」「財務キャッシュフロー」について、

図表Ⅶ-6　キャッシュフローパターン

パターン	営業CF	投資CF	財務CF	解釈(例)	備考
①	+	-	-	本業でたくさん稼いだので投資もできたし借入金も返済した。	優良企業でよく見られるパターン
②	+	-	+	本業では稼いだが投資にお金がかかり借入金等で賄った。	大きな投資をした期によく見られるパターン（投資の内容の吟味が必要）
③	+	+	-	本業で稼いだ上資産売却等でキャッシュが増加、増加したキャッシュをもって借入金等を返済した。	財務リストラを実施中の企業にもよく見られるパターン
④	-	-	+	本業でキャッシュは減ってしまった中で、投資しており、その資金は借入金等で賄った。	中長期での分析を特に必要とし、慎重な判断を必要とするパターン。
⑤	-	+	+	本業でキャッシュが減ってしまったので不足する資金を資産売却や借入金等で賄った。	経営に厳しさが増し、将来投資も行なえない状況が近づいている可能性を踏まえ検討を要するパターン
⑥	-	+	-	本業でキャッシュが減ってしまったので資産売却で補い、余剰資金で借入金等の返済をした。	

その**「プラス」「マイナス」の組み合わせのパターンで、ある程度企業の状況の把握が可能**です。

　キャッシュフローのパターンを整理すると図表Ⅶ-6のようになりますが、示した解釈例は一般的な見方であって、決め付けずに「そうなった理由」を検討することが重要です。

第5節

事例

　総合不動産デベロッパーを例に考えてみましょう。事例（Ⅰ）事例（Ⅱ）は黒字倒産した事例です。キャッシュフロー計算書（抜粋）の累計欄を見てください。両方の事例とも営業キャッシュフローと投資キャッシュフローがマイナスで財務キャッシュフローがプラスを示しています（図表Ⅶ-6のパターン④（以下同じ））。一方で、比較事例（Ⅲ）では、2008年3月

第7章　キャッシュフロー分析

黒字倒産事例（I）

業種：総合不動産業(I)（東証第一部上場）

注目
パターン④を示している

《連結キャッシュフロー計算書抜粋（有価証券報告書）》

	2004/3	2005/3	2006/3	2007/3	2008/3	累計
営業活動によるキャッシュフロー	▲252	▲24,995	▲32,991	▲55,033	▲100,019	▲213,290
投資活動によるキャッシュフロー	▲1,203	▲6,602	1,087	▲9,063	▲11,100	▲26,890
フリーキャッシュフロー	▲1,455	▲31,597	▲31,913	▲64,096	▲111,119	▲240,180
財務活動によるキャッシュフロー	▲2,694	40,234	43,043	85	89	80,757

《連結財務データ抜粋（有価証券報告書）》

	2004/3	2005/3	2006/3	2007/3	2008/3	累計
売上高	51,364	57,034	64,349	180,544	243,685	596,976
売上総利益	10,612	17,999	23,205	80,935	97,934	230,685
営業利益	5,607	10,507	12,026	61,271	69,636	159,047
経常利益	4,813	9,480	10,678	56,399	61,677	143,047
当期利益	2,670	6,456	7,869	30,039	31,127	78,161
次期繰越金	0	0	0	0	0	0
減価償却	129	419	716	1,167	1,768	4,199
現金預金	8,093	16,850	28,128	60,189	45,298	
受取勘定	3,429	2,977	4,401	2,815	2,459	
棚卸資産	42,423	47,172	73,733	293,001	437,778	
固定資産	10,123	29,985	37,980	45,403	46,034	
資産の部	66,598	120,551	202,991	443,304	602,566	
支払勘定	9,816	252	7,631	7,049	12,689	
借入金	27,992	54,203	88,381	259,092	347,342	
短期借入金	11,342	28,531	61,776	168,708	194,743	
長期借入金	16,650	25,377	26,400	90,179	152,473	
割引手形	0	295	205	205	126	
負債の部	49,913	85,095	136,353	354,487	492,320	
資本	3,669	6,697	18,496	18,996	19,073	
剰余金	13,016	28,759	48,142	69,821	91,173	
資本の部	16,685	35,456	66,638	88,817	110,246	
流動負債	25,891	38,448	98,921	201,646	248,473	

借入依存体質であっても
保有資産の売却で資金化
できれば破綻は免れる！

But

流動比率：（総資産−固定資産）／流動負債
　　　≒（602,566−46,034）／248,473
　　　≒224％

当座比率：
　（総資産−固定資産−棚卸資産）／流動負債
　　　≒（602,566−46,034−437,778）／248,473
　　　≒48％

営業利益
1590億円　⇔　営業キャッシュフロー
　　　　　　　　▲2133億円

バランスを欠く！

純利益
781億円　⇔　フリーキャッシュフロー
　　　　　　　▲2402億円

● 流動比率224％となっており一見安全に見えるが、棚卸資産の大宗が販売用不動産と仕掛りであることから、短期に資金化することは困難であり、より換金性の高い当座比率を検討する必要がある。
● 一方で、当座比率は48％と極めて低水準にあり金融機関の融資姿勢の変化で簡単に行き詰まる体質にあったと言える。

245

黒字倒産事例（Ⅱ）

業種：総合不動産業（Ⅱ）（東証第一部上場）

《連結キャッシュフロー計算書抜粋（有価証券報告書）》

> 注目
> パターン④を示している

	2004/3	2005/3	2006/3	2007/3	2008/3	累計
営業活動によるキャッシュフロー	9,007	▲3	▲26,475	▲15,907	▲40,670	▲74,078
投資活動によるキャッシュフロー	▲2,870	▲4,334	▲14,714	▲23,485	▲32,175	▲70,578
フリーキャッシュフロー	6,137	▲4,337	▲41,189	▲39,392	▲72,845	▲151,626
財務活動によるキャッシュフロー	9,383	672	50,541	43,873	42,076	146,545

《連結財務データ抜粋（有価証券報告書）》

	2004/3	2005/3	2006/3	2007/3	2008/3	累計
売上高	60,810	94,667	85,141	83,696	118,933	443,247
売上総利益	13,748	16,513	17,855	19,708	30,018	97,842
営業利益	5,887	6,444	7,796	8,752	13,799	42,688
経常利益	5,015	5,708	6,864	7,027	10,565	35,179
当期利益	2,852	3,216	3,750	3,791	4,647	18,256
次期繰越金	0	0	0	0	0	
減価償却	75	99	521	772	983	1,934
現金預金	34,105	29,932	39,215	44,483	24,358	
受取勘定	2,168	757	294	4,704	3,040	
棚卸資産	51,742	35,989	73,120	99,637	146,532	
固定資産	11,092	15,963	30,371	48,823	74,867	
資産の部	104,319	86,641	145,235	202,335	254,245	
支払勘定	31,618	9,845	12,405	17,043	17,623	
借入金	50,240	49,702	85,058	114,183	168,753	
短期借入金	33,092	29,438	31815	64,712	65,022	
長期借入金	17,148	20,264	53243	49,471	103,730	
割引手形	0	0	0	0	0	
負債の部	88,610	68,433	118,116	157,135	212,475	
資本	4,150	4,291	7,822	14,094	14,120	
剰余金	11,619	13,917	19,297	31,106	27,650	
資本の部	15,709	18,208	27,119	45,200	41,770	
流動負債	73,269	47,657	51,041	91,310	93,161	

- 営業利益 426億円 ⇔ 営業キャッシュフロー ▲740億円
- 純利益 183億円 ⇔ フリーキャッシュフロー ▲1516億円

バランスを欠く！

> 借入依存体質であっても保有資産の売却で資金化できれば破綻は免れる！
>
> But

流動比率：（資産合計－固定資産）／流動負債
　　　　≒（254,245－74,867）／93,161
　　　　≒193％

当座比率：
　（資産合計－固定資産－棚卸資産）／流動負債
　≒（254,245－74,867－146,532）／93,161
　≒35％

- 流動比率193％で一見安全に見えるが、棚卸資産の太宗が販売用不動産と仕掛りであることから、短期に資金化することは困難であり、より換金性の高い当座比率を検討する必要がある。
- 一方で、当座比率は35％と極めて低水準にあり金融機関の融資姿勢の変化で簡単に行き詰まる体質にあったと言える。

246

第7章　キャッシュフロー分析

比較事例（Ⅲ）

業種：総合不動産業（Ⅲ）（東証第一部上場）

《連結キャッシュフロー計算書抜粋（有価証券報告書）》

	2005/3	2006/3	2007/3	2008/3	2009/3	累計
営業活動によるキャッシュフロー	88,900	169,744	150,710	▲16,248	45,824	438,930
投資活動によるキャッシュフロー	▲92,409	▲29,883	▲85,389	▲212,207	▲214,500	▲634,388
フリーキャッシュフロー	▲3,509	139,861	65,321	▲228,455	▲168,676	▲195,458
財務活動によるキャッシュフロー	▲33,485	▲132,463	▲34,093	238,942	141,055	179,956

注目　パターン④を示している（2008/3）
注目　パターン②を示している（累計）

《連結キャッシュフロー計算書抜粋（有価証券報告書）》

	2005/3	2006/3	2007/3	2008/3	2009/3	累計
売上高	775,381	844,217	947,641	787,652	942,626	4,297,517
売上総利益	168,424	193,828	228,303	236,196	214,624	1,041,375
営業利益	118,233	137,614	166,165	177,983	138,567	738,562
経常利益	93,675	121,236	151,674	162,061	108,624	637,270
当期利益	36,245	55,825	97,662	86,963	45,423	322,118
次期繰越金	0	0	0	0	0	
減価償却	55,545	53,655	54,257	56,867	60,364	280,688
現金預金	83,226	139,605	201,107	186,321	181,168	
受取勘定	75,063	63,763	33,912	37,063	28,949	
棚卸資産	263,566	305,800	300,180	602,822	600,533	
固定資産	2,518,924	2,551,530	2,708,704	3,185,752	3,253,930	
資産の部	3,124,514	3,280,209	3,447,272	4,327,137	4,429,070	
支払勘定	82,192	85,502	72,301	114,780	101,450	
借入金	656,136	561,072	597,586	1,105,405	1,286,732	
短期借入金	218,601	166,744	140,967	271,136	406,603	
長期借入金	437,535	394,328	456,619	834,269	880,129	
割引手形	0	0	0	0	0	
負債の部	2,203,584	2,146,586	2,221,549	3,088,106	3,280,356	
資本	86,534	129,736	136,534	136,534	136,534	
剰余金	834,396	1,003,887	1,089,189	1,102,497	1,012,180	
資本の部	920,930	1,133,623	1,225,723	1,239,031	1,148,714	
流動負債	448,639	445,668	473,956	583,913	689,597	

「営業利益と営業キャッシュフロー」はバランスがとれているが「純利益とフリーキャッシュフロー」のアンバランスをどのように読むべきか？

- 営業利益 7,385億円 ⇔ 営業キャッシュフロー 4,389億円
- 純利益 3,221億円 ⇔ フリーキャッシュフロー ▲1,954億円

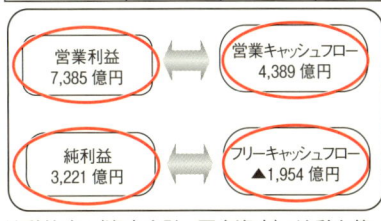

流動比率：（資産合計ー固定資産）/ 流動負債
　　≒（4,429－3,254）/ 689
　　≒171%
当座比率：
　（資産合計ー固定資産ー棚卸資産）/ 流動負債
　　≒（4,429－3254－600）/ 689
　　≒83%

○本業で稼ぎ、キャッシュフローを順調に獲得している。
○投資キャッシュフローは2005/3～2007/3までは営業キャッシュフローの範囲で賄われており、特段の問題は見られない。
○2008/3および2009/3においては有形固定資産の取得を大きく行なっておりフリーキャッシュフローはマイナスとなったが、将来の賃料収入獲得のための投資であり、2009/3期営業キャッシュフローがプラスに転ずる等特段の問題点は見られない。
○流動比率が200%を割り込んでおり、短期の支払い能力がもうひとつながら、下記の当社の個別要因を考えると特段の問題は見出せない。
・当社は不動産賃貸を主力業務とする総合不動産業であること。
・営業キャッシュフローを長期的に安定して確保できる体質にあること

247

の単年度が示すパターンは④ながら、累計ではパターン②を示していることがわかります。5年間の営業キャッシュフローの累計と営業利益の累計を比較してみると、事例（Ⅰ）事例（Ⅱ）は「マイナス・プラス」となり逆転しています。在庫や仕掛在庫が増加し利益が出たように見えますが、この期間キャッシュは失っていたわけです。倒産する訳です。比較事例（Ⅲ）の累計を見てみると、営業キャッシュフローも営業利益を共にプラスになっていることがわかります。流動比率と当座比率にも着目して比較してください。比較事例（Ⅲ）の会社が超優良会社と世間で認知されていることが理解できるはずです。

事例比較は仕入から販売までの期間が長期に渡る不動産デベロッパーを取り上げたので累計を5年で計算しましたが、一般的には3年程度で判断すべきでしょう。

第7章　まとめ

① 中小企業の財務分析の基本は資産性分析ならびに収益力分析にあるが、すべての資産の価値を個別に判定することが困難な大企業には別の分析手法が必要。
② 黒字倒産を理解する。
・利益とキャッシュフローは違うことを理解する。
③ 大企業は中小企業と違い、短期的な景気の変化で存続を危ぶまれるような財務の悪化を招くことは少ない。したがって短期の利益の浮沈を議論する以上に中期的に利益を獲得し、安定してキャッシュフローを確保しているかが分析のポイントとなる。

おわりに

　情報が氾濫する中で、若き金融機関職員が学ぶべき範囲が明確になっていないという問題意識を持ち本書を執筆した。特に融資の分野では、検定試験や通信講座等が様々用意されているものの、学習の範囲が絞り込めないというのが実態である。

　たとえば財務分析を勉強するには簿記から始めるという人をよく見かける。また金融機関によっては日商簿記2級の取得を奨励するところもある。しかし簿記が財務分析に役に立つかといえば、はなはだ疑問である。金融機関職員は出来上がった決算書を読むことを求められる。簿記は決算書をつくる為のものであって、決算書を読み解く知識とは別ものである。簿記の知識が金融マンに邪魔かといえば決してそうとはいいきれないが、少なくとも勉強する順位は後でよい。

　中小企業融資に必要な知識を効率よく身につけるための整理を本書で試みた。筆者が経験したこと、このように考えたら理解ができたということを整理したものである。全体的には基本事項を整理してある。

　しかし、唯一資金繰表については、一般的に使われる資金繰表より高いレベルを求めている。

　中小企業では窮境状況に置かれたとき、経営者は資金繰りに走り回る必要がある。資金繰表を作成している暇がないというのが実情である。そもそも資金繰表の作成の仕方すらわからない経営者も多い。そんな中小企業経営者に対し「資金繰表を作成し提出せよ」と求めるのは酷である。目の前の決済資金の調達のほうが重要である。金融機関職員は中小企業経営者が苦境を脱出するために雑念なく動ける状況を応援する必要がある。資金繰表は金融機関職員が経営者に代わって造るものだとの意識がほしい。必

要な情報を聞き出し資金繰表を検討し、中小企業経営者に適切にアドバイスすることが求められる。

筆者は36年間地域金融機関に勤務し、中小企業融資に関わってきた。その間、バブル崩壊後経営不振に苦しむ中小企業経営者を多くみてきた。人口減少社会がすでに現実となりつつあり、情報のグローバル化は、世界中で間断なくおこる経済イベントの影響を、中小企業といえどもリアルタイムで受ける時代を招いた。地域経済はかつてない転換期を迎えており、地域金融機関の役割は一層重たくのしかかる。

一方で、プラザ合意以降の金融環境の変化から金融機関の融資判断能力の劣化も実感してきた。成果主義がはびこり「今の数字さえ獲得すれば良し」との文化が根付いたことも否定できない。地道な融資分野は評価されず、むしろ「リスク判断」を求める者は「業績推進」を邪魔する者として非難の対象となった。その結果融資を目指す者が減少し、融資力の減退に拍車をかけたことは否定できない事実と考えている。

地域金融機関は今、「地域金融の担い手としての社会的責任」を改めて自覚することが求められている。金融機関の都合を押付ける従来の営業スタイルを改め、長いスパンで地域金融機関のビジネスモデルを再構築すべき時にあるともいえる。

「目利き能力」を磨き、地域とともにある地域金融機関を標榜し取り組む時である。若い金融機関職員には、融資業務を面白いと感じて取り組み、社会に貢献できる人材に育ってもらいたい。その「道しるべになれば……」との思いを込めて本書を世に問う。

最後に、本書執筆にあたり、適切なアドバイスをいただいた椙野哲彦様（プレシャスサービス株式会社　代表取締役：元広島銀行松山支店長）、日下智晴様（広島銀行大阪支店長）、為重力哉様（広島銀行リスク統括部担当部長）、香川孝之様（広島銀行融資第二部長）、浦丸伸一郎様（広島銀行

甲山支店長)、および長年私を補佐してくれた藤井猛司様（広島銀行融資企画部企画室課長代理）の六名の皆様には厚く御礼申し上げたい。

　また、出版を勧めていただいた銀行研修社様とCRC企業再建・承継コンサルタント協同組合には、この場を借りて感謝申し上げる。

平成25年11月

寺岡　雅顕

引用・参考文献

- 融資業務研究会 「第三版 融資業務180基礎知識」　　　銀行研修社
- 畑村洋太郎 「企業と倒産の失敗学」　　　文春文庫
- 三品和広 「経営戦略を問い直す」　　　ちくま新書
- 池井戸 潤 「これだけ覚える融資の基礎知識」　　　近代セールス社
- 中島 久 「入門企業分析の手法と考え方」　　　経済法令研究会
- 澤 昭人／濱本 明共著 「会社をつぶさない
　　　　　　キャッシュフロー入門」　　　中経出版
- 経済法令研究会 「銀行業務検定試験受検テキスト
　　　　　　財務3級」　　　経済法令研究会
- 依馬安邦 「企業観相術」　　　銀行研修社
- 貸出条件緩和債権研究会 「P／L再生の実務」　　　銀行研修社
- 中小・地域金融機関向け監督指針問題研究会
　　　　　　「中小・地域金融機関向け監督指針早分かり」　　　きんざい
- 細谷 進 「財務で切り込む法人営業」　　　近代セールス社
- 澁谷耕一 「経営者の信頼を勝ち得るために
　　　　　　営業職員のコミュニケーション術」　　　きんざい
- 都井清史 「粉飾決算起業で学ぶ実践
　　　　　　「財務三表」の見方」　　　きんざい
- 都井清史 「こつさえわかればすぐ使える
　　　　　　決算書速読・速解術」　　　きんざい
- 傳田清雄監修 融資審査研究会編著
　　　　　　「融資判断に強くなる本」　　　金融ブックス
- 藤原敬三 「実践的中小企業再生論」　　　きんざい
- 藤原敬三 「別冊版 実践的中小企業再生論」　　　きんざい

引用・参考文献

・山田ビジネスコンサルティング㈱　「実践「融資力」
　　　　　融資判断のための会計トレーニング　　　ビジネス教育出版社
・高橋俊樹　「いまさら聞けない融資の常識50考」　　きんざい
・市川利夫　「経営分析の初歩が面白いほどわかる本」　中経出版
・マイケル・E・ポーター著　土岐坤・中辻萬治・服部照夫訳
　　　　「新訂　競争の戦略」　　　　　　　　　　ダイヤモンド社
・越純一郎監修　「中小企業再生の現場と実務」　　　経済法令研究会

〈著者略歴〉
■寺岡　雅顕

　1953年山口県生まれ。慶応義塾大学経済学部卒業後、広島銀行に入行。東京企画部を経て、融資第一部にて特定先企業審査および経営改善支援を主導。整理回収機構出向後は、リスク統括部で格付け審査、その後融資企画部で融資人材育成体系を構築し自ら指導を担当。2013年9月独立し、株式会社エフティーエスを設立。株式会社オクトフォースマネジメント相談役、金融検定協会試験委員を兼務。

ベテラン融資マンの知恵袋　〈検印省略〉

2013年11月15日　初版発行
　1刷　2013年11月15日
　10刷　2019年6月5日

著　者　寺岡　雅顕
発行者　星野　広友
発行所　株式会社銀行研修社
　　　　東京都豊島区北大塚3丁目10番5号
　　　　電話　東京03(3949)4101　（代表）
　　　　振替　00120-4-8604番
　　　　郵便番号　170-8460

印刷／新灯印刷株式会社
製本／株式会社常川製本
落丁・乱丁本はおとりかえ致します。ISBN978-4-7657-4422-5　C2033
　　　　　2013©寺岡雅顕 Printed in Japan　無断複写複製を禁じます。
　　　　　　★　定価はカバーに表示してあります。

謹告　本書掲載記事の全部または一部の複写、複製、転記載および磁気または光記録媒体への入力等は法律で禁じられています。これらの許諾については弊社・秘書室（TEL 03-3949-4150直通）までご照会下さい。

銀行研修社の好評図書ご案内

事業性評価につながる ベテラン融資マンの渉外術

寺岡 雅顕／楫野 哲彦／樽谷 祐一 共著

A5判・並製・240頁
定価：2,130円＋税
ISBN978-4-7657-4541-3

渉外活動に求められる「基礎」「決算書速読」「訪問時の観察」「課題把握」等の実務のすべてを学ぶことができます。元大手地銀融資渉外のベテランが、事業性評価に向けた渉外活動を実現するためのノウハウを分かりやすく記述した1冊です。

融資のイロハを分かりやすく手ほどき ベテラン融資マンの知恵袋

寺岡 雅顕 著

A5判・並製・256頁
定価：2,200円＋税
ISBN978-4-7657-4422-5

本書は、永年地域金融機関の融資の第一線で活躍してきた"ベテラン融資マン"が、初めて融資に携わる方を対象に、「これさえ読めばとりあえず融資の実務で困らない」基礎知識を易しく解説した、融資の入門書としての決定版です。

企業観相術

依馬 安邦 著

A5判・並製・208頁
定価：1,809円＋税
ISBN978-4-7657-4272-6

財務データや書類だけにとらわれず、担当者自身の五感を活用することによって企業の真の姿を見極め、的確な信用判定につなぐ力が身につく、融資担当者必携の書です。

事例にみる 融資ネタ発見の着眼点

林 弘明／石田 泰一 著

A5判・並製・164頁
定価：1,759円＋税
ISBN978-4-7657-4449-2

現在の資金需要不足の環境における担当者の経験不足に鑑み、長年実務に携わった融資のプロが手掛けた案件をパターン化し、ケーススタディで解説しました。本書により、案件化の実践手法が身に付き、パターンの応用で融資セールスの実績向上が狙えます。

第二版 保証協会保証付融資取扱Q&A

全国信用保証協会連合会 編著

A5判・並製・304頁
定価：2,222円＋税
ISBN978-4-7657-4531-4

基本的な信用保証制度の内容、実務上押さえるべき必須事項をQ&A式で1冊に集大成しました。初版刊行より改定された保証制度・新保証制度等を網羅した、営業店融資・渉外担当者の実務必携書です。

第五版 貸出稟議書の作り方と見方

銀行研修社 編

A5判・並製・248頁
定価：2,200円＋税
ISBN978-4-7657-4365-5

①貸出案件の採上げから貸出実行まで実務処理に即しての留意点、②稟議項目および稟議書付属書類の具体的作成方法、③稟議書の実際例から「良い稟議書」の記述方法、④貸出稟議書を通して的確に判断できる「技」と「眼」を養成する記載内容のチェック方法等について、基礎から実践レベルまでの内容を解説した基本書です。

第十一版 決算書読破術

齋藤 幸司 著

A5判・並製・268頁
定価：2,190円＋税
ISBN978-4-7657-4234-4

本書は、多数の企業の決算処理を受け持っている著者が、決算書を素材に具体例を挙げ、易しく解説した1冊です。研修テキストや初心者の入門書・ベテランの復習におすすめです。

税務申告書読破術

税理士法人平成会計社 編著

A5判・並製・192頁
定価：2,130円＋税
ISBN978-4-7657-4439-3

本書は、税務申告書チェックの前提となる決算書の見方と税務申告書の見方を基本に、地方税申告書の見方を加え、最近営業店に問われる「課題解決型営業」の着眼点を税務申告書からつかむ方法等を解説しました。

▶最寄の書店で品切れの際は、小社へ直接お申込みください。